高职高专道路桥梁工程技术专业规划教材

道路工程施工技术

主编 欧阳伟
主审 王铁滨

东北大学出版社
·沈阳·

ⓒ 欧阳伟 2006

图书在版编目（CIP）数据

道路工程施工技术／欧阳伟主编．—沈阳：东北大学出版社，2006.8（2013.12重印）
（高职高专道路桥梁工程技术专业规划教材）
ISBN 7-81102-297-1

Ⅰ．道… Ⅱ．欧… Ⅲ．道路工程—工程施工—教材 Ⅳ．U415

中国版本图书馆 CIP 数据核字（2006）第 091079 号

出 版 者：东北大学出版社
　　　　　地址：沈阳市和平区文化路 3 号巷 11 号
　　　　　邮编：110004
　　　　　电话：024—83687331（市场部）　83680267（社务室）
　　　　　传真：024—83680180（市场部）　83680265（社务室）
　　　　　E-mail: neuph@neupress.com
　　　　　http://www.neupress.com
印 刷 者：沈阳中科印刷有限责任公司
发 行 者：东北大学出版社
幅面尺寸：185mm×260mm
印　　张：12
字　　数：307 千字
出版时间：2006 年 8 月第 1 版
印刷时间：2013 年 12 月第 4 次印刷
责任编辑：刘乃义　张德喜　刘宗玉
责任校对：张　立
封面设计：唯　美
责任出版：唐敏志

ISBN 7-81102-297-1　　　　　　　　　　　　　　　定　价：26.00 元

序　言

辽宁省交通高等专科学校道路桥梁工程技术专业，已有55年的办学历史，具有深厚的专业积淀，培养了大批道路桥梁工程技术专业人才。

为了进一步适应公路交通行业发展的需求，我校在广泛深入调研的基础上，从1999年开始，进行了面向施工一线的教育教学改革，将道路桥梁工程技术专业特色定位为"精施工、懂设计、会管理"。2002年，该专业被教育部确定为高等职业教育教学改革试点专业，同年，辽宁省交通厅以教学科研项目立项，资助该专业深入开展教育教学改革和建设研究，有力地推动了专业人才培养水平的提高。2005年，该专业被辽宁省教育厅确定为示范专业。

高等职业教育专业教学改革和建设，核心是课程改革和建设。课程改革和建设的重点是教学内容的改革和建设，教材建设是最重要的方面，要充分体现应用性、先进性和实践性，兼顾现实应用能力与技术跟踪能力的培养，使教学内容与一线实际和今后发展接轨。正是出于上述考虑，我校道桥专业的教师及有关工程技术专家编写出这套专业规划教材。

这套规划教材的出版是这一课程改革和建设思想探索与实践的成果，是全体专业教师、工程技术专家、一线技术人员共同劳动的结晶，同时也为今后进行更深入的课程改革和建设，打下了很好的基础。

这套规划教材适用于道路桥梁工程技术专业，也可供相关专业选用，希望这套书能被多所院校所采用，供大家借鉴，并得以推广，使其发挥更大作用。

辽宁省交通高等专科学校校长

2006年5月

前　言

　　道路建设事业的迅速发展，需要大量的道路建设工程技术人员。为了培养出具有较强动手能力的高职高专学生，根据教学大纲的要求，结合现行的《公路工程技术标准》《公路路基施工技术规范》《公路沥青路面施工技术规范》《公路水泥混凝土路面施工技术规范》《公路路面基层施工技术规范》《沥青玛蹄脂路面施工技术规范》等，特编写本教材。

　　本教材在编写过程中，结合高职高专学生的特点和就业方向，着重对道路工程施工过程中各个环节的操作过程、施工方法、质量检测方法及评定标准进行了阐述，能使读者对道路工程施工过程有全面的理解和掌握。

　　全书共分7章，主要阐述道路工程的施工方法，包括施工前的准备工作、路基土石方工程施工、路基排水及防护工程施工、路面基层（底基层）施工、沥青路面面层施工、水泥混凝土路面施工等内容，并力求理论叙述能与工程施工的实际相结合，为本专业学生今后从事道路施工工作打下基础。

　　本书可作为道路桥梁工程技术专业高职高专学生教材，也可为其他相关专业学生及工程技术人员提供参考。

　　本教材由欧阳伟主编。具体编写分工：第1章、第4章由欧阳伟编写，第2章、第3章由才西月编写，第5章、第6章由韩丽馥编写，第7章由于国锋编写。

　　本书在编写过程中，参考了较多的书籍，列于参考文献中。

　　限于编者水平，书中疏漏之处在所难免，敬请读者指正。

编　者
2006年2月

目　　录

第1章　绪　论 ··· 1
1.1　公路的分级与组成 ··· 1
1.2　公路施工的方法与特点 ·· 4

第2章　施工前的准备工作 ··· 11
2.1　技术准备 ·· 11
2.2　施工组织准备与物质准备 ····································· 14
2.3　施工放样 ·· 16

第3章　路基土石方工程施工 ······································ 23
3.1　填方路基施工 ··· 23
3.2　挖方路基施工 ··· 34
3.3　路基压实 ·· 43
3.4　软湿地基及特殊路基施工 ···································· 49
3.5　质量控制与检测评定 ··· 60

第4章　路基排水及防护工程施工 ································ 64
4.1　路基排水工程施工 ·· 64
4.2　路基防护工程施工 ·· 71
4.3　质量控制与检测评定 ··· 83

第5章　路面基层(底基层)施工 ·································· 90
5.1　碎砾石基层(底基层)施工 ···································· 90
5.2　稳定土基层施工 ·· 94
5.3　石灰工业废渣基层施工 ······································ 96
5.4　质量控制与检查验收 ··· 100

第6章　沥青路面面层施工 ·· 107
6.1　沥青路面及其特性 ·· 107
6.2　沥青类路面施工 ·· 114
6.3　沥青路面施工质量检查与验收 ······························ 144
6.4　沥青玛蹄脂碎石路面施工 ···································· 147

第7章 水泥混凝土路面施工 ………………………………………………… 158
7.1 水泥混凝土路面的构造和特点 ………………………………………… 158
7.2 水泥混凝土路面的技术要求和配合比设计 …………………………… 161
7.3 水泥混凝土路面施工 …………………………………………………… 169
7.4 施工质量检查与验收 …………………………………………………… 176

参考文献 …………………………………………………………………………… 181

第1章 绪 论

1.1 公路的分级与组成

1.1.1 公路的分级

公路根据功能和适应的交通量分为以下 5 个等级：高速公路、一级公路、二级公路、三级公路和四级公路。

① 高速公路为专供汽车分向、分车道行驶，并应全部控制出入的多车道公路。一般能适应将各种汽车折合成小客车的年平均日交通量 25000 辆以上。

② 一级公路为供汽车分向、分车道行驶，并可根据需要控制出入的多车道公路。一般能适应将各种汽车折合成小客车的年平均日交通量 15000～55000 辆。

③ 二级公路为供汽车行驶的双车道公路。一般能适应将各种汽车折合成小客车的年平均日交通量 5000～15000 辆。

④ 三级公路为主要供汽车行驶的双车道公路。一般能适应将各种车辆折合成小客车的年平均日交通量 2000～6000 辆。

⑤ 四级公路为主要供汽车行驶的双车道或单车道公路。一般能适应将各种车辆折合成小客车的年平均日交通量 2000 辆（单车道 400 辆）以下。

《公路工程技术标准》(JTGB 01—2003)规定了各级公路的主要技术指标，汇总见表1-1。

1.1.2 公路的组成

公路是一种带状的三维空间实体，它的中心线是一条空间曲线。公路中线及沿线地貌、地物在水平面上的投影图称为路线平面图。沿路线中线的竖向断面图称为路线纵断面图。中线处垂直于公路中心线方向的剖面图称为横断面图。

公路的基本组成部分包括：路基、路面、桥梁涵洞、隧道、防护与加固工程、排水设施、山区特殊构造物等。此外，为保证汽车行驶的安全、畅通和舒适，还需要有各种附属工程，如公路标志、路用房屋、加油站以及绿化栽植等。

路基是按照路线位置和一定技术要求修筑的带状构造物，承受由路面传递下来的行车荷载，并承受自然因素的作用。见图 1-1。

路面是用各种筑路材料铺筑在公路路基顶面上供汽车行驶的构造物，其作用是加固行车部分，使汽车在其上安全、舒适地行驶。常见的路面类型有沥青类路面、水泥混凝土路面、碎(砾)石路面等。

路床是路面的基础，是指路面底面以下 80cm 范围内的路基部分，承受由路面传来的荷载。在结构上分上路床(0～30cm)及下路床(30～80cm)两层。

路肩是指位于行车道外缘至路基边缘，具有一定宽度和横坡度的带状结构部分(包括硬路肩与土路肩)。用以保持行车道的功能和供临时停车使用，并作为路面的横向支撑。

表1-1 各级公路主要技术指标汇总简表

公路等级	高速公路				一级				二级		三级		四级
设计速度/(km/h)	120	100	80		100	80	60		80	60	40	30	20
车道数	8	6	4		6	4	4		4	2	2	2	2或1
车道宽度/m	3.75	3.75	3.75		3.75	3.75	3.50		3.75	3.50	3.50	3.25	3.00（双车道）3.50（单车道）
路基宽度/m 一般值	45.00	34.80 28.00	24.50		26.00	24.50	23.00		12.00	10.00	8.50	7.50	6.50（双车道）4.50（单车道）
路基宽度/m 最小值	42.00	26.00	21.50		24.50	21.50	20.00		10.00	8.50	—	—	—
极限最小半径/m	650	400	250		400	250	125		250	125	60	30	15
停车视距/m	210	160	110		160	110	75		110	75	40	30	20
最大纵坡/%	3	4	5		4	5	6		5	6	7	8	9
汽车荷载	公路-I级								公路-II级				

（注：表中"44.00 41.00"、"33.50"、"32.00"、"26.00"等中间列数据为原表所示；"—"表示无数据）

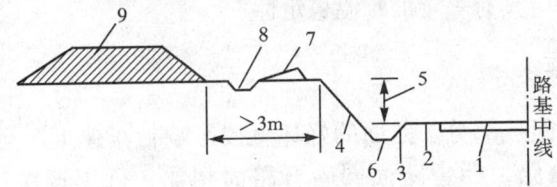

图 1-1 路基横断面示意图
1—路面；2—路肩；3—内侧边坡；4—外侧边坡；5—边坡高度
6—边沟；7—土台；8—截水沟；9—弃土堆

路基边坡是指为保证路基稳定，在路基两侧做成的具有一定坡度的坡面。为了防止水流对边坡的冲刷，在坡面上所做的各种铺砌和栽植总称为护坡。

为防止路基填土或山坡土体坍塌而修筑的承受土体侧压力的墙式构造物称为挡土墙。它是路基加固工程的一种结构形式。

为保持路基稳定和强度而修建的地表和地下排水措施称为路基排水设施，包括边沟、截水沟、排水沟、急流槽、跌水、蒸发池、渗沟和渗水井等。

1.1.3 对路基的基本要求

在公路建设中，路基工程的主要特点是：工艺较简单，工程数量大，耗费劳力多，涉及面较广，耗资亦很多。根据部分资料分析表明，一般公路的路基修建投资约占公路总投资的 25%～45%，个别山区公路可达 65%。路基施工改变了沿线原有的自然状态，挖填及借弃土石方涉及当地生态平衡、水土保持和农田水利。路基稳定与否，对路面工程质量影响甚大，关系到公路的正常投入使用。实践证明，没有坚固稳定的路基，就没有稳固的路面。因此，做好路基工程设计、施工与养护，不容忽视。路基应满足下列基本要求。

（1）路基横断面形式及尺寸

路基横断面形式及尺寸应符合交通部部颁标准《公路工程技术标准》的有关规定和要求。

（2）具有足够的整体稳定性

路基是直接在地面上填筑或挖去一部分地面建成的。路基修建后，改变了原地面的自然平衡状态，在工程地质不良的地区，修建路基可能加剧原地面的不平衡状态，从而导致路基发生各种破坏现象。因此，为防止路基结构在行车荷载及自然因素作用下不致发生不允许的变形或破坏，必须因地制宜地采取一定的措施来保证路基整体结构的稳定性。

（3）具有足够的强度

路基的强度是指在行车荷载作用下，路基抵抗变形与破坏的能力。行车荷载及路基、路面的自重使路基下层和地基产生一定的压力，这些压力可使路基产生一定的变形，直接损坏路面的使用品质。为保证路基在外力作用下不致产生超过容许范围的变形，要求路基应具有足够的强度。

（4）具有足够的水温稳定性

路基的水温稳定性在这里主要是指路基在水和温度的作用下保持其强度的能力。路基在地面水和地下水的作用下，其强度将会显著地降低。特别是在季节性冰冻地区，由于水温状况的变化，路基将发生周期性冻融作用，形成冻胀和翻浆，使路基强度急剧下降。因此，对于路基，不仅要求有足够的强度，而且还应保证在最不利的水温状况下强度不致显著降低，这就要求路基应具有一定的水温稳定性。

1.1.4 对路面的基本要求

路面是公路的重要组成部分。路面的好坏直接影响行车速度、运输成本、行车安全和舒适性。相同等级的公路，沥青路面同砂石路面相比，行车速度一般可以提高80%~200%，油料消耗降低15%~20%，轮胎行驶里程增加约20%，运输成本下降18%~20%。同一类型的路面，因施工和养护质量的优劣，也会使运输效率与成本以及服务质量产生很大的差异。路面在公路造价中占很大比重，一般高级路面修建投资约占总投资的60%~70%，低级路面约占20%~30%。所以，修好路面对发挥整个公路的运输经济效益具有十分重要的意义。路面必须满足下述各项基本要求。

(1) 具有足够的强度和刚度

由于受到行驶的汽车荷载所产生的各种力的综合作用，路面将逐渐出现磨损、开裂、坑槽、沉陷和波浪等病害，这都会影响公路的使用质量，严重时还可能中断交通。因此，路面结构整体及各组成部分必须具有足够的强度，以抵抗行车荷载的作用，避免路面产生过大的变形与破坏。

刚度是指路面结构整体或某一组成部分抵抗变形的能力。如刚度不足，即使强度足够，在车轮荷载作用下也会产生过量的变形而形成车辙、沉陷或波浪等破坏。

(2) 具有足够的稳定性

路面结构袒露于大气之中，经常受到温度和水分变化的影响，其力学性能随之不断发生变化，强度和刚度不稳定，路况时好时坏。例如，沥青路面在夏季高温时会变软而产生车辙和推挤，冬季低温时又可能因收缩或变脆而产生开裂；水泥混凝土路面在高温时可能发生拱胀现象，温度急剧变化时会翘曲而产生破坏；砂石路面在雨季时因雨水渗入路面结构而强度下降，产生沉陷、车辙或波浪。因此，路面结构在各种气候条件下应能够保持其强度。

(3) 具有足够的平整度

路面的平整度（或不平整度）通常是以试验汽车每行驶1km距离，车身和后桥相对垂直位移的累计数(m)来表示的。不平整的路面表面会增大行车阻力，并使车辆产生附加的振动作用。振动作用会造成行车颠簸，影响行车速度、行车安全和舒适性。振动作用还会对路面施加冲击力，从而加剧路面和汽车机件的损坏与轮胎的磨耗，并增大油料的消耗。不平整的路面还会积滞雨水，加速路面的破坏。

为了减小车辆对路面的冲击力，提高行车速度和增进行车舒适性、安全性，路面应保持一定的平整度。公路等级越高，设计速度越大，对路面平整度的要求也越高。

(4) 具有足够的抗滑性能

汽车在光滑的路面上行驶时，车轮与路面之间缺乏足够的附着力（或摩擦阻力），在雨天高速行车，或紧急制动或突然起动，或爬坡或转弯时，车轮易产生空转或打滑现象，致使行车速度降低，油料消耗增多，甚至引起严重的交通事故。因此，路面表面应具有足够的抗滑性能，即具有足够的粗糙度。设计速度越大，对路面抗滑性能的要求也越高。

1.2 公路施工的方法与特点

在对公路的分级与组成了解之后，还应对公路工程施工中所用的各种不同施工方法及其适用的范围有一个初步了解,以便在施工过程中可以根据不同的工程采用相应的施工方法,制定相应的施工计划,从而提高生产效益;同时,对公路施工的基本程序、施工特点也应较熟练地掌握,从而能有预见性地考虑到在施工过程中各个环节可能出现的问题,较顺畅地完成投标→开工→施工→验收等公路工程施工工作。

1.2.1 公路施工方法

公路的施工方法有人工和简易机械化施工、水力机械化施工、爆破施工和机械化施工等几种。

① 人工和简易机械化施工。使用手工工具和简易机械,效益低,劳动强度大,进度慢,适用于一些路段机械无法进场,一些工程(如砌体工程)还无法开展机械化作业以及某些辅助性工作。

② 水力机械化施工。运用水泵、水枪等水力机械,是机械化施工的一种,可用来挖掘比较松散的土层和进行软土地基加固的钻孔工作,需有充足的水源和电源。

③ 爆破施工。是开挖岩石路堑的基本方法,主要用来震松岩石、坚土、冻土,或采集石料,是公路施工特别是山区公路施工不可缺少的施工方法。

④ 机械化施工。采用推土机、铲运机、平地机、挖掘机、压路机及松土机等施工机械,可以极大地提高劳动生产率,加快施工进度,提高工程质量,降低工程造价,保证施工安全,是加速公路建设、实现公路施工现代化的根本途径。

施工方法的选择,应根据工程性质、工程数量、施工期限以及可能获得的人力和机械设备等条件来考虑。目前,在一批高等级公路的施工中,基本实现了机械化或半机械化施工作业。因此,必须十分注意提高机械化施工技术与管理水平,充分发挥机械设备的作用,提高劳动生产率,使我国公路建设事业早日全面实现施工现代化。

1.2.2 公路施工特点

公路是一种人工构造物,是通过设计和施工消耗大量的人工、材料和机械而完成的建筑产品。公路施工与一般工业生产和其他土建工程施工(如房屋建筑)不同,有着它本身的一些特点。

① 公路工程是线形建筑物,施工面狭长,流动性大,临时工程多,施工易受到其他工程和外界的干扰,施工管理工作量大。

② 公路施工系野外作业,受水文、气候、地质、地形、地貌等自然条件的影响很大。特别是雨季和冬季,给一些地区的施工增加了许多困难,施工作业受到极大的限制,甚至无法进行。

③ 公路经过的地形、地貌差别很大,致使工程数量很不均匀,给各施工项目之间的协调工作带来困难。

④ 由于公路是永久性建筑,占用土地较多,一般不可能拆除重建,再加上公路暴露于外界,常年经受行车荷载的碾压,因此,对工程质量的要求尤为严格。

高等级公路由于几何线形标准及工程的内在质量要求都较高,使得高等级公路工程的施工与一般公路工程的施工相比,还具有如下特点。

① 填挖高度增加,深挖或高填地段多,一般都在 4~5m 以上,有的路段可能达到 10m 以上,因此对施工的稳定性、合理性要求较高;同时,对填料的性质、含水量、压实度等

指标的要求也相应提高，取土、弃土的矛盾较突出，借土或弃土的数量增大。

② 工程地质情况复杂，特殊地质条件的路基较多，对滑坡体、泥石流及稻田、水库、软土地基等情况，在工程施工中就要求采取特殊的施工工艺。

③ 路线中的桥涵和通道等特殊工程多，给施工增加了困难。

④ 施工机械化程度高，各种新工艺、新材料、新技术得到广泛应用。

⑤ 征地、拆迁工作量大，占用耕地多，涉及面广，施工干扰多，施工中的横、纵向协调工作量大，而且困难。

⑥ 配套设施多，施工技术的要求全面，如护栏、停车场、休息区、服务区、收费站及环保设施等。

公路施工因以上特点，决定了它的施工规律。只有研究并遵循这些规律，科学地组织公路施工，才能圆满地完成施工任务。

1.2.3 公路工程基本建设的项目划分

任何一项基本建设工程，都有其自身的复杂性，都要进行若干项技术的、经济的和物质形态的工作。为了加强对基本建设工作的管理，便于编制设计文件、概预算文件和施工组织设计文件，便于工程招投标工作和施工管理，必须对基本建设工程项目进行科学的分解和合理的划分。基本建设工程可以划分为建设项目、单项工程、单位工程、分部工程和分项工程。

（1）建设项目

建设项目也称基本建设项目，是指经批准在一个设计任务书范围内按统一总体设计进行建设的全部工程。建设项目由一个或几个单项工程组成，经济上实行统一核算，行政上实行统一管理，一般以一个企业（或联合企业）、事业单位或独立工程作为一个建设项目，公路工程基本建设以单独设计的公路路线、独立桥梁作为建设项目。

（2）单项工程

单项工程也称工程项目，是指建设项目中具有独立的设计文件，建成后可独立发挥生产能力或使用效益的工程。工业建筑中的生产车间、办公楼、仓库，民用建筑中的教学楼、图书馆、实验室，公路工程中独立合同段的路线、大桥、隧道等都属于单项工程。

（3）单位工程

单位工程是单项工程的组成部分，是指在单项工程中具有单独设计文件和独立施工条件，而又单独作为一个施工对象的工程。如生产车间的厂房修建、设备安装，公路工程中同一合同段内的线路、桥涵等都属于单位工程。由此可见，单位工程一般不能独立发挥生产能力和使用效益。

（4）分部工程

分部工程是按工程结构、材料或施工方法不同所作的分类，它是单位工程的组成部分。如房屋的基础、地面、墙体、门窗，公路的路基、路面，桥梁的上、下部构造等都属于分部工程。

（5）分项工程

分项工程是指通过较简单的施工过程就能生产出来，并且可以用适当计量单位计算的"假定"的建筑或安装产品，如100m^3块石基础、100m^2水泥混凝土路面、一台某型号龙门吊的安装等。一般来说，分项工程只是建筑或安装工程的一种基本构成要素，是为了确定建筑或安装工程费用而划分出来的一种假定产品,以便作为分部工程的组成部分。因此,分项工程的独立存在是没有意义的,它不像工程项目那样是完整的产品。

路基、路面单位工程中分部工程和分项工程的划分见表1-2。

表1-2 路基、路面单位工程中分部工程及分项工程的划分

单位工程	分部工程	分项工程
路基工程(每10km或每标段)	路基土石方工程*①(1~3km路段)②	土方路基*,石方路基*,软土地基*,土工合成材料处治层*等
	排水工程(1~3km路段)	管节预制,管道基础及管节安装*,检查(雨水)井砌筑*,土沟,浆砌排水沟*,盲沟,跌水,急流槽*,水簸箕,排水泵站等
	小桥及符合小桥标准的通道*,人行天桥,渡槽(每座)	基础及下部构造*,上部构造预制、安装或浇筑*,桥面*,栏杆,人行道等
	涵洞、通道(1~3km路段)	基础及下部构造*,主要构件预制、安装或浇筑*,填土,总体等
	砌筑防护工程(1~3km路段)	挡土墙*,墙背填土,抗滑桩*,锚喷防护*,锥、护坡,导流工程,石笼防护等
	大型挡土墙*,组合式挡土墙*(每处)	基础*,墙身*,墙背填土,构件预制*,构件安装*,筋带,锚杆,拉杆,总体*等
路面工程(每10km或每标段)	路面工程(1~3km路段)*	底基层,基层*,面层*,垫层,联结层,路缘石,人行道,路肩,路面边缘排水系统等

注:① 表内标注*号者为主要工程,评分时权值为2;不带*号者为一般工程,评分时权值为1。
② 按路段长度划分的分部工程,高速公路、一级公路宜取低值,二级及二级以下公路可取高值。

1.2.4 公路工程的施工过程

施工单位接受施工任务后,依次经历开工前的规划组织准备阶段和现场条件准备阶段、正式施工阶段、竣工验收阶段等,按设计要求完成施工任务。各施工阶段的相互关系见图1-2。对于不同规模、不同性质的具体工程项目,各阶段的工作内容不尽相同。

(1)接受施工任务

施工企业获得施工任务通常有三种方式,一是由上级主管单位统一接受任务,按行政隶属关系安排计划下达;二是经主管部门同意后,对外接受任务;三是自行对外投标,中标后获得任务。随着我国改革开放的深入和社会主义市场经济体制的形成和发展,施工任务将主要以参加投标的方式,在建筑市场的竞争中获得。

接受工程项目的施工任务时,首先应查证核实该项目是否列入国家计划,必须有批准的可行性研究报告、初步设计(或施工图设计)及概(预)算文件等。国家计划以外的基本建设项目,如三资企业、合资企业、地方自筹资金工程等,亦应有国家主管部门对该项目的批复文件。

获得施工任务,从法律角度上讲,是以签订工程合同加以确认的。因此,施工企业接受的工程项目,必须同建设单位签订工程合同,明确双方的经济、技术责任,互相制约,互相促进,共同保证按质、按量、按期完成工程项目的建设任务。合同一经签订,就具有法律效力,双方都应认真履行。

工程合同的内容应包括:简要说明、工程概况、承包方式、工程质量、开(竣)工日期、工程造价、物资供应与管理、工程拨款与结算办法、违约责任、奖惩条款以及双方的配合

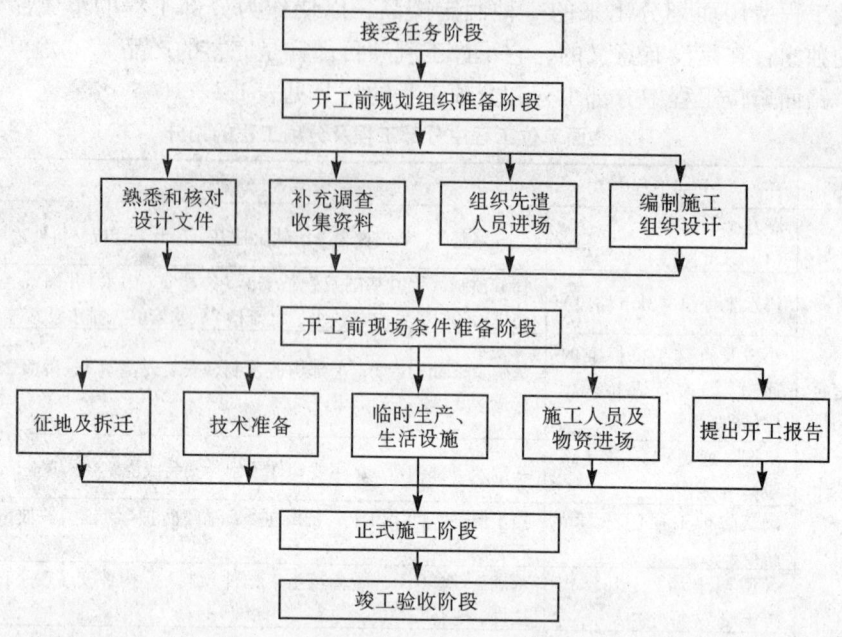

图 1-2 公路施工过程示意图

协作关系等。由于工程合同的内容涉及工程经营管理的各个方面，所以要求合同条款既要遵守有关法规要求，又要符合工程实际情况；既要防止合同条款表述上的含混不清，以免引起不必要的争执，又要用词准确、简明扼要，便于执行和检查。

（2）开工前的规划组织准备

施工企业接受施工任务后，即可着手进行施工准备工作。施工企业的施工准备工作千头万绪，涉及面广，必须有计划、按步骤、分阶段地进行，才能在较短的时间内为工程开工创造必要的条件。准备工作的基本任务是了解施工的客观条件，根据工程的特点和进度要求，合理安排施工力量，从人力、物资、技术和施工组织等方面为工程施工创造一切必要的条件。

开工前的施工准备工作分为战略性的规划组织准备和战术性的现场条件准备两大部分内容，前者是总体的部署，后者是具体的落实。开工前的规划组织准备工作的主要内容如下。

① 熟悉和核对设计文件。设计文件是工程施工最重要的依据。组织技术人员熟悉和了解设计文件，是为了明确设计者的设计意图，掌握图纸、资料的主要内容以及有关的原始资料。此外，从设计到施工通常都要间隔几年时间，勘测设计时的原始自然状况也许会由于各种原因有所变化，因此必须对设计文件和图纸进行现场核对。现场核对时，如发现设计有错误或不合理之处，应提出修改意见并报上级机关审批，待核准批复后再进行现场测量、修改设计、补充图纸等工作。

② 补充调查资料。进行现场补充调查，是为优化和修改设计、编制实施性施工组织设计、因地制宜地布置施工场地等搜集资料。调查的内容主要有：工程地点的地形、地质、水文、气候条件；自采加工材料场储量、地方生产材料情况、施工期间可供利用的房屋数量；当地劳动力资源、工业生产加工能力、运输条件和运输工具；施工场地的水源、水质、电源，以及生活物质供应状况；当地民俗风情、生活习惯等。

③ 组织先遣人员进场。公路施工需要调用大量人工、材料和机具。施工先遣人员的任

务，就是结合施工现场的实际情况，具体落实施工队一旦进入工地后在生产、生活、环境等方面必须解决的问题，对施工中涉及其他部门的问题，做好联系、协调工作，签订相应的会谈纪要、协议书或合同，同时还要及时与当地政府部门取得联系，积极争取地方政府对工程施工的支持。

④ 编制实施性施工组织设计和施工预算。实施性施工组织设计是指导施工的重要技术文件。公路施工系野外作业，又是线性工程，各地自然地理状况和施工条件差异很大，不可能采用一种定型的、一成不变的施工方案和施工方法，每项工程的施工都需要通过深入细致的工作，个别确定施工方案和施工组织方法。因此，必须认真做好实施性施工组织设计，并编制相应的施工预算。

(3) 开工前的现场准备

经过现场核对后，依据设计文件和实施性施工组织设计，认真做好施工现场的准备工作。

① 征地及拆迁。划定工程建设用地，开始征用土地，拆迁房屋、电信及管线设施等各种障碍物。施工临时用地，亦应同时办理。

② 技术准备工作。进行施工测量，平整场地，做好施工放样，布置施工场地；建立工地实验室，进行各种建筑材料试验和土质试验，为施工提供可靠数据；落实各工点的施工方案以及相应的供水、供电设施；各种施工物资的调查与准备，包括建筑材料、机具设备、工具等的货源安排，进场后的堆放、入库、保管及安全工作等。

③ 建立临时生产、生活设施。修建便道、便桥，搭盖工棚；选址修建预制场、机修厂、沥青拌和基地、混凝土搅拌站等大型临时设施；临时供电、供水、供热及通信设备的安装、架设与试运行。

④ 人员、机具、材料陆续进场。施工准备工作基本就绪后，即可组建施工机构，集结施工队伍，运送材料、机具。当施工队伍进场后，应及时做好开工前的政治思想动员、技术学习和安全教育工作；机具、物资进场后，要按计划存放和妥善保管。

⑤ 提出开工报告。上述各项具体准备工作完成后，即可向建设单位或施工监理部门提出开工报告。开工报告必须按规定的格式编写，并按上级要求或在工程合同规定的最后日期之前提出。

(4) 工程施工

在施工准备工作完成、提交开工报告之后，才能按批准的日期开始正式施工。施工应严格按照设计图纸进行，如需要变更，必须事先按规定程序报经建设单位或监理工程师批准，方可进行施工。各分项工程，特别是地下工程和隐蔽工程，要逐道工序检查合格，做好施工原始记录，才能进行下一道工序的施工。施工要严格按照设计要求和施工技术规范、验收规程进行，保证质量，安全操作，不留隐患，不留尾工，发现问题，及时解决。

对大、中型工程建设项目，必须严格执行施工监理制度，按监理的规定或要求实行进度控制、质量控制和费用控制。

为确保工程质量，加强施工管理，组织施工时应有以下基本文件：设计图纸、资料；施工规范和技术操作规程；各种定额；施工图预算；施工组织设计；工程质量检验评定标准和施工验收规范；施工安全操作规程。

公路工程施工是一项复杂的系统工程，必须科学、合理地组织，建立正常、文明的施工秩序，有效地使用劳动力、材料、机具、设备、资金等。施工方案要因地制宜、结合实际，施工方法要先进合理、切实可行。施工中既要注意工程质量和施工进度，又要注意保护环境、安全生产，确保优质、高效、低耗、安全地全面完成施工计划任务。

(5) 竣工验收

公路基本建设项目的竣工验收是全面考核公路设计成果、检验设计和施工质量的重要环节。做好竣工验收工作，对于确保工程质量，保证工程及时投入使用，发挥投资效益，总结建设经验，提高建设质量和管理水平都有着重要的作用。公路施工企业在竣工验收阶段应做好以下几项工作。

① 竣工验收准备。工程项目按设计的要求建成后，施工企业应自行初验，即交工验收。初验时，要进行竣工测量，编制竣工图表；认真检查各分部工程，发现有不符合设计要求和验收标准之处应及时修竣；整理好原始记录、工程变更设计记录、材料试验记录等施工资料；提出初验报告，按投资隶属关系上报。初验报告一般包括如下内容：(a)初验工作的组织情况；(b)工程概况及竣工工程数量；(c)各单项工程检查情况和工程质量情况；(d)检查中发现的重大质量问题及处理意见；(e)遗留问题的处理意见和提交竣工验收时讨论的问题。

② 竣工验收工作。施工企业所承担的工程全部完成后，经初验符合设计要求，并具备相应的施工文件资料，应及时报请上级领导单位组织竣工验收。

根据建设项目的规模大小，分别由国家建设部或交通部，或者省、直辖市、自治区以及交通主管部门组织验收。参加竣工验收的人员，应包括设计、施工、监理、养护、建设单位代表和建设银行、当地有关部门代表以及特邀专家。

竣工验收的具体工作，由验收委员会负责完成。验收委员会在听取施工单位的施工情况和初验情况汇报并审查各项施工资料后，采取全面检查、重点复查的办法进行验收。对初验时有争议的工程及确定返工或补做的工程、大桥、隧道和大型构造物，应全面检查和复测；对高填、深挖、急弯、陡坡路段，应重点抽查；对小桥涵及一般构造物、一般路段路基及路面、排水及安全设施等，可采取随机抽查的方式进行检查。检查过程中，必要时可采用挖探、取样试验等手段。

验收工作以设计文件为依据，按照国家有关规定，分析检查结果，评定工程质量等级，形成竣工验收鉴定书，并经监理工程师签认。对需要返工的工程，应查明原因，提出处理意见，由施工单位负责按期修竣。

③ 技术总结。竣工验收通过后，施工单位应认真做好工程施工的技术总结，以利于不断提高施工技术水平和管理水平，吸取经验教训，促进企业的发展。对于施工中采用的新技术和重大技术革新项目，以及施工组织、技术管理、工程质量、安全工作等方面的成绩，应进行专题总结。

④ 建立技术档案。技术档案包括设计文件、施工图表、原始记录、竣工文件、验收资料、专题施工技术总结等。这些文件在工程竣工验收后由施工单位汇集整理、装订成册并按管理等级建档保存。保密工程的图纸资料，按有关保密制度办理。

第2章 施工前的准备工作

工程单位接受施工任务后,即可着手进行施工前的准备工作。在工程开工前,必须有合理的施工准备期,而且施工准备工作应有计划、有步骤、分阶段地贯穿于整个工程项目的施工过程中。随着工程的进展,在各个分部、分项、工序工程施工之前,都要做好施工准备工作。准备工作的基本任务是根据建设工程的特点和进度要求,摸清施工的客观条件,合理安排施工力量,从技术、物资、人力和组织等方面为建筑安装施工创造一切必要的条件。

道路施工前应做好组织、物质和技术三大准备。

2.1 技术准备

技术准备是工程顺利实施的基础和保证。技术准备工作的好坏,直接影响到工程的进度、质量和经济效益,因此必须高度重视。技术准备工作的内容主要包括熟悉设计文件、现场调查核对、设计交桩和技术交底。

2.1.1 熟悉设计文件

设计文件(施工图)是组织工程施工的主要依据,其主要内容见表2-1。

表2-1　　　　　　　　　　　　　施工图的组成

	工程概要
设计说明书	平面设计:平面位置、曲线半径、超高、加宽、视距、路口
	纵断面设计:控制标高、最大纵坡、最小纵坡、竖曲线半径
	横断面设计:红线及车道宽度与分配、分隔带、路拱及横坡、挡墙
	路面结构设计:土基干湿类型、变形及回弹模量、路面结构及厚度
	排水系统设计:排水方式、断面尺寸、排水出口
	交通工程设计:交通安全、管理及服务设施
	立交及道路照明设计:设置理由、规模及形式
	环境保护设计:公路对环境的影响及采取的措施
工程数量表	路面工程:各结构层(面层与底层)的工程数量
	路基工程:填挖及特殊路基数量、排水、防护及桥涵工程数量
	土石方工程:主要列出不同运距土石方填挖数量及调配
	交通工程:交通工程设施工程数量
	杂项工程:便道、伐树、征地、拆迁、加固等工程数量
公路分项分步施工图	定线关系测量成果或道路路线示意图
	道路平面设计图及征地地亩图
	道路纵断面设计图
	标准横断面设计图及路面结构设计图
	交叉口设计图
	附属结构物设计图:挡土墙、桥涵、护坡、护面设计图
	其他附属工程设计图:排水沟等
	交通工程设计图

熟悉、审核施工图纸是领会设计意图、明确工程内容、掌握工程特点的重要环节，一般应注意以下几个方面。

① 进行施工前的现场调查，核对设计计算的假定和采用的处理方法是否符合实际情况，工程质量能否保证，施工是否有足够的可靠性，对保证安全施工有无影响。

② 核对设计是否符合施工条件，如需采用特殊施工方法和特定技术措施时，技术上和设备条件上有无困难。

③ 结合生产工艺和使用上的特点核对有哪些技术要求，施工能否满足设计规定的标准。

④ 核对有无特殊的材料要求以及这些材料的品种、规格、数量能否解决。

⑤ 核对图纸说明有无矛盾，规定是否明确、齐全。

⑥ 核对图纸各构造物的主要尺寸、位置、标高有无错误。

⑦ 核对土建工程与设备安装有无矛盾，施工中如何交叉衔接。

⑧ 通过熟悉图纸，明确场外在施工中所需材料和构件等制备工程项目的安排。

⑨ 通过熟悉设计文件，确定与施工有关的组织、物质、技术等各方面的准备工作项目。

在有关施工人员熟悉设计文件、充分准备的基础上，由建设单位负责人召集设计、施工、监理、科研人员参加图纸会审会议。设计人员向施工方作图纸交底，讲清设计意图和对施工的主要要求。施工人员应对图纸和有关问题提出质询。最终由设计单位对图纸会审中提出的合理化建议，按程序进行变更设计或作补充设计。

2.1.2 现场补充调查

进行现场补充调查，是为编制实施性施工组织设计搜集资料。调查的内容主要有如下几点：

① 工程地点的水文、地形、气候条件和地质情况；

② 自采加工料场、当地材料、可供利用的房屋情况；

③ 当地劳动力资源、工业加工能力、运输条件和运输工具情况；

④ 施工场地的水源、电源，以及生活物资供应情况；

⑤ 当地风俗习惯等。

2.1.3 设计交桩和设计技术交底

工程在正式施工之前，应由勘测设计单位向施工单位进行交桩和设计技术交底。

交桩应在现场进行，设计单位将路线测设时所设置的导线控制点和水准控制点以及其他重要点位的桩志逐一移交给施工单位，施工单位在接受这些控制点后，要采取必要的措施妥善加固保护。

设计技术交底一般由建设单位主持，设计、监理和施工单位参加。交底时设计单位应说明工程的设计依据、设计意图和功能要求，并对某些特殊结构、新材料、新技术以及施工中的难点和需注意的方面详细说明，提出设计要求。施工单位则将在研究设计文件中发现的问题及有关修改设计的意见提出，由设计单位对有关问题进行澄清和解释，对于合理的修改设计的意见，经过讨论认为确有必要修改的，可在统一认识的基础上，对所讨论的结果逐一记录，并形成纪要，由建设单位正式行文，参加单位共同会签，作为与设计文件同时使用的技术文件和指导施工的依据，以及进行工程结算的依据。

2.1.4 建立工地实验室

公路工程施工过程中,必须进行各种材料试验,以便选用合适的材料及材料性能参数,从而保证公路工程结构物的强度和耐久性,并有利于掌握各种材料的施工质量指标,保证结构物的施工质量。

工地实验室是为施工现场提供直接服务的实验室,主要任务是配合路基、路面施工,对工地所用的各种原材料、加工材料及结构性材料的物理力学性能,以及施工结构体的几何尺寸等技术参数进行检测。

工地实验室的人员组成一般可根据规模的大小,配备4~8名实验人员,其中实验室主任或负责人1名,实验员3~7人。

2.1.5 编制施工组织设计

公路施工组织设计是指导公路施工的基本技术经济文件,也是对施工实行科学管理的重要手段。编制施工组织设计的目的在于全面、合理、有计划地组织施工,从而具体实现设计意图,按质、按量、按期完成施工任务。实践证明,一个工程如果施工组织设计编得好,能正确地反映客观实际,并能得到认真地执行,施工就可以有条不紊地进行,否则就会出现盲目施工的混乱局面,造成不必要的损失。施工组织的编制与设计详见《施工组织设计》一书。施工组织的编制与设计应根据核实的工程量、工地条件、工期要求以及本单位的施工设备情况,制定实施性施工组织设计并报监理工程师审批。同时,根据施工组织设计的要求,组织施工队伍,合理部署施工力量,做好后勤物资供应工作。《施工组织设计》一书我们将会较详细地学习,在这里简要地介绍以下几点。

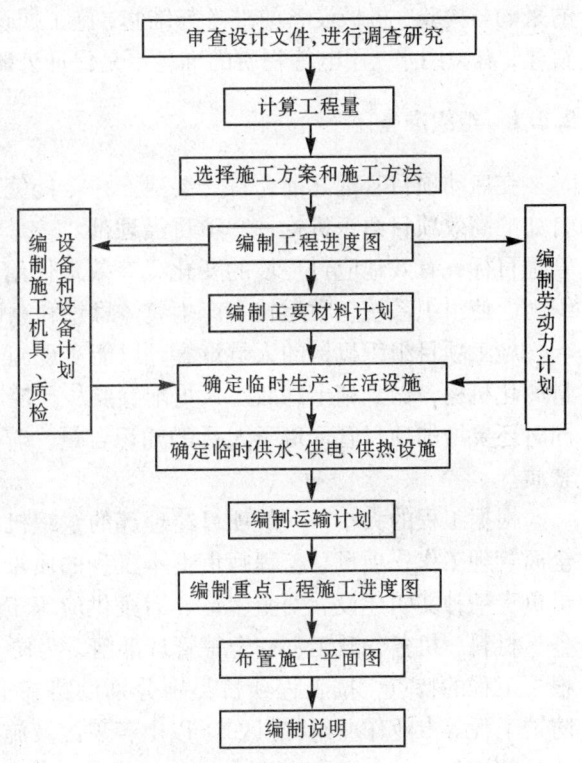

图2-1 施工组织设计编制程序

① 编制的原则。在施工组织的编制过程中,要坚持做到以下几点:保证重点、统筹兼顾;采用先进技术,保证施工质量;科学安排施工计划,组织连续,均衡施工;严格遵守施工规范、规程和制度;因地制宜,扬长避短。

② 编制的程序。施工组织的编制要遵守一定的程序,要按照施工的客观规律,协调和处理好各个影响因素的关系,用科学的方法进行编制。一般的编制程序见图2-1。

③ 施工组织设计的内容。施工组织设计的主要内容有:工程情况的概述,施工技术方案的制定,施工计划及施工总体和部分工程平面布置,土石方平衡规划,施工现场平面布置,劳动力及机械设备、施工用水及用电的供应和解决方案,施工便道、排水防洪及生活

设施的建设，施工准备工作进度表等。施工组织设计用文、图、表三种形式表示，互相配合，互相补充。

2.1.6 编制施工预算

施工预算是在施工图预算的基础上，根据施工图纸、施工组织设计或施工方案、施工定额等文件进行编制的，是企业内部控制各项成本支出、考核用工、签发施工任务单、限额领料和进行经济核算的依据。

2.2 施工组织准备与物质准备

施工前的技术准备是施工中的一个重要环节，同样，施工的组织准备与物质准备在道路工程施工中也是十分重要的。施工计划管理、施工技术管理、施工安全管理以及施工机构的组建与人员配备是公路工程施工的重要前提，而施工的物质准备即工地实验室的组建，材料的采购与检验，机械设备的准备与维修，施工便道、施工现场及有关施工生产、生活设施的搭建，有关用水、用电等物质的准备更是保证公路工程施工能否顺利实施的关键所在。

2.2.1 组织准备

在启动项目管理之前，首先要建立一个能完成管理任务、令项目经理指挥灵便、运转自如的高效项目组织机构——项目经理部。一个好的组织机构，可以有效地完成施工项目管理目标，有效地应付环境的变化，有效地供给组织成员生理、心理和社会需要，形成组织力，使组织系统正常运转，产生集体思想和意识，完成项目管理任务。

施工项目组织机构的人员设置，以能实现施工项目所要求的工作任务(事)为原则，尽量简化机构，做到精干高效。人员配置要从严控制二三线人员，力求一专多能，一人多职，同时还要增加项目管理班子人员的知识含量，着眼于使用和学习锻炼相结合，以提高人员素质。

根据工程的大小，一般项目经理部的组织机构设置项目经理为本工程的负责人，负责全面管理工作；项目总工程师负责本工程的质量与技术管理工作；临时党支部书记或指导员负责精神文明建设、安全生产、后勤供应等工作。项目经理部下设质检、工程技术、财务、材料、机务、政工、安全等管理部门。为便于组织施工及管理，在经理部统一指挥下，根据工程的特点，按工程项目类别分别设路基土石方、路面、桥梁、隧道、排水及涵洞、防护工程等专业作业组(工区)。以上各工区及施工组分别负责组织本工程范围内相应工程项目的施工。

项目经理部机构配置见图 2-2。工程规模的大小不同，各机构可能有变化。在组建项目经理部各职能部门的时候，必须明确各部门的责、权、利，否则会在今后工作中产生扯皮、推诿和责任不清、指挥不灵等现象。每个部门配备的专业人员应按职称、能力形成梯队，所需要的人数视工程规模大小、艰难程度而定。路桥专业技术人员数量，一般公路按平均每人管理 3~5km 配置，高速、一级公路按平均每人管理 1km 配置。项目经理部各职能部门的职责和权限在一般的公路工程管理专业书籍均有所叙述。

施工管理机构的组建完成后，为保证工程按设计要求的质量、计划规定的进度和低于合同价的成本，安全、顺利地完成施工任务，还应针对施工管理工作复杂、困难的特点，

第 2 章 施工前的准备工作

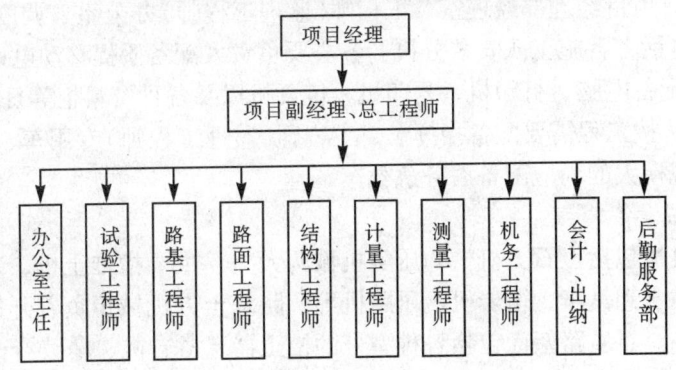

图 2-2 项目经理部管理机构示意图

建立一整套完善的施工管理制度，采用科学的管理方法，进行切实有效的工作，才能达到预期的目的。

施工计划管理制度是施工管理工作的中心环节，包括编制计划、实施计划、检查和调整计划等环节。

工程技术管理制度是对施工技术进行一系列组织、指挥、调节和控制等活动的总称。其主要内容包括：施工工艺管理、工程质量管理、施工技术措施计划、技术革新和技术改造、安全生产技术措施、技术管理文件等。各级技术负责人要根据组织机构和施工任务的情况，进行技术交底，明确各自的技术责任，建立一套完整的工程质量自检体系。

工程成本管理制度是施工企业为降低工程成本而进行的各项管理工作的总称。建立工程成本管理制度，加强对工程成本的管理，不断降低工程造价，具有十分重要的意义。

施工安全管理制度对加强施工安全及劳动保护对工程的质量、成本、工期具有重要的意义，是企业管理的一项基本原则。在公路工程施工中，要实行施工安全责任制，加强安全技术工作，做好安全教育、检查及事故处理工作。

2.2.2 物质准备

物质准备包括工程房屋修建或租赁，机具设备购置或租赁，各种材料的采集、调配、运输、储存，临时道路的修建，供水、电力、电信以及必需的生活设施等。

（1）临时房屋及临时设施

① 工程现场应设有宿舍、会议室、浴室、食堂、厨房、管理室、经理部办公室、看守房、水池、机房、试验及测量用房、厕所等。

② 根据工程需要设置一个或多个临时设施，主要有预制场、木工场、钢筋制作场、搅拌站、工人休息室、水泥及其他材料库、机房、水池、看守房、各种材料堆放场等。

③ 机械停放场、检修厂及油库，应设有停车场、检修棚、检修地沟、零件库、油库、发电机房、水池等。

④ 项目经理部应考虑监理工程师用房。

⑤ 修建临时运输便道。

⑥ 施工及生活用水、用电。

⑦ 消防安全设施。

⑧ 项目经理部设医务室，各工点有巡回医生。

（2）办公设备

①通信设施。项目经理部经理室、工程师(监理工程师)办公室、调度室应按工程需要设国内长途直拨电话,各施工队安装分机。各主要负责人配备手提移动电话。

②办公室应配备电脑、打印机、复印机、传真机以及各种资料柜等日常办公用品。

③交通工具。按工程需要配备指挥车、工程师(监理工程师)专用车、交通车、测量试验专用车。工程规模大的尚应配备医务急救车。

(3) 施工机械设备

路基的施工机械包括土石方机械和压实机械两大类,主要指推土机、装载机、挖掘机、铲运机、平地机、自卸汽车、凿岩机、压路机等。路基土方机械担负着开挖、铲装、运输、整平、压实的任务。石质路堑尚包括各种型号的松土器、凿岩机、爆破器材。

路面的施工机械主要有半刚性基层材料拌和机械、沥青混合料拌和和摊铺设备、水泥混凝土拌和和摊铺设备等,另外还包括运输和碾压机械。

施工机械的合理配套是工程能否按时完成及提高经济效益的保障。

(4) 试验设备

工地实验室是为施工现场提供数据服务,配合路基施工,检测工地所用的各种原材料、加工材料及结构性材料的物理力学性能,以及施工结构体的几何尺寸。

工地实验室所购置的各种重要实验设备仪器,应通过当地政府计量部门标定,交通质量监督部门认证合格后才能投入使用。工地实验室认证工作应在接到中标通知书后即开始申办,在工程开工前办理完毕各种证件。另外,工地必须具备最新版本的各种试验规程和设计、施工规范,以及其他参考书籍。

2.3 施工放样

施工放样就是按设计图纸中的各种数据和控制点坐标,将公路的"中心线"、各构造物的标高及横断面位置准确无误地放到实地,指导施工作业。公路工程施工放样的主要内容有:路中心线施工放样;竖曲线施工放样;路基边桩及边坡施工放样;路面施工放样;小桥涵施工放样等。

2.3.1 路中心线施工放样

路中心线施工放样就是利用测量仪器和设备,按设计图纸中的各项元素(如公路平纵横元素)和控制点坐标(或路线控制桩),将公路的"中心线"准确无误地放到实地,指导施工作业,习惯上称为"放样"。

路中心线施工放样是保证施工质量的一个重要环节。这是一项严肃认真、精确细致的工作,稍有不慎,就有可能发生错误。一旦发生错误而又未能及时发现,就会影响下一步的工作,影响工作进度,甚至造成损失。要严格按照有关规范、规程的要求,对测量数据认真复核检查,不合格的结果一定要返工重测,要一丝不苟,树立"质量重于泰山"的意识。为确保施工测量质量,在施工前必须对导线控制点和路线控制桩(又称固定点)进行复测,在施工过程中要定期检查。放样时应尽量使用精良的测量设备,采用先进的测设方法。

路中心线施工放样又称为恢复中线,一般有两种方法:用导线控制点恢复中线;用路线控制桩(交点、直圆、圆直等点)恢复中线。

用控制点放样中线,放样精度能得到充分的保证。在测量技术飞速发展的今天,测距仪的使用越来越普遍。现在，几乎所有的施工单位都有测距仪或全站仪，因而这种方法得到了广泛的应用，成为恢复中线的主要手段。对高速公路、一级公路，应用坐标法恢复路线主要控制桩。

实际应用中，二级以上的公路勘察设计，均沿路线建有导线控制点，作为首级控制，故可采用控制点放样。

用路线控制桩恢复路中线有两种情况：一是公路两旁没有布设导线控制点，公路中线都是用交点桩号、曲线元素(转角、半径、缓和曲线长)标定，施工单位只有根据路线控制桩来恢复中线，这种情况在修建低等级公路时比较常见；另外一种情况是由于施工单位没有测距仪，无法利用控制点，只好利用路线控制桩恢复中线，这种方法，常用于低等级公路。

(1) 控制点复测

控制点复测是施工测量前必不可少的准备工作，它包括导线控制点和路线控制桩的复测。另外，由于人为或其他原因，导线控制点和路线控制桩丢失或遭到破坏，要对其进行补测；有的导线点在路基范围以内，需将其移至路基范围以外。只有当这一切都完成无误，方能进行施工放样工作。

导线点的复测主要是检查它的坐标和高程是否正确。

(2) 用导线控制点恢复中线

用导线控制点恢复中线，实质上就是根据导线点坐标与公路中线坐标之间的关系，借以高精度的测距手段，将公路的中线放到实地，因此又可称为"坐标法"。

如图 2-3 所示，P 为公路中线点，坐标为 (X_P, Y_P)；A，B 为导线点，坐标分别为 (X_A, Y_A)，(X_B, Y_B)，P 点与 A 点的极坐标关系用 A 点到 P 点的距离 s_{AP} 以及坐标方向 α_{AP} 表示，即

$$s_{AP} = \sqrt{(X_P - X_A)^2 + (Y_P - Y_A)^2} \qquad (2-1)$$

$$\alpha_{AP} = \arctan \frac{Y_P - Y_A}{X_P - X_A} \qquad (2-2)$$

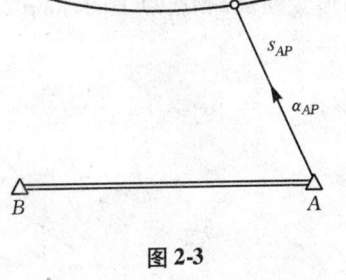

图 2-3

式(2-1)和式(2-2)就是两点间距离和坐标方位的计算公式，式中，导线点的坐标通过控制测量求得。

(3) 用路线控制桩恢复中线

当原勘测设计时的交点桩保存基本完好时，恢复路线中线的测量工作就比较简单。对于个别丢失的交点桩，可采用交会法恢复，然后根据设计文件上的有关数据可直接恢复直线上的中桩；对圆曲线和缓和曲线上的中桩，也可采用偏角法或切线支距法求得。

2.3.2 竖曲线施工放样

如图 2-4 所示，路线上三条相邻的纵坡 $i_1(+)$，$i_2(-)$，$i_3(+)$，在 i_1 和 i_2 之间设置凸形竖曲线，在 i_2 和 i_3 之间设置凹形竖曲线。根据路线相邻坡道的纵坡设计 i_1 和 i_2，计算竖曲线的坡度转折角 α。由于 α 角很小，计算时可作一些简化：

$$\alpha = \arctan i_1 - \arctan i_2 \approx (i_1 - i_2) \cdot \frac{180°}{\pi} \qquad (2-3)$$

竖曲线的半径为 R，竖曲线的计算元素为切线长 T、曲线长 L 和外距 E。因此，可以采用与平面圆曲线计算主点测设元素同样的公式。

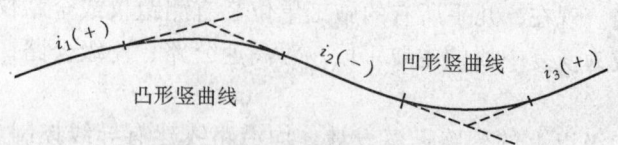

图 2-4 竖曲线

由于竖曲线的设计半径 R 较大,而 α 角又较小,因此,竖曲线测设元素可采用下列近似公式计算:

$$T = \frac{1}{2}R(i_1 - i_2) \tag{2-4}$$

$$L = R(i_1 - i_2) \tag{2-5}$$

$$E = \frac{T^2}{2R} \tag{2-6}$$

同理可导出竖曲线中间各点按直角坐标法测设的 Y_i(即竖曲线上的标高改正值)计算式:

$$Y_i = \frac{X_i^2}{2R} \tag{2-7}$$

式(2-7)中的 Y_i 值在凹形竖曲线中为正号,在凸形竖曲线中为负号。

竖曲线起点、终点的测设方法与圆曲线相同,而竖曲线上辅点的测设,实质上是在曲线范围内的里程桩上测出竖曲线的高程。因此,实际工作中测设竖曲线都与测设路面高程桩一起进行。测设时,只需把已算出的各点坡道高程再加上(对于凹形竖曲线)或减去(对于凸形竖曲线)相应点上的标高改正值即可。见图 2-5。

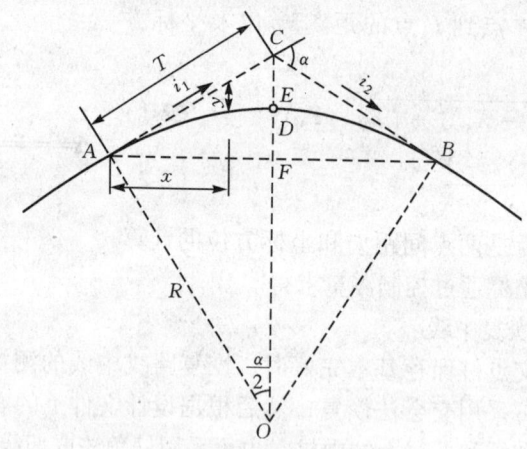

图 2-5 竖曲线测设元素

2.3.3 路基边桩放样

路基边桩放样就是在地面上将每一个横断面的路基边坡线与地面的交点用木桩标定出来。边桩的位置由两侧边桩至中桩的距离来确定。常用的边桩放样方法有图解法与解析法两种。

(1) 图解法

图解法就是直接在横断面上量取中桩至边桩的距离,然后在实地用皮尺沿横断面方向将边桩丈量并标定出来。在填挖方不大时,使用此法较多。

（2）解析法

解析法是根据路基填挖高度、边坡率、路基宽度和横断面的地形情况，先计算出路基中心桩至边桩的距离，然后在实地沿横断面方向按距离将边桩放出来。具体方法按下述两种情况进行。

① 平坦地段的边桩放样。图 2-6(a)所示为填方路堤，坡脚桩至中桩的距离 D 为

$$D = \frac{B}{2} + m \times H \tag{2-8}$$

图 2-6(b)所示为挖方路堑，坡顶桩至中桩的距离 D 为

$$D = \frac{B}{2} + S + m \times H \tag{2-9}$$

式中，B——路基宽度；

m——边坡率；

H——填挖高度；

S——路堑边沟顶宽。

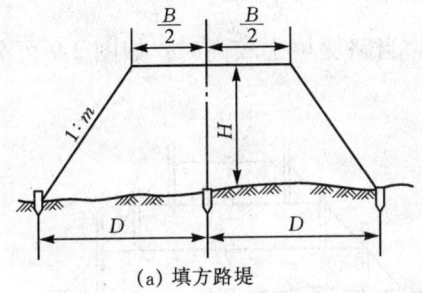 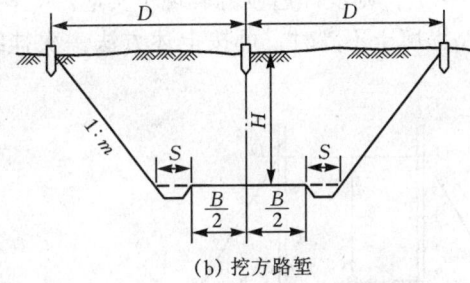

(a) 填方路堤　　　　　　　　　(b) 挖方路堑

图 2-6　平坦地段边桩施工放样图

② 倾斜地段的边桩放样。在倾斜地段，边桩至中桩的距离随着地面坡度的变化而变化。如图 2-7(a)所示，路堤坡脚桩至中桩的距离 $D_\text{上}$ 和 $D_\text{下}$ 分别为

$$D_\text{上} = \frac{B}{2} + m(H - h_\text{上}) \tag{2-10}$$

$$D_\text{下} = \frac{B}{2} + m(H + h_\text{下})$$

如图 2-7(b)所示，路堑坡顶桩至中桩的距离 $D_\text{上}$ 和 $D_\text{下}$ 分别为

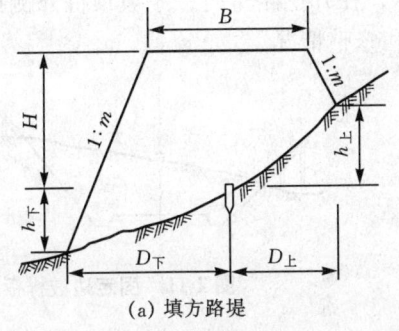 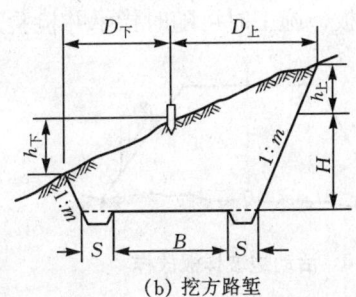

(a) 填方路堤　　　　　　　　　(b) 挖方路堑

图 2-7

$$D_\text{上} = \frac{B}{2} + S + m(H + h_\text{上}) \tag{2-11}$$

$$D_{下} = \frac{B}{2} + S + m(H - h_{下})$$

式中，$h_{上}$，$h_{下}$——上、下侧坡脚(或坡顶)至中桩的高差；

B，S 和 m 均为已知。

因此，$D_{上}$，$D_{下}$ 随 $h_{上}$，$h_{下}$ 变化而变化。由于边桩未定，所以均为未知数。实际工作中，采用试探法放边桩，在现场边测边标定，一般试探一两次即可。如果结合图解法，则更为简便。

2.3.4 路基边坡放样

在放样出边桩后，为了保证填、挖的边坡达到设计要求，还应把设计边坡在实地标定出来，以方便施工。

（1）用竹竿绳索放样边坡

如图 2-8 所示，图中 O 为中桩，A，B 为边桩，$CD = b$ 为路基宽度。放样时，在 C，D 处竖立竹竿于高度等于中桩填土高度 H 之处 C'，D'，用绳索连接，同时由 C'，D' 用绳索连接到 A，B 上，则设计边坡就展现于实地。

当路堤填土不高时，可按上述方法一次挂线。当路堤填土较高时，如图 2-9 可分层挂线。

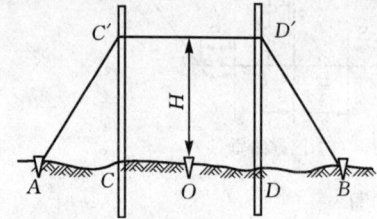

图 2-8 竹竿绳索放样边坡示意图

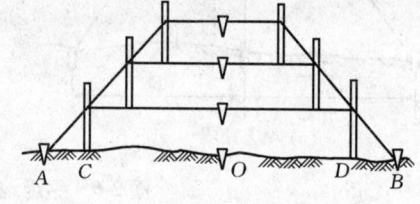

图 2-9 分层挂线

（2）用边坡样板放样边坡

施工前，按照设计边坡坡度做好边坡样板。施工时，按照边坡样板进行放样。

① 用活动边坡尺放样边坡。如图 2-10 所示，当边坡尺水准气泡居中时，边坡尺的斜边所指示的坡度正好为设计边坡坡度，故借此可指示与检验路堤的填筑。同理，边坡尺也可指示与检验路堑的开挖。

② 用固定坡样板放样边坡。如图 2-11 所示，在开挖路堑时，于坡顶桩外侧按设计坡度设立固定样板，施工时可随时指示并检验开挖和修整情况。

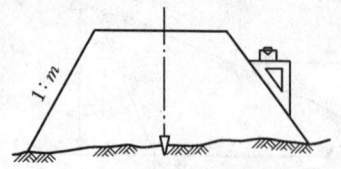

图 2-10 活动边坡样板放样

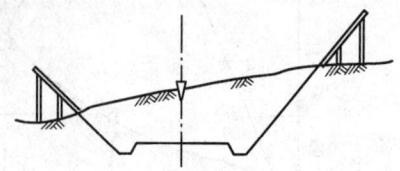

图 2-11 固定边坡样板放样

2.3.5 路面施工放样

路面施工放样主要有路槽放样与路拱放样。

(1) 路槽放样

在铺筑公路路面时，首先应进行路槽的放样。在已恢复的路线中线的百米桩和加桩上，从最近的水准点出发，进行路线水准测量，测出各桩的路基标高；并与设计标高相比较，看是否在规范规定的容许范围内，然后在路线中线上每隔10m设立高程桩，用放样已知高程点的方法使各桩顶高程等于铺筑的路面标高。如图2-12所示，用皮尺由高程桩沿横断面方向左右各量出等于路槽宽度一半的长度，定出路槽边桩，使桩顶的高程亦等于铺筑后的路面标高(考虑路面横坡)。在上述这些桩的旁边挖一小坑，在坑中钉桩，使桩顶符合考虑路槽横向坡度后槽底的高程，以指导路槽的开挖。

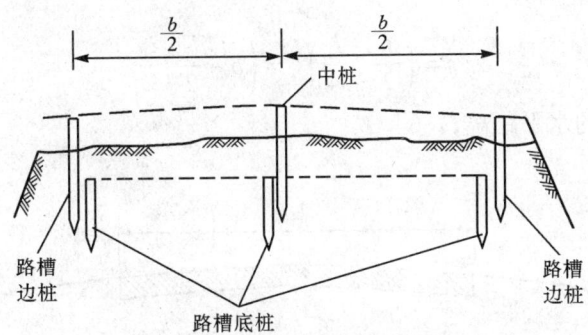

图2-12 路槽施工放样示意图

(2) 路拱放样

为有利于路面排水，在保证行车平稳的要求下，路面应做成中间高并向两侧倾斜的拱形，称为路拱。路拱一般做成下列两种形式。

① 整个路拱为抛物线形。如图2-13所示，抛物线的形状可用下列方程式表示：

$$X^2 = 2PY \tag{2-12}$$

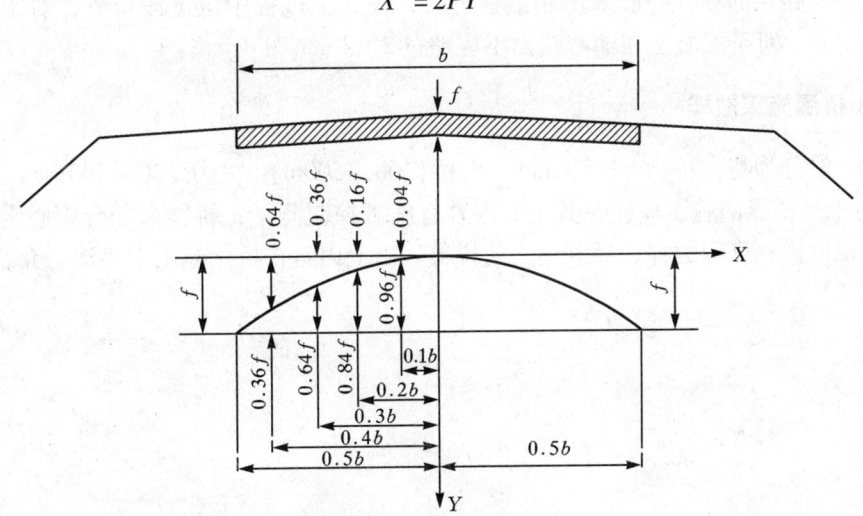

图2-13 抛物线形路拱

当 $X = \dfrac{b}{2}$ 时 $\qquad Y = f$

所以 $\qquad \dfrac{b^2}{4} = 2Pf$

由此得
$$Y = \frac{X^2}{2P} = \frac{4f}{b^2}X^2$$

式中，X——横距；

Y——纵距；

b——路面宽度；

f——拱高，可按路拱坡度 i_1 确定，即 $f = \frac{b}{2}i_1$。

② 两个斜面中间用曲线连接。如图 2-14 所示，中间部分可用抛物线或圆曲线连接。拱高 f 可按下式计算：

$$f = \left(\frac{b}{2} - \frac{l_1}{4}\right)i_1 = \left(b - \frac{l_1}{2}\right)\frac{i_1}{2} \tag{2-13}$$

式中，l_1——曲线段的水平距离；

其他符号同前。

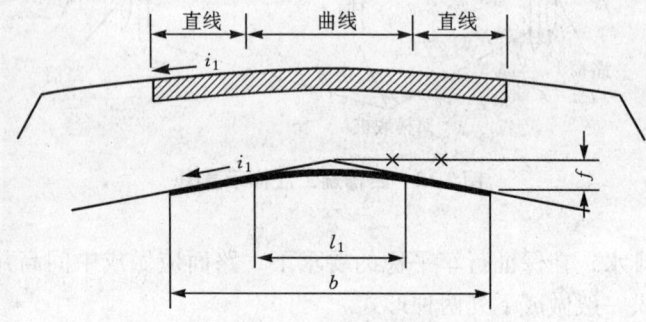

图 2-14 圆顶直线形路拱

公路路面路拱的放样一般采用路拱板进行，在施工过程中应逐段检查，对于碎石路面不应超过 1cm，对于混凝土和油渣路面不应超过 2~3mm。

2.3.6 小桥涵施工放样

桥梁一般分为特大桥（大于 500m）、大桥（100~500m）、中桥（30~100m）、小桥（8~30m）。对于小桥涵的施工放样，其主要内容有施工控制测量；桥梁墩、台中心定位；桥梁墩、台基础放样；高程放样；涵洞施工放样等。以上内容在桥梁施工中将逐一介绍。

第3章 路基土石方工程施工

路基是路面的基础，多由自然土构成。路基是根据公路线形设计的要求，在原地面上通过填、挖、压实而修成的。一条公路的使用品质不仅与公路的线形和路面的质量有关，同时也与路基的品质有着重要的关系。当路基松软不稳定时，在行车荷载反复作用下，不仅会引起路面的不均匀沉陷，影响路面的平整度，导致车速降低、燃料增加、路面过早破坏，而且当路基发生塌方或滑坡时，往往会发生重大的交通事故。

路基在高等级公路建设项目中，不仅工程量和投资额巨大，而且是占用土地最多、使用劳动力及机械设备数量最大、牵涉面最广的工程。在工程量集中、地质与水文地质条件复杂的地段，遇到的技术问题更多、更难，常常成为影响公路能否如期完成的关键。因此，对路基项目的施工，必须予以高度重视，认真对待。

3.1 填方路基施工

填方路基施工是在原地面上进行路基填筑，它的质量好坏直接影响着道路工程的整体质量。因此，只有掌握了正确的施工工序，掌握了基底处理方法及填筑材料的选择，掌握了正确的填筑、碾压方法，掌握了路基填筑的各种不同施工工艺及质量控制方法，才能顺利地完成填方路基施工任务，保证填方路基的施工质量，保证道路整体的强度和稳定性，为路面基层和面层的施工打好基础。

3.1.1 基底处理与填筑材料的选择

（1）基底的处理

基底处理是保证路堤稳定及坚固极为重要的措施。在路堤填筑前进行基底处理，能使路堤填土与原地表土密切结合，增加承载力，避免路堤沿基底发生滑动，防止因草皮、树根腐烂而引起的路堤沉陷，保证路堤填筑的质量，保证路堤具有足够的强度和稳定性。对于一般的基底处理，应按下列规定执行。

① 基底土密实，且地面横坡不陡于1:10时，经碾压符合要求后，可直接在地面上修筑路堤（但在不填、不挖或路堤高度小于1m的地段，应采用先人工后机械的方法清除树根、草皮等杂物）。在稳定的斜坡上，地面横坡为1:10~1:5时，基底应清除草皮。地面横坡陡于1:5时，原地面应挖成台阶，台阶宽度不小于1m，高度不小于0.5m，见图3-1；若地面横坡超过1:2.5时，外坡脚应进行特殊处理，如修护墙和护脚。

② 基底土为腐植土，必须用人工或机械将其表层土清除换填，厚度视具体情况而定，一般不小于30cm为宜，并予以分层压实，压实度应符合规范要求。

③ 路堤修筑范围内，原地面的坑、洞、基穴等，应用原地的土或砂性土回填，并按规定进行压实。

④ 路基受到地下水影响时，应予以拦截或排除，引地下水至路堤基础范围之外。当路基经过水田、池塘或洼地时，应根据具体情况排水疏干，挖除淤泥，打砂桩，抛填片石，

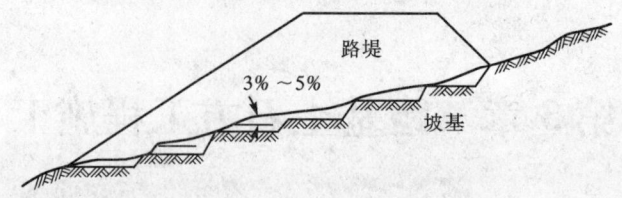

图3-1 横坡较大时的台阶形基底

砂砾石或石灰(水泥)处理土等措施,以保持基底稳固。

(2) 填筑材料的选择

在选择路基的填筑材料时,由于各类用土具有不同的工程性质,应根据不同的土类分别采取不同的工程技术措施,并尽可能地选用稳定性良好且具有一定强度的土石作为填料。

《公路路基施工技术规范》规定如下。

① 路堤填料不得使用淤泥、沼泽土、冻土、有机土、含草皮土、生活垃圾、树根和含有腐朽物质的土。采用盐渍土、黄土、膨胀土填筑路堤时,应遵照有关规定执行。

② 液限大于50,塑性指数大于26的土,以及含水量超过规定的土,不得直接作为路堤填料;需要应用时,必须采取满足设计要求的技术处理,经检查合格后方可使用。

③ 钢渣、粉煤灰等材料,可用做路堤填料,其他工业废渣在使用前应进行有害物质的含量试验,避免有害物质超标,污染环境。

④ 捣碎后的种植土,可用于路堤边坡表层。

各级公路的路基填方材料的最小强度和最大粒径一般应符合表3-1的要求。

表3-1　　　　　　　　　　路基填方材料最小强度和最大粒径

路面底面以下深度/cm	项目分类	填料最小强度/CBR	填料最大粒径/cm
路堤	上路床(0~30)	8.0	10
路堤	下路床(30~80)	5.0	10
路堤	上路堤(80~150)	4.0	15
路堤	下路堤(>150)	3.0	15
零填及路堑路床(0~30)		8.0	10

注:① 表列强度按《公路土工试验规程》中对试样浸水96h的CBR试验方法测定。
② 黄土、膨胀土及盐渍土的填料强度,分别按各自的规定办理。

路基填料中最稳定的填料主要有石质土、砂性土和钢渣、粉煤灰等材料。这几类材料摩擦系数大,不宜压缩,透水性好,其强度受水的影响很小,是填筑路堤的最佳材料。

一般填土和其他工业废渣,经压实后能够获得足够的强度和稳定性,是较好的、常用的填筑材料。使用时应注意:土中的有机质含量不可超过5%;易溶盐含量不应超标;施工时按规定厚度分层铺设、压实,并控制最佳含水量。

砂土黏结性小,易于松散,对流水冲刷和风蚀的抵抗能力很弱,压实困难。但是经充分压实的沙土路基,则压缩变形小,稳定性好。为了加强压实和提高稳定性,可以用振动法压实,并可适量掺些黏土,以改善级配组成,并应将边坡予以加固,以提高路基的稳固性。

在路基填料中,稳定性差的填料主要有高液限黏土、粉质土等,它们不宜作为公路路基用土。特殊情况下必须调节含水量,并掺入适当的外加剂改良后方可使用。

3.1.2 路基填筑

(1) 路基填筑方法

路基填筑是把选定的路基填料运送到路基上逐层填起,进行铺平并碾压密实的过程。路基的填土方式可分为:水平分层填筑法、纵向分层填筑法、横向填筑法和混合填筑法等。

① 水平分层填筑法。水平分层填筑法是按照横断面全宽分成水平层次,逐层向上填筑的方法,见图3-2。如原地面不平,应由最低处分层填起,每填一层,经压实合格后再填上一层。此法施工操作方便、安全,压实质量容易保证。

② 纵向分层填筑法。纵向分层填筑法适用于推土机或铲运机从路堑取土填筑运距较短的路堤。纵向分层填筑法是依纵坡方向分层、逐层推土填筑的方法,见图3-3。原地面纵坡小于20°的地段可用此法施工。

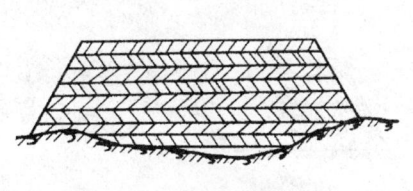

图3-2 水平分层填筑法

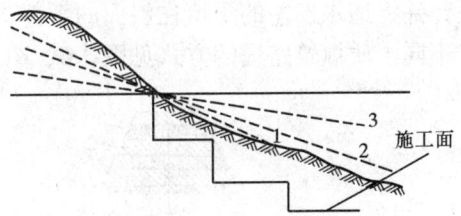

图3-3 纵向分层填筑法

1,2,3——推土作业顺序

③ 横向填筑法。横向填筑法是从路基一端按各横断面的全部高度,逐步推进填筑的方法,见图3-4,适用于无法自下而上分层填土的陡坡、断岩或泥沼地区。此法不易压实,且还有沉陷不均匀的缺点。为此,应采用必要的技术措施,如选用高效能的压实机械(振动压路机)碾压,采用沉陷量较小的砂性土或废石方做填料等。

④ 混合填筑法。混合填筑是当公路路线穿过深谷陡坡,尤其是要求上部的压实度标准较高时,施工时下层采用横向填筑,上层采用水平分层填筑。此种方法称为混合填筑法,见图3-5。

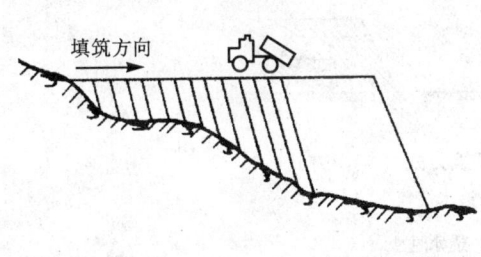

图3-4 横向填筑法

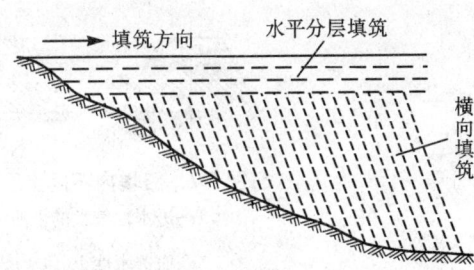

图3-5 混合填筑法

上述方法中,第②、③、④路填施工方法工程质量较难保证,同时也不易检测,因此,除非工程特殊要求外,一般应尽可能采用第①种方法施工。

(2) 路基填筑时的施工方法

① 沿横断面一侧填筑的方法。旧路拓宽改造需加宽路堤时,所用填土应与原路堤用土尽量接近或为透水性好的土,并将原边坡挖成向内倾斜的台阶,分层填筑,碾压到规定的密实度。严禁将薄层新填土贴在原边坡的表面。

高速公路和一级公路,横坡陡峻地段的半填半挖路基,必须在山坡上从填方坡脚向下挖成向内倾斜的台阶,台阶宽度不应小于1.0m,其中沿横断面挖方的一侧,在行车范围之内的宽度不足一个行车道宽度时,应挖够一个行车道宽度,其上路床深度范围之内的原地面土应予以挖除换填,并按上路床填方的要求施工。

② 不同土质混填时的方法。对于不同性质的土混合填筑时,应视土的透水能力的大小,进行分层填筑压实,并采取有利于排水和路基稳定的方式。一般应遵循以下原则。

(a) 以透水性较小的土填筑路堤下层时,其面应做成4%的双向横坡。如用以填筑上层时,除干旱地区外,不应覆盖在透水性较大的土所填的下层边坡上。

(b) 不同性质的土应分别填筑,不得混填。每种填料层累计总厚度不宜小于0.5m。

(c) 凡不因潮湿及冻融而变更其体积的优良土应填在上层,强度较小的土应填在下层。

(d) 为防止相邻两段用不同土质填筑的路堤在交接处发生不均匀变形,交接处应做成斜面,并将透水性差的土填在斜面的下部。

不同土质填筑路堤的方式见图3-6、图3-7和图3-8。

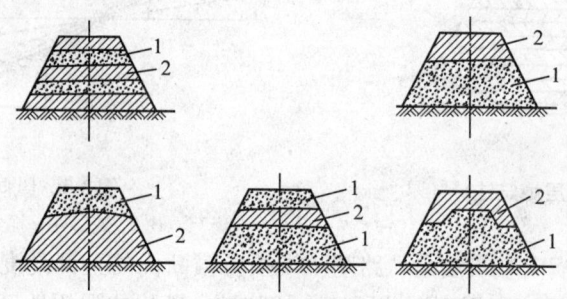

图3-6 路堤内不同土质的填筑方式(正确方式)
1—透水性较大的土质;2—透水性较小的土质

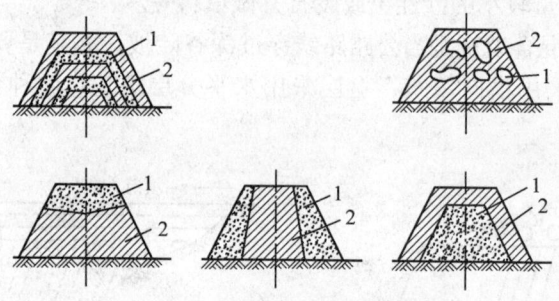

图3-7 路堤内不同土质的填筑方式(错误方式)
1—透水性较大的土质;2—透水性较小的土质

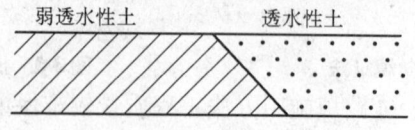

图3-8 不同土质接头处理

③ 填石路堤的填筑方法。填石路堤的填筑,其基底处理同填土路堤。石料的强度应不小于15MPa(用于护坡的不小于20MPa)。石料的最大粒径不宜超过层厚的2/3。每层的松铺厚度:高等级公路不宜大于0.5m,其他公路不宜大于1.0m。

高等级公路和铺设高级路面的其他等级公路的填石路堤均应分层填筑,分层压实。铺设低级路面的一般公路在陡峻山坡段施工特别困难或大量爆破以挖作填时，可采用倾填方式将石料填筑于路堤下部。倾填时，路堤边坡坡脚应用直径大于30cm的硬质石料码砌。码砌的厚度：填石路堤高度小于或等于6m时，应不小于1m；高度大于6m时，应不小于2m或按设计规定。

倾填只能在路基下部进行，而在路床底面下不小于1.0m的范围内仍应分层填筑压实。

高等级公路填石路堤路床顶面以下50cm范围内，应填筑符合路床要求的土并分层压实，填料最大粒径不得大于10cm。其他公路填石路堤路床顶面以下30cm范围内，应填筑符合路床要求的土并压实，填料最大粒径不应大于15cm。

④ 土石路堤的混填方法。土石路堤的填筑，其基底处理同填土路堤。土石混合料中石料强度大于20MPa时，石块最大尺寸不得超过压实层厚的2/3，否则应予剔除。当石料强度小于15MPa时，石块最大尺寸不得超过压实层厚，超过的应打碎。

土石路堤必须分层填筑，分层压实。每层铺填厚度应根据压实机械的类型和规格确定，但不宜超过40cm。

混合料中石料的含量多少将影响压实的效果。因此，当石料含量大于70%时，应先铺大块石料，且大面向下放平稳，然后铺小块石料、石屑等嵌缝找平，再碾压密实。当石料含量小于70%时，土石可混合铺填，但应消除硬质石块集中的现象。

土石混合料填筑高等级公路时，其路床顶面以下30~50cm范围内仍应填筑符合路床要求的土并分层压实，填料最大粒径不大于10cm。其他公路在路床顶面以下填筑30cm的砂类土，最大粒径不大于15cm。

3.1.3 路堤机械化施工

（1）推土机作业

① 推土机横向填筑。这是一种水平分层填筑方法。推土机在路堤一侧或两侧取土场取土，一般沿线路分段进行，每段距离以20~40m为宜，可以单机作业，也可多机作业。多在地势平坦，或两侧有可利用的山地土场的场合采用。

在路堤单侧取土时，在每段，推土机可采用穿梭法进行作业，见图3-9。作业时，推土机铲满土料，推送至路堤的坡脚，卸土后，按原路返回到铲挖位置，如此往复在同一路线上。采用槽式作业法送2~3刀就可挖到0.7~0.8m深，然后作斜线倒退，向一侧移位，同样方法可推送相邻土料。整个作业区段完成后，可以沿作业时相反方向侧移，可推净遗留土埂，整平取土坑。

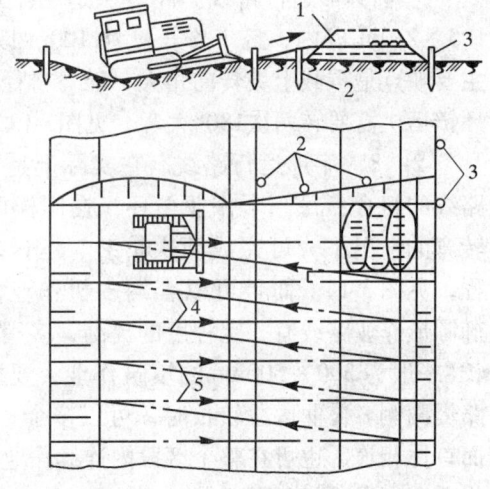

图3-9 推土机单侧取土填筑路堤
1—路堤；2—标控桩；
3—间距为10m的高标杆；4,5—推土机作业路线

当推土机由路堤两侧取土场取土时，每侧作业方法与上述方法相同，所不同的是路堤用土由两侧运来，分别推至路基中心线即可。作业时，为使中心线两侧运土的结合处能充分压实，两侧运来的土料均应推送超过中线。采用这种作业方法时，每个作业区段最好由两侧相同台数的推土机相向同步作业，可使路堤均衡对

称地成形，见图3-10。

用推土机从两侧取土填筑路堤，适宜取土距离较短、路堤较低的场合，一般在1m以下。作业时要分层有序地进行，每层厚视土质及压实特性而定，一般为20~30cm，并须随时分层压实。

② 推土机纵向填筑路堤。用推土机进行移挖填土施工，多采用这种方法(一般多用在丘陵、山地)。可做纵坡分层，只要挖方土壤符合填土要求即可采用，但以开挖部分坡度不大于1:2为限。开挖中应随时注意复核路基标高和宽度，避免超挖和欠挖。纵向填筑路堤作业见图3-11。

③ 综合作业法。这是上述两种方法的综合，即在纵横方向联合作业，宜分段进行，每段60~80m，每段中部设有横向送土道，用横向作业的方式，将两侧土壤送上路堤，再由另外的推土机纵向推送铺平，同时分层压实，见图3-12。

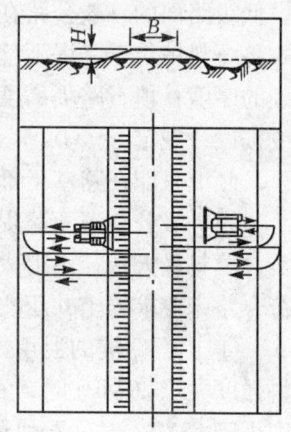

图3-10 推土机从两侧取土填筑路堤

B—路基宽；H—路基高

(2) 铲运机作业

利用铲运机填筑路堤，其基本方法与推土机大致类似，仅以作业现场条件不同而有所区别。最大特点是曲线作业，散落料少，故有更灵活的作业路线，并适宜于较远距离取土，一般100m以外，且填筑高度为2m以上为宜。其作业的运行路线，在根据地形条件和考虑施工效率时，有以下几种基本方式，可在实际工作中灵活应用。

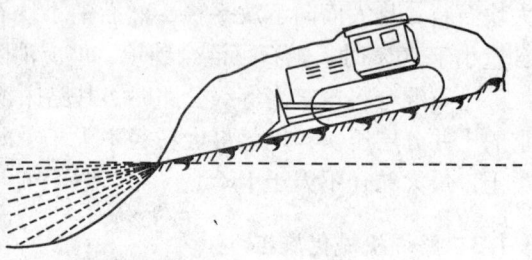

图3-11 推土机移挖填土施工填筑路堤

① 椭圆形运行路线。此方法适用于填土高度在1.5~2.0m以内，且工作长度在100m以下的情况，主要缺点是重载上坡转向角大，转弯半径小，每一循环铲运机需要转两次180°大弯。见图3-13。

② "8"字形运行路线。它实际上是上述椭圆形路线的组合，每一个作业循环，在同样两次180°大转弯的情况下，可完成两次铲装、运送、卸土的过程，见图3-14。而且可以容纳多机作业，工效比单椭圆形作业路线有一定程度的提高，多用于工作段较长(一般为300~500m)的填筑作业，要求取土场在路堤两侧。作业区段较长时，可以多个"8"形工作面首尾相连，也可在整个区段内连续作业，适宜群机作业。如果各机间隔适当，可使其互相不受干扰，并且把每次填挖段与上次的错开，作业均衡，但一次循环的时间较长。

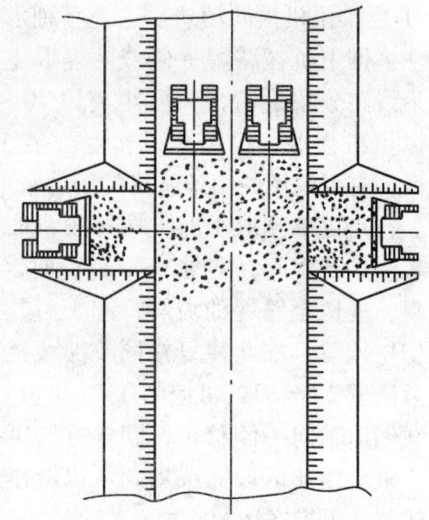

图3-12 综合作业法填筑路堤

③ 全堤宽循环作业。上述几种方法，均在路堤单侧取土(指一个循环内)。对于两侧取土场同时取土作业时，可采取全堤宽循环作业的方法，即铲运机连续相间地在路堤两侧取土场取土，而在路堤全宽上均匀铺散，其运行路线见图3-15。这种作业方法，适宜作业区

段较长且宽度较大的路堤填筑。铲运机每次循环中，多次装卸土壤，运行路线可均匀错开，因此碾压质量较好。

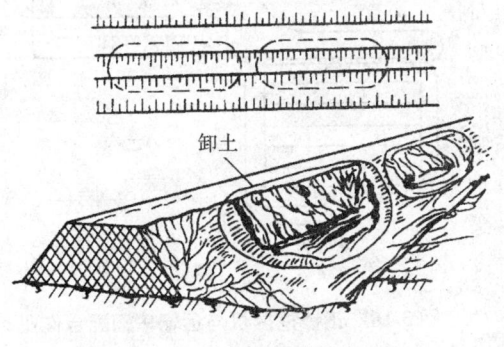

图 3-13　铲运机椭圆形运行路线

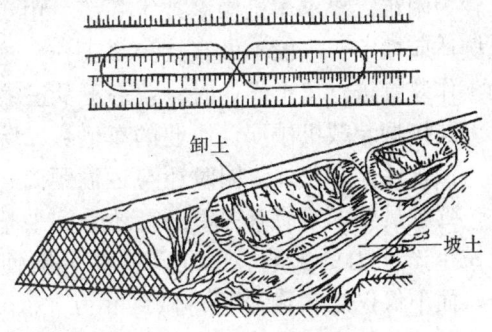

图 3-14　铲运机"8"字形运行路线

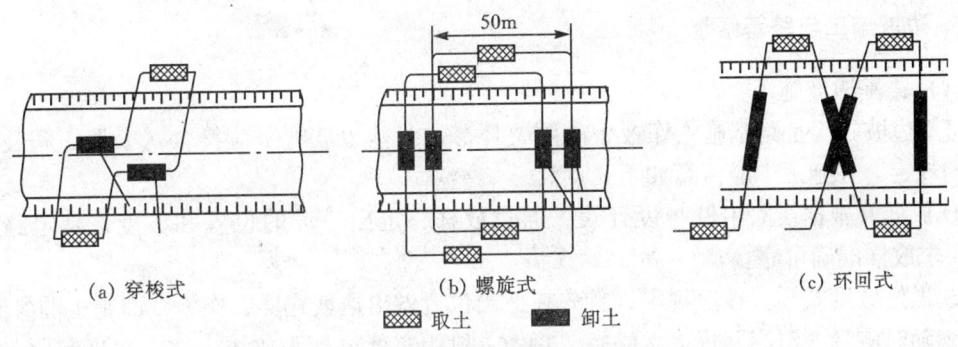

图 3-15　全堤宽循环作业

用铲运机填筑路堤，无论采取何种运行路线，在路堤整个宽度上，应注意从两侧分层向中间填筑，始终保持两侧高于中间，可防止铲运机向外翻车。当两侧填至标高时，再填平中间，并按要求修整成一定的拱形。

另外，铲运机进行路堤填筑作业时，经常是利用自重压实的。因此，作业过程中，卸土应均匀分布在堤面上，同时，铲运机车轮应使路堤上的卸土都能被压到，以保证路基的压实质量。

当路堤高度在 1.0m 以上时，应修筑运行通道；高度大于 2m 时，应每隔 50～60m 修筑一个通道或缺口，最小宽度为 4m，使铲运机转弯半径不小于 6m。上坡通道坡度一般为 15%～20%，下坡极限坡度为 50%。整个填筑作业完成后，所有进出口通道应予封填。

（3）挖掘机（或装载机）与运输车辆配合作业

用正铲、反铲和抓斗挖掘机或装载机与运输车辆配合进行路堤填筑施工，适用于取土场较远或特殊地形的施工条件下作业。其工作过程比较简单，挖掘机或装载机按其基本作业方法进行挖掘装载，由运输车辆将土料送上路堤，然后由推土机或铲运机按规定厚度铺平并由压实机械压实。采用这种作业方法，影响工效的主要因素是，与一定装载能力的挖掘装载机械相配合的运土车辆数及运行路线。

图 3-16 所示为正铲挖掘机与自卸卡车配合作业的运行路线图。挖掘机在取土场设有 4 个掘进道，而汽车运行路线视土质优劣分两路运行，填土运上路堤按路堤放样边桩分层、有序卸填，弃土直接运往弃土地点。

其他挖掘机和装载机作业时，方法与此相同，仅在于各种挖掘装载机械施工条件不同，如拉铲装车较为困难，要求司机操纵技术熟练。由于抓斗对土壤适应性差，一般不做直接挖土工作。这些类型的工作装置进行填土作业时，效率不及正铲。

与挖掘装载机械配合作业的车辆数，除与挖掘机、汽车性能有关外，同时还与运输距离、道路条件、驾驶员技术素质有关，而且还受到平整和压实机械生产能力的影响。因此，应尽可能使各种设备，而不仅仅是运输车辆，做到相互平衡、协调，才能既使总的工效最佳，又使各机种利用率和单机效率提高。

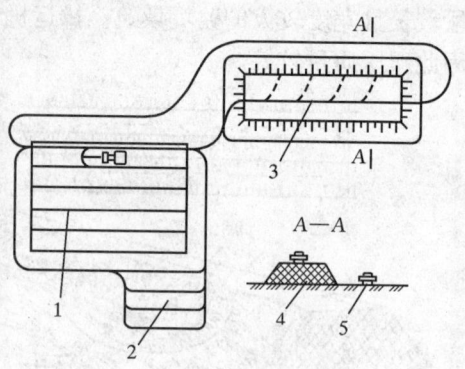

图 3-16　正铲挖掘机与运输车辆配合作业
1—取土坑；2—不适用的废弃土；
3—重车道；4—路堤；5—汽车

3.1.4　边坡施工与路基修整

（1）路基边坡施工

路基边坡施工是路基施工作业中的重要环节，路基边坡施工应符合《公路工程技术标准》的规定。在施工中应注意如下几点。

① 放样。根据线路中桩和设计表，通过放样，定出边坡的位置和坡度，确定路基轮廓，要求放样准确可靠。

② 做好坡度式样。按照规定，首先在适当位置做出边坡式样，作为全面施工的参照。

③ 随时测量。对高路堤或深路堑，每做一段距离就要抄平放线一次，发现问题，及时纠正，变坡点处，更要注意测量检查。

④ 留有余量。路基修筑时，边坡部位要留有一定的余量，以方便进一步修正后达到设计要求的标准，岩石边坡要尽量一次完成。

此外，边坡附近，如遇打眼放炮时，要严格控制炮眼方向及装药量，防止将边坡震松破坏。

填土边坡面，除了截面符合施工图纸形状，并注意上述各点外，施工中最重要的一点是边坡的压实。如果边坡面层和路堤主体相比不够密实，在遇降雨天气时，很可能在水的作用下发生滑坡等破坏。为了防止这种情况的发生，要对路堤边尽可能采用机械压实的方法，达到密实度要求。

施工中，需估计施工过程中降雨的情况，采取必要措施预防因遭雨水洗剥和水渗透而发生边坡滑移。由于填土坡度面的施工程序和压实方法不当，引起的路堤崩溃和路侧下沉的情形是经常发生的。路堤边坡施工应尽量选定既简单又能有效保证路堤边坡安全的方法。

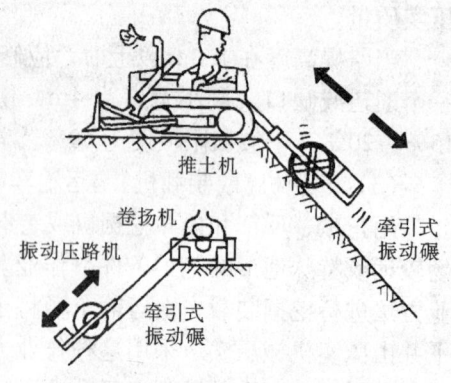

图 3-17　用振动压路机（拖式）压实边坡

路堤边坡坡度在 1∶1.8 左右时，坡面拉线要先放粗坡，用自重 3t 以上的振动压路机（拖式）从填土坡脚开始向上卷振压实，见图 3-17，注意必须是从下往上振压。放下过程中，不能振动,防止斜坡上的材料被振松而滚滑。土质良好且坡度不大时,也可用推土机在斜坡上往返行驶压实,这也是压实边坡行之有效的方法。对含水量较高的黏性土,须选用湿地推土机进行压实。

另外一种路堤边坡施工方法,是填土时适当加大宽度和高度,然后分层填土、压实,多余部分可利用平地机或其他方法铲除修整即可。这种方法作业面增大,需要有一定的施工回旋活动余地,但在没有条件进行坡面压实的情况下,往往可以取得满意的效果。

路基经过填土、压实后,要进行整形作业。除路基顶面以外,施工作业较复杂的也是边坡面的整形,可用平地机或推土机进行。

(2) 路基整修

路基土石方工程基本完工后,施工单位应会同监理人员,按设计文件的要求检查路基中线、高程、宽度、边坡坡度和截(排)水系统,并根据检查结果编制整修计划,进行路基整修。

① 路基表面整修。土质路基表面的整修,可用机械配合人工切土或补土,并配合压路机械碾压,不得有松散、软弹、翻浆及表面不平整现象。石质路基表面应用石屑嵌缝紧密、平整,不得有坑槽和松石。

② 路基边坡整修。整修边坡时,应自上而下进行边坡整修。填方路基边坡受雨水冲刷形成冲沟或坍塌缺口时,应自上而下,分层挖台阶加宽补填夯实,再按设计坡面削坡,弯道内侧路肩边缘,应修建路肩拦水带。在整修路堤边坡表面的过程中,还应将其两侧的超宽切除。如遇边坡缺土时,亦应分层补填夯实。

3.1.5 桥、涵台背填土施工

(1) 桥、涵路基处产生路基沉陷的原因

桥、涵台背处由于沉陷而导致跳车是高等级公路中常见的一种病害,其原因主要有以下几点。

① 路基本身的压缩沉降。一般情况下,构造物往往先行施工,待一般路段路基形成以后,在台背处留下一缺口,当对此缺口填筑施工时,由于压实机械作业面狭小而使压实不到位,特别是台、墙后及翼墙内侧达到规定要求更具有一定的难度,导致该处路基压实质量下降,通车后,引起该处路基的压缩沉降。

② 地基沉降。一般情况下,台背后的地物、地貌与其他路段不同,地形起伏大,地质条件不一。同时由于桥涵路基填筑高度较大,产生的基底应力也相对较大,因此,在台后填筑地段,产生的地基沉降也较其他路段大。

③ 路基与台背接头处,常会产生细小缩裂缝,雨水渗入裂缝后,使路基产生病害,导致该处路基发生沉降。

分析上述原因,无一不与填筑施工有密切关系,要解决桥、涵处填料下沉问题,就必须采取正确的施工措施和适宜的施工方法。

(2) 台背填土的施工与控制

① 设置横向泄水管或盲沟。台背路基填筑前,在原地基土拱上设置泄水管或盲沟。见图3-18。

在基底上,先对基底作必要的处理,然后填筑3%~4%的夯实黏土土拱,再在土拱上挖一条双向的地沟(宽40~60cm,深30~50cm)。然后在台背后全宽范围内满铺一层隔水

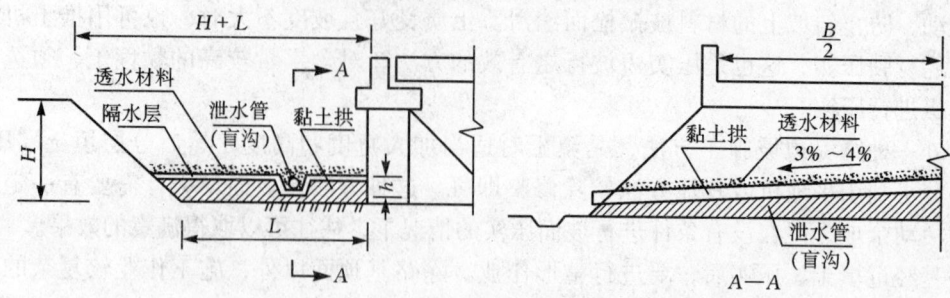

图 3-18 桥、涵台背填土基底的处理

材料,在地沟内四周铺设设有小孔的硬塑料泄水管(管径一般不小于10cm,其上小孔孔径为5mm,布成绢花形,间距控制在10cm以内)。泄水管的出口应伸出路基外,然后在硬塑料管四周填筑透水性好、粒径较大的砂石材料,再分层填筑台后透水性材料,直到路基顶面。

横向盲沟的设置与上相同,取消泄水管,以渗水系数较大的透水性材料填筑地沟(如大粒径碎石)。用土工布包裹盲沟出口处,并对其作必要的处理。

② 台背填筑材料的选择与施工。桥(涵)头跳车产生的原因,主要是路基压缩沉降和地基沉降引起的,台背处填筑内摩擦角较小的材料(如土方),加之压实质量的影响,路基的压缩沉降量一般较大。为保证台背处路堤的稳定,其填土除设计文件规定外,一般应选用内摩擦角较大的透水性材料,如岩渣、碎石,就能很好地减小路基的压缩沉降,另一方面也利于台背缝隙中渗入的雨水沿盲沟或泄水管顺利地排出路堤外。

台背后填筑透水性材料,应满足一定的长度、宽度和高度的要求。在通常情况下,台背填料顺路线方向顶部为距翼墙尾端不小于台高加2m,底部距基础内缘控制长度不小于2m,拱桥台背填土长度不小于台高的3~4倍,涵洞填土长度每侧不应小于2倍孔径长度。透水性材料的填筑高度,从路堤顶面起向下计算,在冰冻地区一般不小于2.5m,无冰冻地区填至高水位处。台背与路基接壤处,为保证连接质量,一般路基留一个斜坡,斜坡坡度不大于1∶1(也可用台阶形式连接)。

③ 台背填筑施工注意事项如下。

(a) 控制填料质量,填料的细料含量不宜过大。

(b) 填筑前,应在土拱上设置泄水管或盲沟。

(c) 台背填筑透水性材料前,桥、涵的台前防护工程及桥梁上部结构均应完成。

(d) 填筑时,对涵洞缺口处填土,应在两侧对称均匀分层回填压实。如使用机械回填,则涵台胸腔部分及检查井周围应先用小型压实机械压实填好后,方可用机械进行大面积回填,涵顶填土压实厚度必须大于50cm时,才可以通过重型机械和汽车。对桥梁构造物,亦应做到两端对称施工,桥台背后填土与锥坡填土同时施工。

(e) 应严格按有关施工规范施工,控制每层填筑厚度(一般不超过20cm,当采用小型夯具时,一级以上公路松铺厚度不超过15cm)。碾压遍数一般不少于10遍,并对每层填筑质量实施检测,透水性材料以干容重或空隙率控制施工质量。

如果台背填筑非透水性材料时,对土质不好、含水量高的填料要进行处理,必要时可以换土,或者掺小剂量石灰或水泥等。同时,尽可能做到桥、涵施工与路基开挖的结合,做到桥、涵台砌多高,填土填多高,分层压实,填至路基处理高度时按路基处理标准进行施工,尽量减少桥、涵完成后再开挖的局面,以保证填土的密实程度。

3.1.6 填石及高填方路堤施工

(1) 填石路堤施工

在山丘地区,路基石方占有相当大的比例,石质路堤是一种最常见、最普遍的路基形式。因此,研究石质路堤的施工,具有重要的意义。

填石路堤的施工,除应考虑石料性质、石块大小、填筑高度和边坡坡度等因素外,还应注意选择正确的填筑方法。正确的填筑方法对路堤达到应有的密实度与稳定性要求是一个重要的因素。

① 填料要求。填石路堤的石料来源主要是路堑和隧道爆破后的石料,施工时应检测其强度和风化程度是否符合要求。石料强度是指饱水试件的极限抗压强度,填石路堤要求其强度值不小于15MPa(用于护坡不应低于20MPa)。

填石路堤石料的最大粒径不宜超过层厚的2/3。每层的松铺厚度:高等级公路不宜大于0.5m,填料的最大粒径不得大于10cm;其他公路不宜大于1.0m,填料的最大粒径不得大于15cm。对于土石混填路堤,土石混合料中石料强度大于20MPa时,石块最大尺寸不得超过压实层厚的2/3,否则应予剔除。当石料强度小于15MPa时,石块最大尺寸不得超过压实层厚,超过的应打碎。

② 填筑方法如下。

(a) 填石路堤的填筑施工方式分为倾填(含抛填)和逐层填筑、分层压实两种。高等级公路和铺设高级路面的其他等级公路的填石路堤均应分层填筑,分层压实。铺设低级路面的一般公路在陡峻山坡段施工特别困难或大量爆破以挖作填时,可采用倾填方式将石料填筑于路堤下部。倾填时,路堤边坡坡脚应用直径大于30cm的硬质石料码砌。码砌的厚度:填石路堤高度小于或等于6m时,应不小于1m;高度大于6m,应不小于2m或按设计规定。

(b) 倾填只能在路基下部进行,而在路床底面下不小于1.0m的范围内,仍应分层填筑压实。高等级公路填石路堤路床顶面以下50cm范围内,应填筑符合路床要求的土并分层压实,填料最大粒径不得大于10cm。其他公路填石路堤路床顶面以下30cm范围内,应填筑符合路床要求的土并压实,填料最大粒径不应大于15cm。

(c) 土石路堤必须分层填筑,分层压实。每层铺填厚度应根据压实机械的类型和规格确定,但不宜超过40cm。

(d) 混合料中石料的含量多少将影响压实的效果。因此,当石料含量大于70%时,应先铺大块石料,且大面向下放平稳,然后铺小块石料、石屑等嵌缝找平,再碾压密实。当石料含量小于70%时,土石可混合铺填,但应消除硬质石块集中的现象。

(e) 土石混合料填筑高等级公路时,其路床顶面以下30~50cm范围内,仍应填筑符合路床要求的土并分层压实,填料最大粒径不大于10cm。其他公路在路床顶面以下填筑30cm的砂类土,最大粒径不大于15cm。

③ 压实方法如下。

(a) 填石路堤在压实前,应先用大型推土机推铺平整,个别不平处,应用人工配合,用细石屑找平。采用的压路机宜选12t以上的重型振动压路机、2.5t以上的夯锤或25t以上的轮胎压路机。碾压时要求均匀压实,不得漏压,每层的铺填厚度在0.4m左右。当采用重型振动压路机或夯锤压实时,可加厚至1.0m。

(b) 填石路堤所要求的密实度所需的碾压遍数(或夯压遍数)应经过试验确定。以12t

以上振动压路机进行压实试验,当压实层顶面稳定,不再下沉(无轮迹)时,可判为达到密实状态,即压实度合格。

(c)土石混填路堤的压实要根据混合料中巨粒土含量的多少来确定。当巨粒土含量较少时,应按填土路堤的压实方法进行压实;当巨粒土含量较大时,应按填石路堤的压实方法压实。

(d)不论何种路堤,碾压都必须确保均匀密实。

④ 压实标准。填石路堤不能用土质路基的压实度来判定路基的密实程度,其判定方法目前国内外尚无统一规定。国外填石路堤曾采用在振动压路机的驾驶台上装设的压实计反映的计数值,来判定是否达到要求的紧密程度,但无定量值的规定,且只限于此种装置的压路机。我国现行《公路路基技术规范》(JTJ 033)规定的压实标准为:在规定深度范围内,以12t以上振动压路机压实,当压实层顶面稳定,不再下沉(无轮迹)时,可判为达到密实状态。

(2)高填方路堤施工

水稻田或常年积水地带,用细粒土填筑路堤高度在6m以上,其他地带填土或填石路堤高度在20m以上时,称为高填方路堤。

高填方路堤在施工前,应对原地面进行清理,如地基土的强度不符合设计要求,则应进行处理或加固。若基底为斜坡时,应按规定挖好横向台阶。

高填方路堤应采用分层填筑、分层压实的方法施工。在填筑时一定要按路堤高度和边坡坡度将该层的路堤宽度(包括加宽量)填足,不得缺填,如填到上面才发现路堤填的宽度不够时,再补填边坡,则松土不易与原边坡土结合紧密,而且不好压实。

填筑高填方路堤时,每层填筑厚度应根据所采用的填料确定。如填料来源不同,其性质差异较大时,应分层填筑,不应分段或纵向分幅填筑。

处于水淹路段的高填方路堤,除承受自重外,其淹没部分还要承受水的浮力及渗透动水压力的作用。当水位骤然下降时,土体内部的水向边坡流出,渗透动水压力可能破坏路堤边坡的稳定性,因此路堤浸水部分应采用水稳性较高及渗水性好的填料,其边坡比不宜小于1:2,可以避免边坡失稳。

3.2 挖方路基施工

路堑开挖施工,应综合考虑开挖段的地形、地质、地貌等自然因素,还应考虑各种施工机械的使用性能。开挖应根据路堑的深度、纵向长度,以及地形、地质、土石方调配情况和机械设备条件等因素确定。在路堑开挖前,应做好各种准备工作,并建立一系列的安全保障措施,保证施工的安全、顺利进行,保证施工的工程质量。挖方路基的施工包括土方开挖和石方开挖两个方面。

3.2.1 土方路堑开挖

土方路堑开挖前,应做好现场伐树、除根等清理工作,如果移挖作填时,还需将表层土壤单独掘弃。路堑的开挖根据路堑深度和纵向长度及现场的施工条件,可分为全断面横挖法、纵挖法和混合式开挖法3种。

(1)全断面横挖法

全断面横挖法是对路堑整个横断面的宽度和深度从一端或两端逐渐向前开挖的方式。全断面横挖法可分为一层横向全宽挖掘法和多层横向全宽挖掘法两种方式,见图3-19。

一层横向全宽挖掘法适用于开挖深度小且较短的路堑,见图3-19(a);多层横向全宽挖掘法适用于开挖深而短的路堑,见图3-19(b)。土方工程数量较大时,各层应纵向拉开,做到多层、多方向出土,可安排较多的劳动力和施工机械,以加快施工进度。每层挖掘台阶深度,人力施工时,一般1.5~2.0m;机械施工时,可达到3~4m。同时,各层要有独立的临时排水设施。

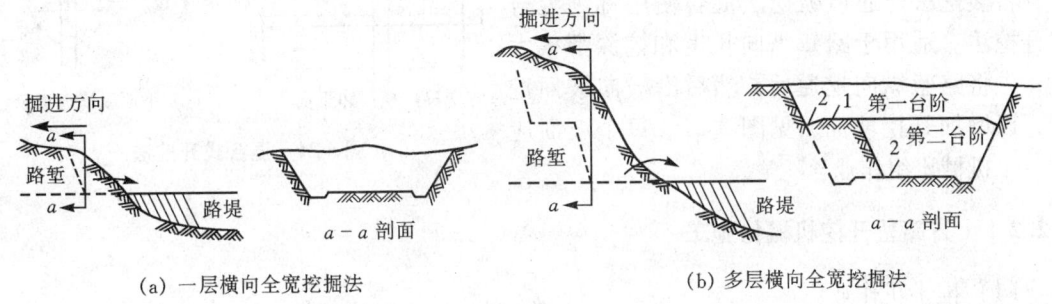

图 3-19 全断面横挖法
1—第一台阶运土道;2—临时排水沟

(2) 纵挖法

纵挖法是沿道路的纵向进行挖掘。纵挖法分为分层纵挖法、通道纵挖法及分段纵挖法3种方式。

① 分层纵挖法。沿路堑全宽,以深度不大的纵向分层挖掘前进的作业方式称为分层纵挖法,见图3-20(a)。分层纵挖法适用于较长的路堑开挖。当路堑长度不超过100m,开挖深度不大于3m,地面较陡时,宜采用推土机作业。当地面横坡较缓时,表面宜横向铲土,下层的土宜纵向推运;当路堑横向宽度较大时,宜采用两台或多台推土机横向联合作业;当路堑前傍陡峻山坡时,宜采用斜铲推土。

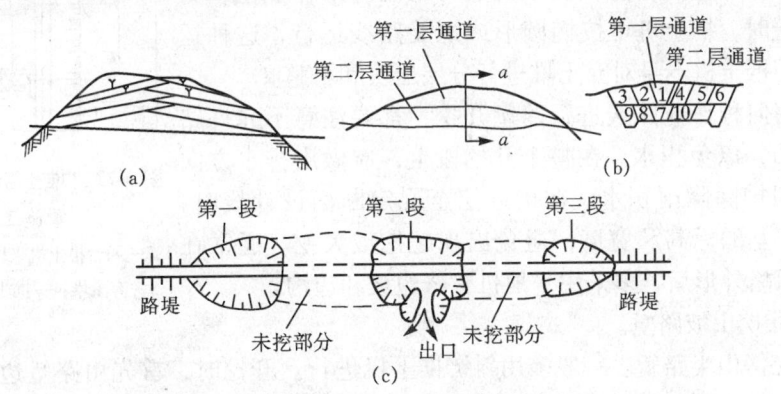

图 3-20 纵挖法

② 通道纵挖法。先沿路堑纵向挖掘一通道,然后将通道向两侧拓宽。上层通道拓宽至路堑边坡后,再开挖下层通道,按此方向土方挖掘和外运,直至开挖到挖方路基顶面标高的流水作业,称为通道纵挖法,见图3-20(b)。通道可作为机械通行、运输土方车辆的道路。

③ 分段纵挖法。沿路堑纵向选择一个或几个适宜处,将较薄一侧路堑横向挖穿,将路

堑在纵方向上按桩号分成两段或数段,各段再纵向开挖,称为分段纵挖法,见图3-20(c)。分段纵挖法适用于路堑过长,弃土运距过远的傍山路堑,或一侧的整壁不厚的路堑开挖,同时还应满足其中间段有弃土场、土方调配计划有多余的挖方废弃的条件。

(3) 混合式开挖法

将横挖法与通道纵挖法混合使用称为混合式开挖法。适用于路堑纵向长度和挖深都很大时,先将路堑纵向挖通后,然后沿横向坡面挖掘,以增加开挖坡面,见图3-21。每个坡面应设一个机械班组作业。

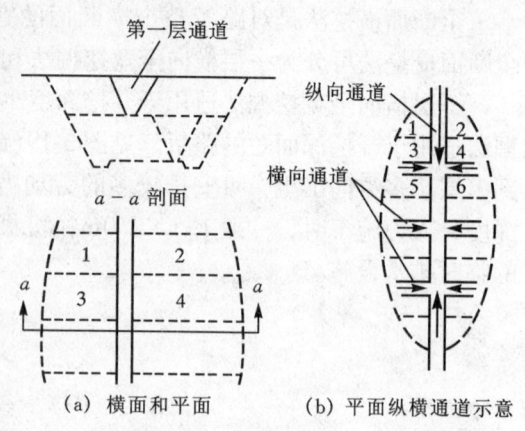

图3-21 混合式开挖法

3.2.2 土方路堑开挖机械化施工

(1) 推土机作业

推土机具有操纵灵活、运转方便,既可开挖土方,又能短距离运输土料的特点,在路堑开挖作业中被广泛应用。

采用推土机开挖路堑,根据具体情况可有两种施工作业方法。

① 平地上两侧弃土,横向开挖。用推土机横向开挖路堑,其深度在2m以内为宜,见图3-22。开始时,推土机以路堑中线为界,向两侧用横向"穿梭"推土作业法进行,将路堑中挖出的土送至两侧弃土堆,最后再做专门的清理和平整,当开挖深度超过2m时,则需与其他机械配合作业。

此外,对上述施工作业,推土机也可采用环形作业法,见图3-22。推土时,推土机可按椭圆形或螺旋路线运行,这种运行路线可利用推土机本身对弃土堆进行分层压实和平整。

不论采用何种作业路线进行路堑开挖,都要注意不允许路堑的中部下凹,以免积水。在整个开挖段上,应做出排水方向的坡度,以利排除降雨积水。在接近挖至规定断面设计线时,应随时复核路基的标高和宽度,避免出现超挖或欠挖。通常在挖出路堑的粗略外形后,多采用平地机整修边坡和边沟。

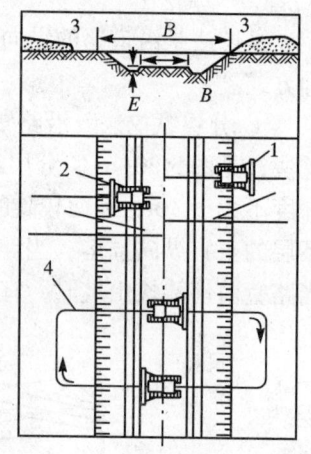

图3-22 推土机横向开挖路堑施工作业图

1,2—两台推土机采用"穿梭"作业法;
3—弃土堆;4—推土机环形作业法

② 纵向开挖山坡路堑。

(a) 开挖傍山半路堑。一般多用斜铲推土机进行。开挖时,首先由路堑边坡的上部开始,沿线路行驶,渐次由上而下,分段、分层将土推送至坡下填筑路堤处。由于推土机沿山坡施工,要特别注意安全,推土机应始终行驶在坚实稳定的土壤上,填土保持道路外侧高于内侧,行驶的纵坡角不宜超过推土机的最大爬坡角。

(b) 开挖深路堑。开挖深路堑运土作为填土路堤作业时,应首先做好准备工作,要在开挖路堑的原地面线顶端各点和填挖之间零点处设置标记,同时挖半小丘,使推土机能顺利进入作业现场。如果推土机能沿斜坡驶至最高点时,则可以由路堑所在坡面上的顶点处开始,逐层开挖至路堤处,开挖时可用1~2台推土机沿线路中线的平行线进行纵向推填,见图3-23(a)。当路堑挖到设计深度的一半位置时,再用另外1~2台推土机,横向分层推削路堑斜坡,见图3-23(b)。由斜坡上推削下来的土壤,仍由下面的推土机送至填土区段,直至路堑路堤全部完成为止。

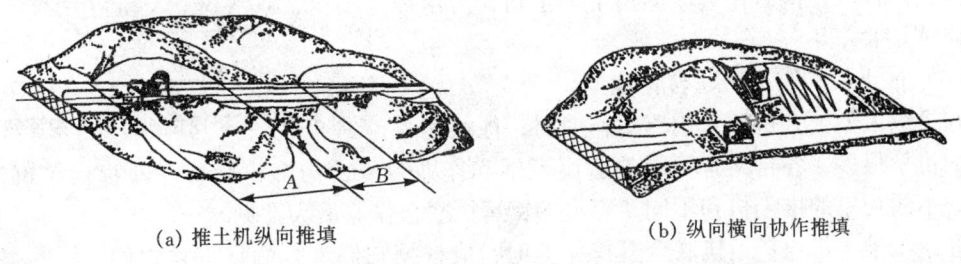

(a) 推土机纵向推填　　(b) 纵向横向协作推填

图3-23 推土机深挖路堑作业

(2) 铲运机作业

铲运机开挖路堑也有两种作业方法,一是横向弃土开挖;二是纵向移挖作填。路堑应分层开挖,并从两侧开始,每层厚15~20cm,这样做既能控制边坡,又能使取土场保持平整,同时还应沿路堑两侧做出排水纵坡。

路堑在以下情形下,宜采用横向开挖,即堑顶地面有显著横坡,而上游一侧须设置弃土堆,阻挡地面水流入路堑;路堑中纵向运土距离太长,超过铲运机的经济运距,严重影响工效;不需要利用土方或利用有剩余时;长路堑由于施工条件的限制,机械只承担其中一段,两端又无法纵向送土时。横向开挖路堑的施工运行线路与路堤横向取土填筑类似。

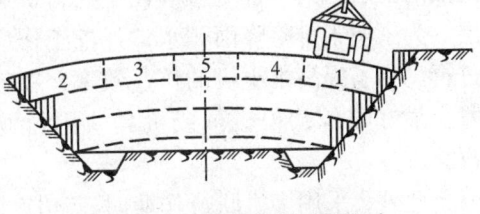

图3-24 铲运机开挖路堑顺序

铲运机纵向移挖作填,当路堑须向堑口外相接的路堤处运土填筑时,铲运机应当利用纵坡自路堑端部开始作下坡铲土,适用于逐渐向堑内段延伸挖土长度,而填筑路堤也应作相应的延伸。

铲运机开挖路堑作业,应先从两侧开始,见图3-24,避免造成超挖或欠挖,否则将大大增加边坡修整的工作量,特别是边坡大于1:3,而不能用机械修整时尤其应当注意。另外采取先挖两侧的顺序,亦利于雨后排水。

(3) 挖掘机作业

用挖掘机开挖路堑,一般是与运输车辆配合作业的。

挖掘机进行路堑开挖作业,可采用全断面开挖和分层开挖两种方法。

如路堑深度在5m以下时,可采用全断面开挖,挖掘机一次向前开挖路堑全宽至设计标高,运输车辆停在与挖掘机同一平面,且并列布置,或在挖掘机后侧,见图3-25。这种方法施工简单,但挖掘机须横向位移,才能挖到设计标高。

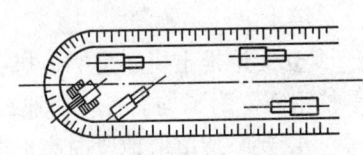

图3-25 正铲挖掘机全断面开挖路堑

当路堑深度为5m以上时,宜采用分层开挖,即挖掘机在纵向行程中,先把路堑开通一部分,运输车辆在挖掘机一侧布置,并与开挖路线平行,如此往返几个行程,直至将路堑全部开通,见图3-26。第一开挖道高度,应以停在路堑边缘的车辆能够装料为准,其余各次开挖道都可以按要求位于同一水平之上,这样可以利用前次挖好的开挖道作为运输车辆的行驶路线。

挖掘机各次开挖后在边坡上留下的土角,可由推土机修整。

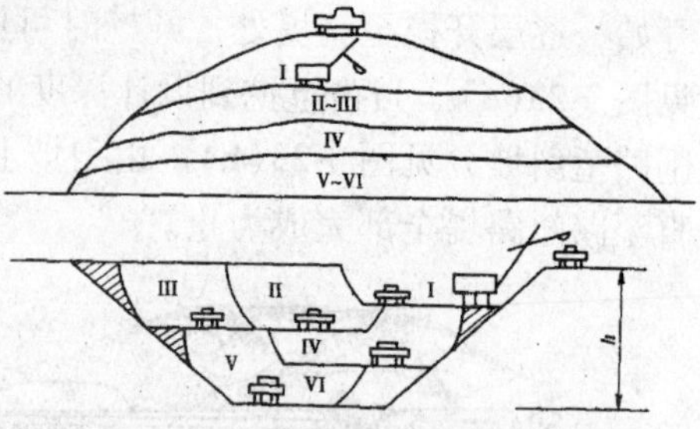

(4)推土机和铲运机联合作业

在组织大型土方机械开挖路堑作业时,往往投入作业的机型很多,各自又有不同的适用范围和作业效果,为多机联合作业提供了可能性,其中,不同功率的推土机和不同斗容量的铲运机联合作业最为常见。

图3-26 正铲挖掘机分层开挖深路堑

在组织推土机与铲运机联合开挖作业时,应根据它们各自的特点将它们安排在最能发挥各自优势的部位作业。

表3-2是不同功率的推土机和不同斗容量铲运机的适用范围和作业效果。由此可知,推土机动作灵活,可正驶推运、倒驶空返,当推运翻松土壤时效率较高,其中大型推土机载运土量较大、爬坡性能最好;而中型推土机,进退速度较快。当推土机增设侧挡板后推运翻松土壤,可提高经济运距和载土量。而铲运机能下坡铲土入斗,上坡可以斜驶使上料损失最小,具有较好的整形性能,在干土地质进行深挖高填的大运距作业时,其工效与推土机相当,工程成本可降低。

在多机联合作业时,可将中型推土机安排在开挖段的上层,大型推土机放在中层,铲运机放在底层。为了便于排除降雨积水,开挖工作应自下而上进行。为了提高推土机的作业效率,在较硬土质区段,最好配备翻松机械或机具协同作业,见图3-27。

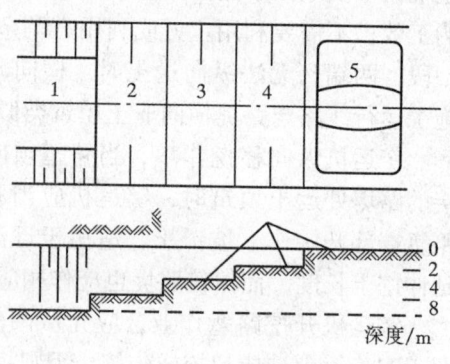

图3-27 推土机和铲运机联合开挖布置
1—成型段;2—铲运机作业段;3—大型推土机作业段;4—中型推土机作业段;5—松土作业段

此外,采用多机联合作业时,还应当注意以下几点。

① 在多种机械联合作业中,各种机型数量配备,要保证前机(例如中型推土机)的作业量满足后机(例如大型推土机)作业量的要求,最好同一机型的数量不少于两台。

② 推土机推运松土时,采取纵向作业,效率较高,且故障少,也有利于边坡的控制及分层铲土。

③ 无论推土机还是铲运机,都应尽量坚持分段、分层铲土和运土,随时保持弃土堆的平整密实。为了均衡各机作业,在作业中可随时调整分段长度。

④ 要坚持由低地段向高地段开挖,各机流水作业,以挖成一段、成型一段为原则,不宜打乱长堑、顺沟纵向犁翻的有利条件,以利排除积水和便于雨后继续作业。

实践表明,联合作业具有工程质量好、工效高、受降雨影响小、现场管理方便等优点,有条件的情况下,是值得推广的一种较好的作业方式。

表 3-2　　　　　　　　　推土机和铲运机的适用范围比较表

	铲　土		运　土		卸土	平土	压实	备　注
推土机	①适于铲原状土和扰动土、干湿土；②铲土作业直线行驶；③铲土过程中漏土较多；④可常年作业；⑤浅挖方效率高	铲刀强制入土，具有较大的切深	①行驶中漏土，转弯时更严重；②下坡时土体自行脱落	最佳运距30m左右，载土量小，行驶速度快、灵活，可在25°坡横驶，可在10°坡顺驶	可集中卸土和均匀卸土	卸土同时进行平土或用倒铲拉平	卸土及空返同时进行部分压实	①可空车倒驶；②回转半径小；③推挖翻松土工效提高20%~30%	推土铲加侧挡土板运距增加到200m，铲翻松土时工效提高50%~100%
		铲刀靠自重入土时，切土深度较小		最佳运距50m左右，载土量较大，行驶速度较慢，坡道行驶较中型车好					
铲运机	①适于铲不含石料的原状干土；②铲土作业直线行驶；③铲土过程中漏土较少；④适于暖土；⑤适于深浅挖填	铲斗强制入土	行驶中(直道，转弯下坡)均不漏土	最佳运距300~400m，行驶速度快、较灵活，可在20°坡顺驶，6°坡横驶	均匀卸土	卸土同时进行平土	在卸土同时得到局部压实	①不能倒驶；②回转半径大	
		铲斗靠自重入土，大斗容量		最佳运距400~1000m，载土量较大，行驶速度慢，坡道行驶较中型车好					

3.2.3　土方路堑开挖施工中应注意的问题

(1) 土方开挖要求

① 路基开挖前应对沿线土质进行检测和试验。适用于种植草皮和其他用途的表土，应储存于指定地点；对开挖出的适用材料，应用于路基填筑，可减少挖方弃土和弃土堆的面积，亦可减少填方借土和取土坑的面积。但各类材料不应混杂，因为混杂材料均匀性差，

难以保证路基的压实质量。对不适用的材料可作外弃处理。

② 土质路堑地段的边坡稳定极为重要。开挖时，不论开挖工程量和开挖深度大小，均应自上而下进行，不得乱挖、超挖。一方面，要注意施工方法，如采用不加控制的爆破法施工，易造成路堑边坡失稳，易于塌方；掏洞取土易造成土坍塌伤人，因而严禁掏洞取土。在不影响边坡稳定的情况下采用爆破施工时，也应经过设计审批。另一方面，要注意施工顺序。防止因开挖顺序不当而引起边坡失稳崩塌，见图3-28，应按原有自然坡面自上而下挖至坡脚，不可逆顺序施工，否则，极易引起滑坡体滑坍。

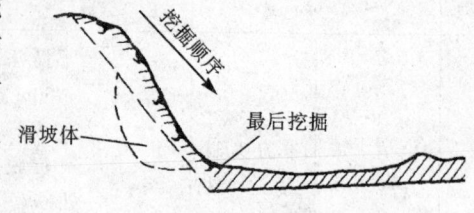

图 3-28　路堑边坡防滑措施

③ 施工中，如遇土质变化需修改施工方案时，应及时报批；如因冬季或雨季影响，使挖出的土方不能及时用于填筑路堤时，应按路基季节性施工的有关方法进行处理；如路堑路床的表层下为有机土、难以晾干压实的土、CBR值小于规定要求的土或不宜做路床的土，均应清除换填，必要时还应设置渗沟，以保证满足路基深度的需要。如遇到特殊土质（盐渍土、黄土、膨胀土等）以及易于坍滑的土时，应按特殊土的有关要求施工。

④ 挖方路基施工标高，应考虑压实的下沉值。绝不能将路基的施工标高与路基的设计标高（路线纵断面图上设计标高）混同，造成超挖或欠挖，产生浪费或返工。

（2）排水设施的开挖

水是造成路基各种病害的主要原因，所以在路堑开挖前应做好截水沟，并根据土质情况做好防渗工作。施工期间应修建临时排水设施。临时排水设施应与永久性排水设施相结合，水流不得排入农田、耕地，不得污染自然水源，也不得引起淤积或冲刷。

对排水沟渠开挖的具体要求如下：

① 排水沟渠的位置、断面尺寸应符合设计图纸的规定。截水沟不应在地面坑洼处通过，必须通过时，应按路堤填筑要求将洼处填平压实，然后开挖，并防止不均匀沉陷和变形。

② 平曲线外边沟沟底纵坡，应与曲线前后的沟底相衔接。曲线内侧不得有积水或外溢现象发生。

③ 路堑和路堤交接处的边沟，应缓缓引向路堤两侧的天然沟或排水沟，不得冲刷路堤，路基坡脚附近不得积水。

④ 排水沟渠应从下游出口向上游开挖。同时，应保证排水设施沟基稳固，严禁将排水沟挖筑在未加处理的弃土上。沟形整齐，沟坡、沟底平顺，沟内无浮土杂物；沟水排泄不得对路基产生危害；截水沟的弃土应用于路堑与截水沟间筑土台，并分层压（夯）实，台顶设2%倾向截水沟的横坡，土台边缘坡脚距路堑顶的距离不应小于设计规定。

（3）边坡开挖

路堑挖土边坡施工的基本要求，基本与填土边坡类似，除了边坡坡度符合设计规范外，也应做好放样、布设标准边坡等工作。但是，与填方边坡相比，它又有自己的一些特点。路堤边坡是填土而成，其工程性质差异不大，而路堑边坡由自然状态土、石开挖而形成，随线路经过地带不同而有较大的变化，工程性质有时差别很大，施工作业难易程度也就有一定的区别。

对于砂类土边坡，施工时，挖出的斜坡应留有足够的余量，然后打桩、定线，进行坡面整修。具体做法是，先用机械开挖，留有20～30cm的余量，以后可人工修整或用平地机修整，也可用小型反铲挖掘机作业。如果采用挖掘机修整边坡，要求操作人员应有较高的技术水平，否则，很容易造成超挖或欠挖。

对于砾类土边坡，由于影响砾类土挖方边坡的因素，主要是土体结合的紧密程度，故其坡度要结合土壤、地质、水文等条件确定。

砾类土的潮湿程度及边坡高度，对边坡的稳定有较大影响，一般湿度大、边坡高时，宜采用较缓坡度；对密实度差的土体，应避免深挖；同时，要注意到若边坡缓，则受雨水作用面积增大，故不宜过缓，并根据具体情况采取边坡防护和加固措施，切实做好排水工作，以免影响边坡稳定。

对于地质不良拟设挡墙等防护设施的路堑边坡，应采用分段挖掘、分段修筑防护设施的方法，以保证安全和边坡的稳定。

(4) 弃土处理

在施工过程中，弃土随便乱堆会影响现有公路和施工便道的车辆行驶，堵塞农田水利设施，造成水流污染，淤塞或挤压桥孔或涵管口，增加水流速度，改变水流方向，冲刷河岸，所有这些都是不允许的。所以在开挖路堑弃土地段前，应提出弃土的施工方案并报有关单位批准。实施方案改变时，应报批准单位复查。

弃土堆的边坡不应陡于 1∶5，顶面向外应设不小于 2% 的横坡，其高度不宜大于 3m。路堑旁的弃土堆，其内侧坡脚与路堑顶之间的距离，对于干燥硬土，不应小于 3m；对于软湿土，不应小于路堑深度加 5m。在山坡上侧的弃土堆应连续而不中断，并在弃土堆前设截水沟；山坡下侧的弃土堆应每隔 50~100m 设不小于 1m 的缺口排水，弃土堆坡脚应进行防护加固。

岩溶地区的漏斗处多已成为地面水的排泄通道，暗河口则成为地下水的出口通道。如将弃土堆弃在这些地方，会造成地面水和地下水无法排走，形成水灾，影响路基安全。若在贴近桥墩、台处弃土，将会造成桥墩、台承受偏压，桥墩、台的安全会受到影响。所以，应严禁在岩溶漏斗处、暗河口处和贴近桥墩、台处弃土。

3.2.4 石方路堑开挖

石方路堑的开挖通常采用爆破法，有条件时宜采用松土法，局部情况可采用破碎法开挖。

(1) 爆破法

施工时采用的爆破方法，要根据石方的集中程度、地质、地形条件及路基断面形状等具体条件而定。主要方法有钢钎炮、深孔爆破、葫芦炮、光面爆破与预裂爆破和抛掷爆破。

① 钢钎炮。钢钎炮通常指直径和深度分别小于 7cm 和 5cm 的爆破方法。一般最多装药量为眼深的 1/3~1/2，爆破的石方量一般不超过 10m³。因为爆破次数多，钻眼工作量大，生产效率低，因而常用于工程分散、石方量小以及修整边坡、开挖边沟、炸孤石等。

炮眼位置应选择在临空面多的地方，炮眼方向应与岩石的节理和裂缝相垂直，当只有一面临空时，炮眼应与临空面斜交呈 30°~60°角。

采用多排炮眼爆破时，炮眼应按梅花形交错布置。排间距离，约为同排炮眼间距的 0.86 倍，装药长度一般为炮眼直径的 8~12 倍。

② 深孔爆破。深孔爆破为圆柱形炮眼，其孔径大于 75mm，深度在 5m 以上，炮眼需用大型潜孔凿岩机或穿孔机进行打眼。此法的爆破效果较高，一次爆破量较大，对路基边坡

的影响比大型爆破要小,安全性较高,爆破效果易于控制,但爆破后仍有10%~25%的大石头,需要第二次小爆破。

多排药包时,靠临空面的前排应先用即发电雷管起爆,后排药包用延期电雷管稍后起爆。需要两个以上药包同时起爆时,必须采用电力起爆或传爆线起爆的方式。

目前,深孔爆破用于石方集中以及地形较平缓的垭口或深路堑,单位耗药量约为 4.41~7.35kg/m^3,平均每米钻孔可爆岩石 11~20m^3。

③ 葫芦炮。葫芦炮又称药壶炮或轰膛炮,其炮眼径口约为 35~40mm,在深 2.5~3.0m 以上的炮眼底部,用一次或多次烘膛,使炮眼底部扩大呈药壶形(又称葫芦形),将炸药集中装入"药壶"中进行爆破。由于炮眼底部容积增大,装药多,爆炸能量集中,爆炸效果好,在公路施工中经常使用。

葫芦炮宜用于Ⅶ~Ⅸ级岩石,中心挖深 4~6m,阶梯高度在 7m 以下,炮眼可打成直眼、斜眼或平眼。炮位要布置在有较大和较多临空面、地面横坡大的地段。若临空面少,自然坡面较缓,可先用小炮改造地形,再用葫芦炮爆破。为避免超爆,药包应距设计边坡有一定的距离。

④ 光面爆破。光面爆破是在开挖限界的周边,适当排列一定间隔的炮孔,在有侧向临空面的情况下,用控制抵抗线和药量的方法进行爆破,使之形成一个光滑平整的边坡。

⑤ 预裂爆破。预裂爆破是在开挖限界处按适当间隔排列炮孔,在没有侧向临空面和最小抵抗线的情况下,作控制药量的方法,预先炸出一条裂缝,使拟爆体与山体分开,作为隔震减震带,起保护和减弱开挖限界以外山体或建筑物的地震破坏作用。

(2) 松土法

为了有利于开挖边坡的稳定和保护既有建筑物的安全,而且大马力推土机不断普及,用松土法开挖岩石被越来越广泛地采用。其施工方式是:用推土机索引的松土器将岩体翻松,松土器装在推土机的后端,根据推土机的不同(有单齿、3 齿、5 齿不等),推土机主机作为牵引动力,传动方式多以液压传动为主,深度可达到 50cm 以上。程序是:推土机将场地大致整平后,即开始松土作业。开始时松土器钩子不易入土过深,应随着作业情况逐渐加深,每次的松土间隔视碎石的用途而定,一般取 1.0~1.5m。松土作业是分层进行的,表层翻松后,用推土机进行推运集堆,然后装载机配合自卸翻斗车外运,形成松土—集堆—外运的机械循环作业。松土作业方向应尽可能顺着岩层的下坡方向,尽量与岩纹垂直,破碎效果好,松土作业应避免顺着岩纹作业,松土器过后将岩石劈成沟状。比较坚硬的岩石,进行一些小爆破再用松土器作业。

3.2.5 深挖路堑的施工

路堑边坡高度大于或等于 20m 时称为深挖路堑。深挖路堑因为它的边坡较高,易于坍塌,且工程数量大,常是影响全线按期完工的重点工程。因此,在施工前,必须收集了解土石界限、工程等级、岩层风化厚度及破碎程度等岩层工程特征,并进行工程地质补探工作,解决原设计文件中工程地质资料缺乏或严重不足的问题。

(1) 土质高路堑

土质单边坡路堑可采用多层横向全宽挖掘,双边坡则通常采用分层纵挖法和通道纵挖法。若路堑纵向长度较大、一侧边坡的土壁厚度和高度不大时,可采用分段纵挖法。施工机械可采用推土机或铲运机。当弃土运距较远超过铲运机的经济运距时,可采用挖掘机配合自卸汽车作业或采用推土机、装载机配合自卸汽车作业。

土质深挖路堑施工中应注意的是：不能采用不加控制的爆破法施工和掏洞取土法施工。不加控制的爆破法施工会造成路堑边坡失稳，易于塌方；掏洞取土易造成土拥塌伤人。特别应注意在靠边坡3m以内禁止采用爆破法，即使是土质紧密，为加快施工进度在距边坡3m以外准备采用爆破法施工时，也应进行缜密设计，以免炸药量过多，爆破时将边坡上的土炸松，使边坡不能稳定，造成后患。

（2）石质高路堑

石质高路堑宜采用中小爆破法施工，只有当路线穿过独山丘，开挖后边坡不高于6m，且根据岩石产状和风化程度，确认开挖后边坡稳定，方可考虑大爆破方案。

单边坡石质深路堑已有一面临空，为了使爆破后的石块较小，便于推土机清方，绝对不能采用松动爆破、减弱松动爆破或药室爆破。前两种爆破方法虽然能节约炸药，但爆破后石块太大。有些大石块还要重新钻眼爆破将石块炸小（二次爆破），或需用人工以撬棍将大石块慢慢移走，无法使用机械施工，施工进度太慢。药室爆破虽然爆破方量较大，但可能将边坡炸松，而且构建药室的都是人工操作，花费时间多。正确的做法是采用深粗炮眼、分层、多排、多药量、群炮、光面、微差爆破方法。其原则是打炮眼尽量使用机械，爆破后使石块小一些，便于机械清除。若最后一排炮眼靠近边坡时，应采用光面爆破设计施工。

双边坡石质深挖路堑的施工较单边坡的困难一些。首先需用纵向挖掘法在横断面中部每层开辟一条较宽的纵向通道，以便爆破后的石料运走，同时成为两侧未炸石方的临空面，然后横断面两侧按单边坡石质路堑的施工方法作业。

3.3 路基压实

路基压实是保证路基质量的重要环节。路基压实的作用，是提高填料的密实度，减小孔隙率，增强填料颗粒之间的接触面，增大凝聚力或嵌挤力，提高内摩阻力，减少形变，为路基的工作提供良好的基础。有效地压实路基填筑土，能保证路基工程的施工质量。

3.3.1 土质路基的压实

土质路基的压实过程，其本质是土体在压力作用下，克服土颗粒间的内聚力和摩擦力，使原有结构受到破坏，固体颗粒重新排列，大颗粒之间的间隙被小颗粒所填充，变成密实状态，达到新的平衡。在施工作业中，表现为土壤的体积被压缩，而达到一定程度后，这个过程不再持续。这是因为在颗粒重新排列后，土中气体被挤出变得由快到缓，最终趋于结束，这时，作用于土体的压力，只能引起弹性变形，而压力过大时，则可能使土壤产生剪切破坏，影响土体强度。填土路堤压实施工工序流程见图3-29。

3.3.2 影响压实效果的主要因素

影响路基压实效果的因素是多方面的，有内因和外因两方面。内因指土质和湿度，外因指压实功能（如机械性能、压实时间与速度、土层厚度）以及压实时外界自然和人为的其他因素等。

（1）含水量对压实效果的影响

① 含水量 ω 与密实度（以干容重 γ 度量）的关系。以同一种土在同一贯入击实标准下，

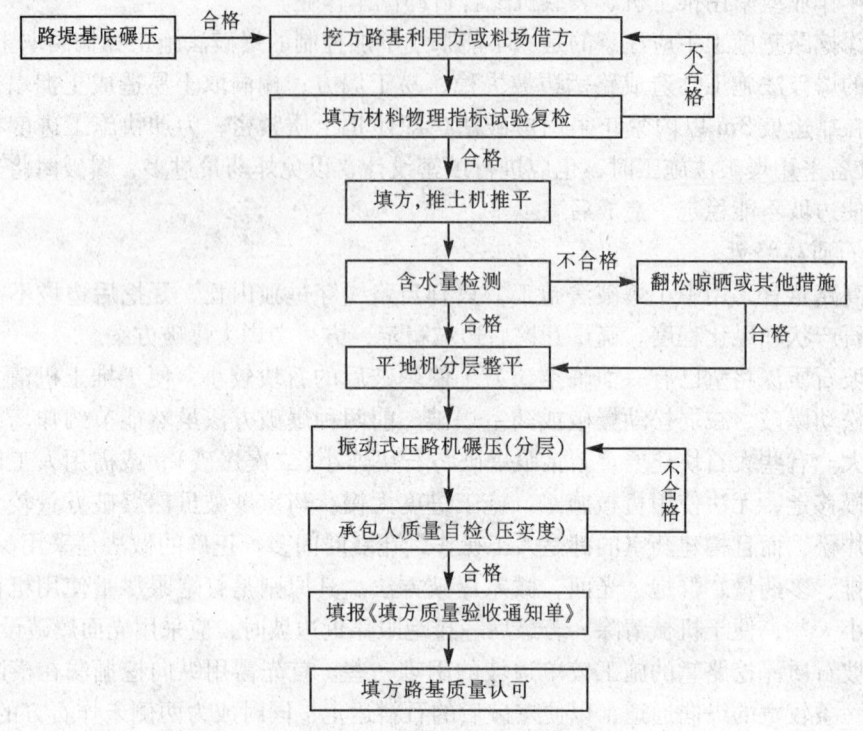

图 3-29 填方路堤压实工序流程

可得图 3-30 中曲线 1 的驼峰曲线，表明干容重 γ 随含水量 ω 而变的规律性。在同等条件下，一定含水量之前，γ 随 ω 增加而提高，主要原因在于水起润滑作用，土粒间阻力减小，施加外力后，孔隙减小，土粒易于被挤紧，γ 得以提高。γ 值至最大值 γ_0 后，ω 再继续增大，土粒孔隙被水分占据，而水一般不为外力所压缩，水分互挤转移，因而 ω 增大，γ 随之降低。通常在一定压实条件下干容重 γ 的最大值，称为最大干容重 γ_0（驼峰曲线的最高点），相应的含水量称为最佳含水量 ω_0。由此可见，压实时，若能控制土的最佳含水量 ω_0，则压实效果最高，耗费的压实功能最经济。

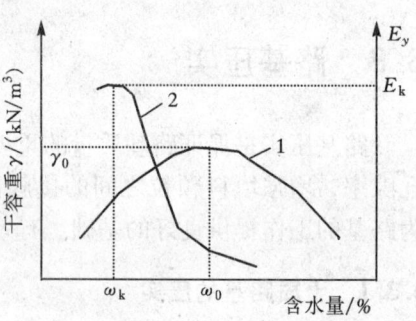

图 3-30 土基的 E，γ 与 ω 关系示意图
1—γ 与 ω 关系；2—E 与 ω 关系

② 含水量 ω 与土的水稳定性的关系。如果以形变模量 E_y 代替 γ，它与 ω 亦具有类似的驼峰形曲线关系，而且最高点的 E_k 及其相应的 ω_k 值，与 γ_0 及 ω_0 均有区别。图 3-30 中曲线 2 表明，土体含水量未达到最佳值 ω_0 之前，强度已达最高值 E_k，这是因为土中含水量较少时，土粒间的阻力较大，欲使土粒继续压缩位移，需要更大的外力，所以表现为 E_k 最高。而土中含水量在 ω_k 值前后的减少或增加，相应的 E_y 随之有所降低。

图 3-31 是饱水前后土基的压实试验结果对照曲线关系图，它可反映出含水量 ω 与土的水稳定性的关系。图中曲线 1 和曲线 2 对比可见，饱水后，γ 与 E 均有所降低，但在 ω_0 时，两曲线间的降低值（$\gamma_0-\gamma$ 或 $E'_k-E'_s$）均最小，这种状态称为水稳定性好。换言之，控制最佳含水量 ω_0 压实的土基，其强度和稳定性最好。如果以 ω_k 为准，尽管相应的 E_k 最高，但饱水后的 E_y 却大大降低，表明水稳定性极差。从这里也可看出选用 ω_0 及相应的 ω_0 作为控

制土基压实指标的机理所在。

（2）土质对压实效果的影响

土质对压实效果的影响很大，一般规律是：不同的土质，有着不同的最佳含水量 ω_0 及最大干容重 γ_0。

由图 3-32 可见，颗粒分散性（液限、黏性）较高的土，其值 ω_0 较高，γ_0 值较低。同时通过对比可见，砂性土的压实效果优于黏性土。其机理在于土粒愈细，比表面积愈大，土粒表面水膜所需的含水量就愈多，加之黏土中含有亲水性较高的胶体物质所致。另外，至于砂土的颗粒组，由于呈松散状态，水分极易散失，对其最佳含水量的概念就没有多大的实际意义。

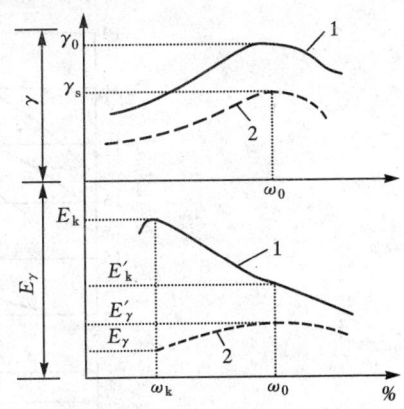

图 3-31 饱水前后土基压实指标对照
1—饱水前；2—饱水后

（3）压实厚度对压实效果的影响

相同压实条件下（土质、含水量与压实功能不变），实测土层不同深度的密实度（γ 或压实度）可知，密实度随深度递减，表层 5cm 最高。不同压实工具的有效压实深度有所差异。根据压实工具类型、土质及土基压实的基本要求，路基分层压实的厚度有具体的规定数值。一般情况下，夯实不宜超过 20cm；12~15t 光面压路机，不宜超过 25cm；振动压路机或夯击机，宜以 50cm 为限。实际施工时的压实厚度应通过现场试验确定合适的摊铺厚度。

图 3-33 是钢筒式压路机碾压土时沿垂直方向的压力分布（此时轮子与土的接触面是一个宽度很小的矩形，其宽度可视为压模的最小横向尺寸），当深度大于 $2a$（a 为最小横向尺寸）时，传至的压力已经很小，不起压实作用。由此可知，随深度增加压力逐渐减小。所以正确地控制碾压厚度，对于提高压实机械的生产效率和填筑路基的质量十分重要。

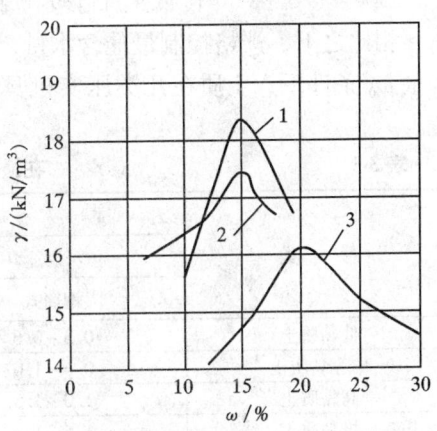

图 3-32 几种土质的压实曲线对照图
1—亚砂土；2—亚黏土；3—黏土

（4）压实功能对压实效果的影响

压实功能（指压实工具的质量、碾压次数或锤落高度、作用时间等）对压实效果的影响，是除含水量之外的另一个重要因素。图 3-34 是同一种土的压实功能与压实效果的关系曲线。通过数条曲线的对比表明：同一种土的最佳含水量 ω_0 随压实功能的增大而减小，最大干容重 γ_0 则随压实功能的增大而提高；在相同含水量条件下，压实功能愈高，土基密实度（即 γ）愈高。据此规律，工程实践中可以增加压实功能（选用重碾，增加次数或延长作用时间等），以提高路基强度或降低最佳含水量。但必须

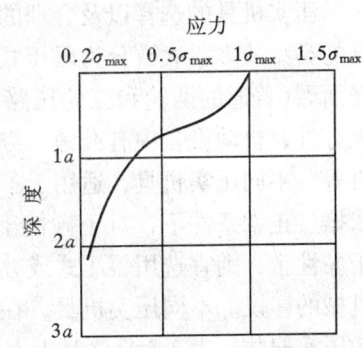

图 3-33 滚轮垂直方向的土压分布

指出，用增加压实功能的办法，对于提高土基强度的效果有一定限度。压实功能增到一定限度以后，效果提高极其缓慢，在经济效益和施工组织上，不尽合理，甚至压实功能过大，一会破坏土基结构，二是相对应含水量减少而带来的水稳定性差，其压实效果反而适得其反。

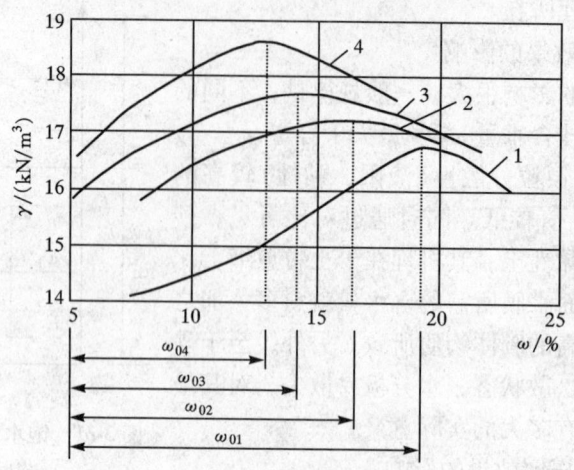

图 3-34　不同压实功能的压实曲线对照图
1、2、3、4 曲线的功能分别为 600、1150、2300、3400(kN·m)

相比之下，严格控制最佳含水量，要比增加压实功能收效大得多。表 3-3，是在最佳含水量 ω_0 条件下，土质在几类压实机具作用下的强度，可供选择机具和控制压实功能时参考。

表 3-3　　　　　　　　　　在最佳含水量时土的极限

种　类	极 限 强 度 /MPa		夯　实
	滚　　压		
	钢筒式	轮胎式	夯板直径 70~100cm
低黏质土	0.3~0.6	0.3~0.4	0.3~0.7
中等黏质土	0.6~1.0	0.4~0.6	0.7~1.2
高黏质土	1.0~1.5	0.6~0.8	1.2~2.0
极黏质土	1.5~1.8	0.8~1.0	2.0~2.3

3.3.3　压实机具的选择和操作

压实机具的选择以及合理的操作，是影响土基压实效果的另一综合因素。土基压实机具的类型较多，大致分为碾压式、夯击式和振动式三大类型。碾压式又称静碾压式，包括光面碾（普通的两轮和三轮压路机）、羊足碾和气胎碾等几种。夯击式中除人使用的石硪、大夯外，机动设备中有夯锤、夯板、风动夯及蛙式夯机等。振动式中有振动器、振动压路机等。不同压实机具，适用于不同土质及不同土层厚度等条件，这些都是压实机具的主要依据。正常条件下，对于砂性土的压实效果，振动式较好，夯击式次之，碾压式较差。对于黏性土，则宜选用碾压式或夯击式，振动式较差甚至无效。表 3-4 是各种土质适宜的碾压机械的建议。不同压实机具，在最佳含水量条件下，适应于一定的最佳压实厚度以及通常的压实遍数。表 3-5 是路基土方分层厚度与碾压遍数的参考值。

实践经验证明：土基压实时，在机具类型、土层厚度及行程遍数已经选定的条件下，压实操作时宜先轻后重，先慢后快，先边缘后中间（超高路段等需要时，则从内侧至外侧宜先低后高）。压实时，相邻两次的轮迹应重叠轮宽的 1/3，保持压实均匀，不漏压，对于压不到的边角，应辅以人力或小型机具夯实。压实全过程中，应经常检查含水量和密实度，以达到符合规定压实度的要求。

第3章 路基土石方工程施工

表3-4　　　　　　　　　　　各种土质适宜的碾压机械

机械名称＼土的分类	细粒土	砂类土	砾石土	巨粒土	备 注
6～8t两轮光轮压路机	A	A	A	A	用于预压整平
12～18t两轮光轮压路机	A	A	A	B	最常使用
25～50t轮胎压路机	A	A	A	A	最常使用
羊足碾	A	C或B	C	C	粉黏土质砂可用
振动压路机	B	A	A	A	最常使用
凸块式振动压路机	A	A	A	A	最宜使用含水量较高的细粒土
手扶式振动压路机	B	A	A	C	用于狭窄地点
振动平板夯	B	A	A	B或C	用于狭窄地点，机械质量800kN的可用于巨粒土
手扶式振动夯	A	A	A	B	用于狭窄地点
夯锤（板）	A	A	A	A	夯击影响深度最大
推土机，铲运机	A	A	A	A	仅用于摊平土层和预压

注：①表中符号：A代表适用，B代表无适当机械时可用，C代表不适用。
②土的类别按《公路土工试验规程》的规定划分。
③对特殊土和黄土（CLY）、膨胀土（CHE）、盐渍土等的压实机械选择可按细粒土考虑。
④自行式压路机宜用于一般路堤、路堑基底的换填等的压实，宜采用直线式进退运行。
⑤羊足碾（包括凸块碾、条式碾）应有光轮压路机配合使用。

表3-5　　　　　　　　　　路基土方分层厚度与碾压遍数参考值

压实机械名称		每层填土松铺厚度/cm	有效碾压（夯实）遍数				合理采用压实机械的条件
			非塑性土壤		塑性土壤		
			最佳含水量时	低于最佳含水量时	最佳含水量时	低于最佳含水量时	
拖式光面碾（5t以内）		10～15	6	9	9	15	碾压段长度不宜小于100m，宜于压实塑性土
羊足碾（6～8t）		20～30	4	6	8	12	
铜筒轮压路机	轻型（6～8t）	15～20	4	6	8	12	碾压段长度不宜小于100m宜于压实塑性土
	中型（9～12t）	20～30	4	6	8	12	
	重型（12～15t）	25～35	4	6	8	12	
轮胎压路机（16t）		30～35	4	6	8	8	适用于压实非塑性土
振动压路机	2t	11～20	3	4	5	7	碾压段长度不宜小于100m，宜于压实非塑性土，也可压实塑性土
	4.5t	25～35	3	4	5	7	
	10t	30～50	3	4	4	6	
	12t	40～55	3	4	4	6	
	15t	50～70	3	4	4	6	

续表 3-5

压实机械名称	每层填土松铺厚度 /cm	有效碾压(夯实)遍数				合理采用压实机械的条件
		非塑性土壤		塑性土壤		
		最佳含水量时	低于最佳含水量时	最佳含水量时	低于最佳含水量时	
重锤（夯击板）	1t 举高 2m	3	4	5	7	用于工作而受限制时，宜于夯实非塑性土，亦可夯实塑性土
	1.5t 举高 1m	3	4	5	7	
	1.5t 举高 2m	3	4	4	6	
重夯机	0.3t	30~50	3			用于工作而受限制及结构物接头处
重夯机	1t	35~65	3			
人力夯	0.04t	20~25	3			
振动器(2t)	60~75	1~3 min	2~4 min	3~5 min	5~7 min	适用于压实非塑性土

注：①非塑性土是指砂、砾等无塑性的土；
②非塑性土的每层松铺厚度可取稍高的值，反之，塑性土的每层松铺厚度可取稍低的值；
③颗粒不同的松砂可采用洒水夯实或振动压路机压实，颗粒大小一致的砂，可用夯锤夯实；
④夯板宜用于松散土、砾石及石质土的压实。

3.3.4 土基压实标准

土基野外施工，受种种条件限制，不能达到室内标准击实试验所得的最大干容重 γ_0，应予以适当降低。令工地实测干容重为 γ，它与室内标准击实试验得到的 γ_0 值之比的相对值，称为压实度 K，即

$$K = \frac{\gamma}{\gamma_0} \times 100\% \tag{3-1}$$

压实度 K 是现行规范规定的路基压实标准。《公路工程技术标准》（JTGB 01—2003）规定了各级公路的压实度，见表3-6。

压实度由标准干密度和现场压实后的干密度所决定。一般来说，对某种土类的标准击实密度变化是不大的，由此可知压实度与现场实测的密度有着密切的关系。根据试验资料，一般土的最大干密度介于 $1.7 \sim 1.9 g/cm^3$ 之间。如果以压实度为95%要求值考虑，则压实度差1%时，反映在干密度的绝对值只差 $0.017 \sim 0.019 g/cm^3$，因此，准确测定土基的现场压实密度，对正确评定压实度尤为重要。

当前现场测定路基土密度的主要方法如下。

① 环刀法。它是一种破坏性的量测方法。优点是设备简单、使用方便。但此法只适宜测定细粒土及无机结合料稳定细粒土的密度测试。

② 灌砂法。它是一种破坏性的量测方法，适宜细粒土、中粒土的密实度测定。试验时，先在拟测量的地点，以层厚为开挖深度，凿一试洞，开挖时将全部土料仔细收集于一个带盖容器中，并采取密封措施使其含水量不致受损失，及时称质量和取有代表性的样品做含水量试验，然后采用灌砂法测定试洞的容积。

③ 核子密度湿度仪法。这是一种非破坏的测定方法。它利用放射性元素（γ 射线和中子

射线)测量土的密度和含水量。这些仪器能在现场快速测定土基密度和含水量,满足施工现场土基压实度快速、无破损检测的要求,同时还具有操作方便、明显直观的优点。适用于施工质量的现场快速评定,但不宜用做仲裁试验或评定验收试验。

表 3-6　　　　　　　　　　　路基压实度标准

填挖类别	路床顶面以下深度/m	路基压实度/%		
		高速公路、一级公路	二级公路	三级公路、四级公路
零填及挖方	0~0.30	—	—	≥94
	0~0.80	≥96	≥95	—
填　方	0~0.80	≥96	≥95	≥94
	0.80~1.50	≥94	≥94	≥93
	>1.50	≥93	≥92	≥90

注:①表列数值以重型击实试验法为准;
　　②特殊干旱或特殊潮湿地区的路基压实度,表列数值可适当降低;
　　③三级公路修筑沥青混凝土或水泥混凝土路面时,其路基压实度应采用二级公路标准。

3.3.5　碾压工序的控制

为了有效地压实路基填筑土,必须对碾压工序作以下的控制。

① 路基要求的压实度应根据填挖类型和公路等级及路堤填筑的高度而定。通常根据表 3-6 中的规定,用标准击实试验,求出最大干密度和相应的最佳含水量,计算出施工要求的最小干密度。

② 各种压实机具碾压不同土类的适宜厚度和所需压实遍数与填土的实际含水量(最佳含水量±2%以内)及所要求的压实度大小有关,应根据要求的压实度,在做试验时加以确定。

③ 高等级公路路基填土压实宜采用振动压路机或 35~50t 轮胎压路机进行。采用振动压路机碾压时,第一遍应静压,第二遍开始用振动压实。

④ 压实过程中严格控制填土的含水量。含水量过大时,应将土翻晒至要求的含水量再碾压;含水量过小时,需均匀晒水后再进行碾压。通常,天然土的含水量接近最佳含水量时,在填土后应随即压实。

3.4　软湿地基及特殊路基施工

路基铺设于天然地基上,自身荷载较大,因此要求地基应具有足够的承载能力,以保持地基稳定,此外还应保证某些自然因素(如地下水、坑穴、胀缩等)不致产生对路基的有害变形。软湿地基是指地表为黏土或粉土,微小颗粒含量极高,孔隙率大的有机质土、泥炭类等影响填土和构造物稳定或使结构物产生沉降的地基,或受地表长期积水和地下水位影响较大的软土地基。此外,当路基受到地表长期积水,尤其是地下水位较高的影响,渗入路基土体的水分,使土体过湿而降低路基强度。受地表长期积水和地下水位影响较大的软土地基被称为湿软地基。软土地基自身的工程性质差,施工中须采取一定的加固处理措施,以提高地基的整体强度和稳定性,减小沉降与变形。软土地基处理的常用方法有换填土层法、挤密法、化学加固法和排水固结法。

3.4.1 换填土层法

换填土层法是指采用相应的处理方法，将基底下一定深度范围内的软土层挖去或挤去，换以强度较大的砂、碎(砾)石、灰土或素土，以及其他性能稳定、无侵蚀性的土类，并予以压实。

（1）开挖换土法

采用挖掘机械，铲除软土层厚度后换填好土、分层压实的方法称为开挖换土法，见图3-35。根据换土范围的大小可分为全部挖除换土法和局部挖除换土法。前者把软土层全部铲除换以好土，适用于软土层厚度小于2m的地基；后者适用于软弱层较厚，特别是上部软土层较下部软土层强度低得多，有可能发生滑动破坏或沉降量过大等情况的地基。

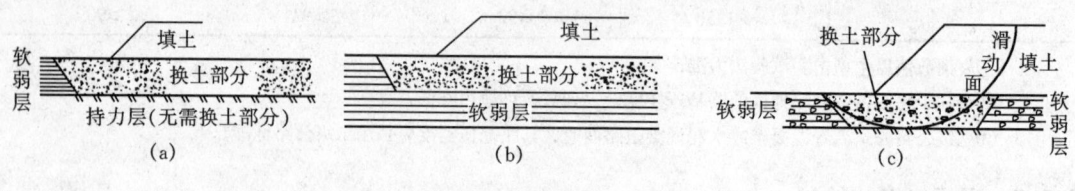

图3-35 开挖换土法

其施工要点如下。

① 选择良好的填料。应选择强度较大、性能稳定的填料。当软土地基中地下水位较高时，应选择具有良好排水性能的砂、砂砾等粗粒料作为填料，以便处于地下水位以下的地基仍能保持有足够的承载力。

② 开挖边坡的坡度。应根据开挖深度与土的抗剪强度确定合理的边坡坡度。开挖时用水泵排水，防止边坡坍塌破坏，增加不必要的挖方量。若有不需要压实的良好的填料时，以不排水为宜。填料应及时运进，随挖随填，防止挖方边坡坍塌。

开挖换土法的施工方法是：先将原地面的软土层挖去，回填强度大、性能稳定的填料；然后摊平碾压，达到施工要求后，再分层填筑路基土，分层碾压后形成路基。软土层的挖掘厚度即换填厚度视软土层的强度及施工的具体要求而定。

图3-36是开挖换土法的施工实例。如图所示，（a）挖掘机将软土层挖去，运出。（b）汽车运进碎石、沙砾等稳定性材料回填。（c）推土机摊平碾压。（d）汽车运进路基土分层填土、摊平碾压。

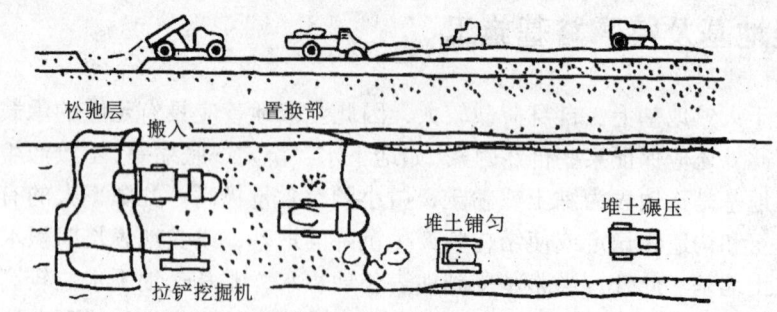

图3-36 开挖换填法施工实例

（2）强制换土法

该法是指把好土直接铺撒在软土地基表层，靠土的自重将软土挤向周围，从而换上好土，也称挤出换土法。这种方法对于薄软土层特别有效，对于厚软土层，视工程种类及加固目的，有时也仍然是一种有效、经济的方法。

如图 3-37 所示，施工时，应从路中线逐渐向两侧填筑。当软土的挤出受阻时，应及时除去路堤两侧隆起的土，同时在路堤上面加载超压。应当注意，对于宽路堤，由于软土厚度不一致，若在路堤下面残留部分软土，完工后会产生不利的不均匀沉降。

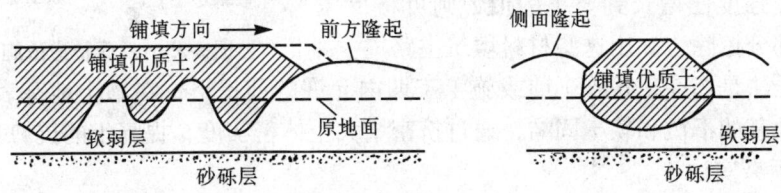

图 3-37　强制换土法

(3) 爆破换土法

爆破换土法，是把炸药装入软土层，通过爆破作用将软土挤出的方法。见图 3-38。这种方法对周围影响很大，只限于爆破对周围构造物或设施没有不良影响的地区使用。并且一般要通过几次爆破使路堤逐渐下沉，两侧挤出隆起的软土要及时挖除，保证爆破效果不致降低。

图 3-38　爆破换土法

3.4.2　挤密法

挤密法以增大密实度为目的，对软土地基加固处理。可分为三类：一是在地基表面预施静载压力，加速地基（包括路基）完成沉降，达到趋于稳定，这类方法有反压护道法和堆土预压法。二是在地基表面预施冲击动压力，同样达到完成沉降变形，增大地基土密实度的目的，这类方法称为重锤夯实法。三是深入地基内钻挤成桩孔，灌以固化剂与软土混合，组成复合地基，此类方法称为深层拌和法。

(1) 反压护道法和堆土预压法

反压护道法主要指路堤在施工中达不到要求的滑动破坏安全系数时，反压主路堤两侧，以期达到路堤稳定的一种处理方法。

反压护道的施工一般按图 3-39 所示的顺序进行：先填筑包括反压护道在内的砂垫层 Ⅰ 和路堤 Ⅱ，接着填路堤 Ⅲ。

在施工过程中必须注意如下几点。

① 避免一次性高堆填，应分层填筑、分层碾压至规定的密实度。

② 每层铺筑要有一定的向外倾斜坡度，以利排水。

③ 反压护道的填筑速度不得慢于主路堤。

④ 主路堤在施工中或完工后，如能确定反压护道下面的地基强度已增长到要求的值，则可将反压护道的超载部分挖除，并用这些材料填筑主路堤。

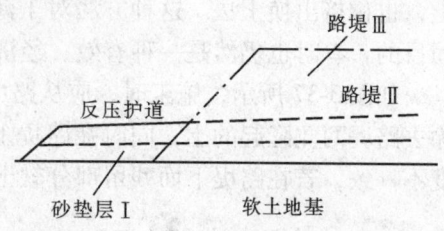

图 3-39　反压护道法施工顺序

堆土预压法是指在正式施工前或施工工期内允许的前提下，在软土地基表面预先堆土加压，加速地基的下沉和软土固结，通过挤密增大土体密实度，提高土的抗剪强度。

(2) 重锤夯实法

重锤夯实法，一般是以锤底直径为 1~1.5m，质量为 1.5t 或稍重的重锤，从落高为 2.5~4.5m 处落下，夯实地基。重锤夯实法加固地基，可提高地基表层土的强度，降低地表的湿陷性并减少表层土强度的不均匀性。重锤夯实法适用于地下水位 0.8m 以下稍湿的一般黏性土、砂土、湿陷性黄土、杂填土等。

在重锤夯实法中，若以 8~12t(甚至 20t) 的重锤，8~20m 落距(最高达 40m)对土基进行强力夯击，利用冲击波和动压力，达到加固土基的目的。这种加固方法称为强夯法，亦称动力固结法。

(3) 深层拌和法

在地基的成孔桩中，将石灰或水泥等固化剂与土基软土搅拌、混合处理的方法称为拌和法。它可分为表层土拌和法和深层(深度超过 20m)拌和法。

深层拌和法在施工前，首先要确定固化剂的种类(水泥、石灰、水泥浆或其他复合材料)；其次根据设计强度的要求，选取施工地段有代表性的土进行固化剂配合比试验，确定施工时固化剂的掺配量；最后检查施工机械运转是否正常，特别是固化剂的排送量，以保证固化剂配比正确。

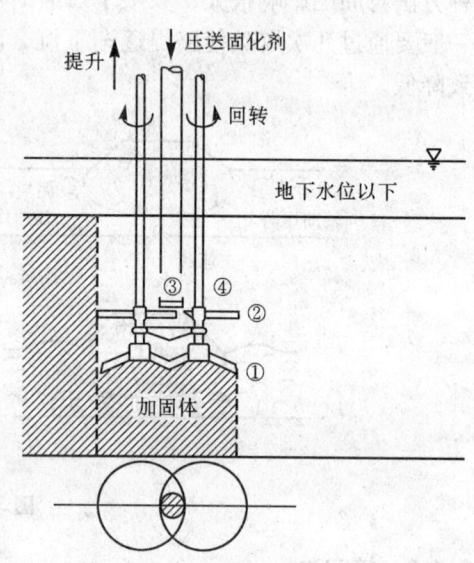

图 3-40　DLM 法的施工原理
①、②搅拌翼片；③ 固化剂输出口；④ 搅拌轴

① DLM 施工法(Deep Lime Mixing Method)。该法的施工顺序是：首先在预定的位置安装好深层混合搅拌机，转动搅拌翼片，使其边切土边靠自重下沉。待搅拌翼片下沉到预定深度时开始压入固化剂；同时边提升搅拌轴边回转，使固化剂与地基土充分拌匀，形成柱状加固体。根据设计需要，也可将加固体搭接排列形成壁状或块状加固体，见图3-40。这种施工方法采用的固化剂多为水泥浆。

② 喷射粉体搅拌法。该法的施工顺序与 DLM 法基本相同，不同之处是固化剂。它是用压缩空气把粉状或粒状的固化剂压送到搅拌翼片处，待搅拌翼片旋转时，从翼片背面形成的空隙部位喷射出来的固化剂黏附在含水分的软黏土上，通过翼片来搅拌。输送固化剂的压缩空气则经回转轴的四周排出地面。见图 3-41。

为了保证加固土的均匀性和质量，喷粉搅拌后还应二次复搅，复搅深度应大于 1/3 桩长或大于 5m。施工机械由输送固化剂的粉体喷射机、空气压缩机、发电机和混合搅拌机组成。

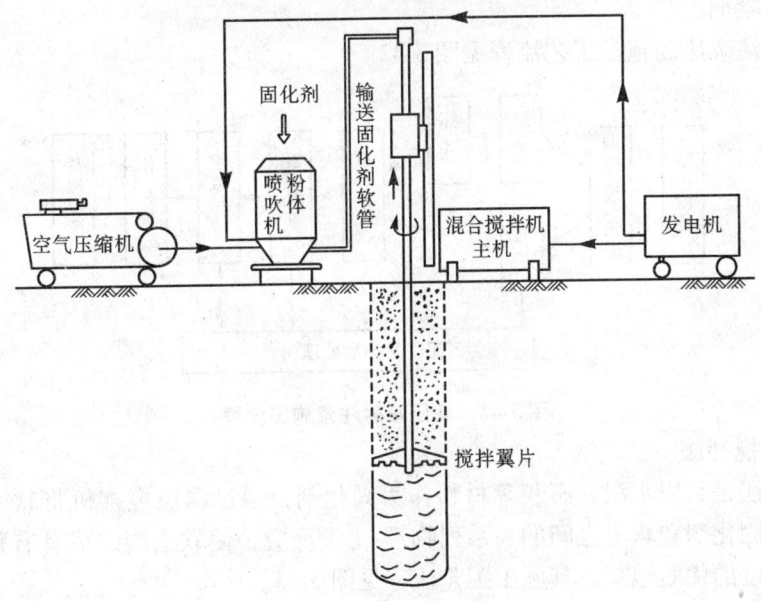

图 3-41 喷射粉体搅拌法

施工结束后形成粉喷桩体，养护 7d 或 28d，必须取样检查桩体加固土的强度是否达到设计要求。

本施工方法的特点是：在短时间内可得到较高的强度，压缩性能得到改善，对周围环境影响小，几乎不需要弃土。

3.4.3 化学加固法

利用化学溶液或胶结剂，采用压力灌注或搅拌混合等措施，使土颗粒胶结起来，达到对软土地基加固的目的，这种方法称为化学加固法，又称胶结法。

化学加固法所采用的化学溶液主要有：以水玻璃溶液为主的浆液；以丙烯氨为主的浆液；以纸浆溶液为主的浆液以及水泥浆液。目前以水泥浆液使用较多。化学加固法的施工工艺主要有高压喷射注浆法和深层搅拌法两种。

(1) 高压喷射注浆法

所谓高压喷射注浆，就是利用钻机把带有喷嘴的注浆管钻至土层的预定位置后，以高压设备使浆液或水成为 20MPa 左右的高压流从喷嘴中喷射出来，冲击破坏土体。当能量大、速度快、呈脉动状的喷射流的超压超过土体结构强度时，土粒便从土体剥落下来。一部分细小的土粒随着浆液冒出水面，其余土粒在喷射流的冲击力、离心力和重力等作用下，与浆液搅拌混合，并按一定的浆土比例和质量大小有规律地重新排列。浆液凝固后，便在土中形成一个固结体。固结体的形状和喷射流移动方向有关，一般分为旋转喷射（简称旋喷）和定向喷射（简称定喷）两种泥浆形式。旋喷时，喷嘴一面喷射一面旋转和提升，固结体呈圆柱状。主要用于加固地基，提高地基的抗剪强度，改善土的变形性质，使其在荷载作用下，不产生过大的变形。也可以组成闭合的帷幕，用于截阻地下水流。定喷时，喷嘴一面喷射一面提升，喷射的方向固定不变，固结体形如壁状，通常用于基础防渗，改善地基土的水流性质和稳定边坡等工程。作为地基加固，通常采用旋喷注浆形式。浆液以水泥浆为主。当土的渗透性较大或地下水流速过大时，为防止浆液流失，可在浆液中掺加三乙醇铵和氯化钙等速凝剂。

高压喷射注浆法的施工工艺流程见图3-42。

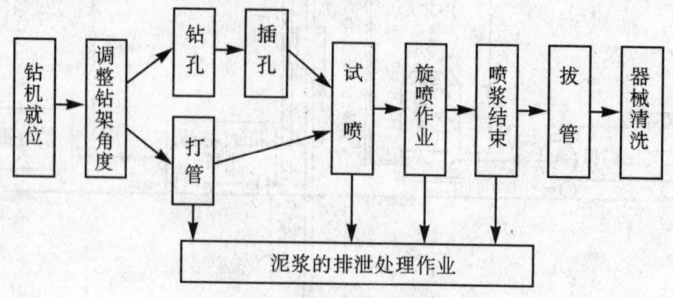

图3-42 高压喷射注浆施工流程

（2）深层搅拌法

深层搅拌法是利用水泥、石灰等材料作为固化剂，通过深层搅拌机将软土和固化剂强制搅拌，利用固化剂和软土之间的一系列物理-化学反应，使软土凝结成具有整体性、水稳定性和一定强度的优质地基。其施工工艺流程见图3-43。

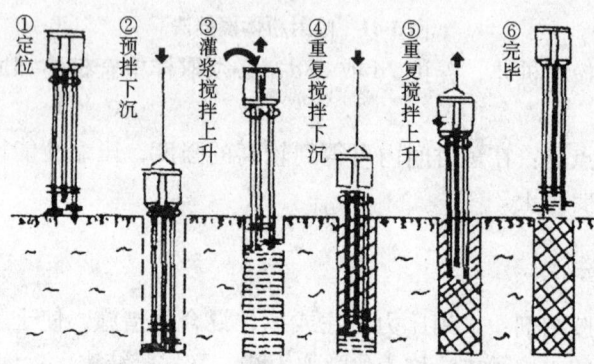

图3-43 深层搅拌法施工工艺流程

3.4.4 排水固结法

饱和软土在荷载作用下，排水固结，抗剪强度可得到提高，以达到加固的目的。此法常用于加固湿软地基，包括天然沉积层和人工冲填的土层，如沼泽土、淤泥及淤泥质土、水力冲积土等。

排水固结法中目前常用的施工方法有砂垫层法、砂井排水法和塑料板排水法。

（1）砂垫层法

砂垫层是指作为湿软土层地基固结所需要的上部排水层，同时又是路堤内土体含水增多的排水层。砂垫层的作用是加速软弱土层的排水固结，从而可提高承载力，减少沉降量，同时可防止冻胀，消除膨胀土的胀缩作用，也可处理暗穴。

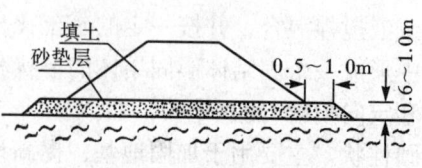

图3-44 砂垫层断面图

砂垫层的断面见图3-44。砂垫层厚度，一般在0.5~1.0m之间，太厚施工困难，太薄效果较差。砂料以中粗砂为宜，要求级配良好，颗粒的不均匀系数不大于5，含泥量不超过3%~5%。

当砂垫层上路堤填料为透水性较差的黏性类土时，路堤坡脚附近砂垫层易被路堤填料覆盖，可能造成堵塞，阻碍侧向排水。因此必须作好砂垫层端部处理，如片石护砌或其他防护。国内有的高速公路的砂垫层施工时，在其上加铺土工格栅、土工布等。

（2）砂井排水法

砂井排水法是在湿软地基中人为地设置垂直排水砂井，缩短排水距离，减少固结时间，以达到提高地基抗剪强度的一种方法。典型的砂井排水地基见图3-45。砂井的布置要根据对地基的固结率和固结度的要求，确定砂井的直径、间距、深度，并布置砂沟或砂垫层。一般情况下，砂井直径多为 $8\sim10m$，间距大约是井径的 $6\sim8$ 倍。施工深度应通过稳定性分析来确定，一般为 $15\sim20m$。

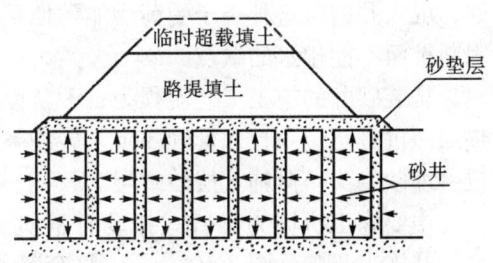

图 3-45 典型的砂井排水地基示意图

砂井排水法在施工前，先在地表均匀地铺设一层约 $0.5\sim1.2m$ 的砂垫层。砂井的布置可分为梅花形和正方形两种，见图3-46。砂井位置确定后要做好标记。施工砂井的方法有打入式、射水式、螺钻式和袋装式。

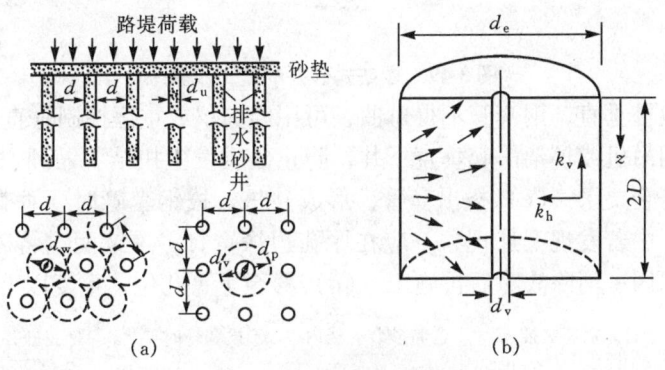

图 3-46 砂井的布置与固结

① 打入式、振动锤式。通常用履带式吊机或特制钢架，砂井直径约 $30\sim50cm$，施打间距 $1.5\sim3.0m$。

施工步骤见图3-47。(a) 关闭套管的尖靴，安置在指定的位置上。(b) 靠锤或振动器的振动打到预定的深度。(c) 用料斗将砂投入套管内。(d) 关闭投砂口，边送入压缩空气边拔套管。(e) 套管全部拔出，砂井打成。

② 射水式。射水式砂井的优点是对地基扰动小，没有处理排泥的问题。

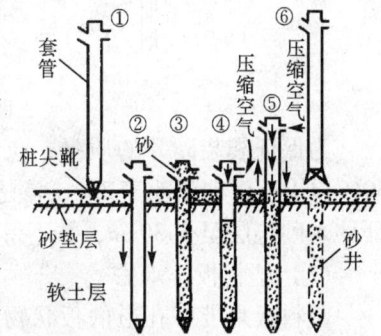

施工步骤见图3-48。(a) 将套管安置在指定的位置上。(b) 将射水管放进套管内射水。(c) 射水后套管慢慢下沉，如地下有障碍物或坚实土层，要用锤将套管打入。(d) 套管达到预定深度后，上下移动射水管，使套管中的土充分流出。(e) 将砂投进套管内。(f) 拔起套管，施打完毕。

图 3-47 打入式砂井的施工步骤

③ 螺钻式。螺钻式钻成砂井的直径较大，为 $40\sim100cm$，深度可为15m，但施工速度

较慢。

施工步骤见图 3-49：钻孔；成孔后将砂装入；开启桩尖盖；拔起螺钻；成孔。

④ 袋装式。该法用透水性良好的网状织物做的袋子装砂，沉入井内。这种袋子受荷后能随地基变形，避免了砂桩因断桩而不能排水的缺点。

袋装砂井的施工工艺流程为：平整原地面→摊铺下层砂垫层→机具定位→打入套管→沉入砂袋→拔出套管→机具移位→埋砂袋头→摊铺上层砂垫层。

主要施工机械为导管式振动打桩机或导管式锤击打桩机。其施工步骤见图 3-50。(a) 将套管打入到土中预定的

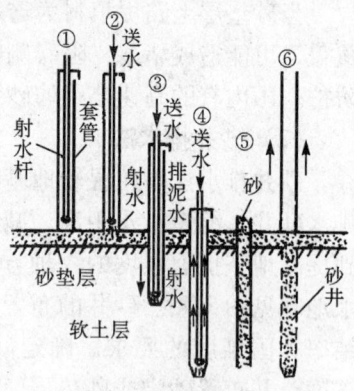

图 3-48 射水式砂井的施工步骤

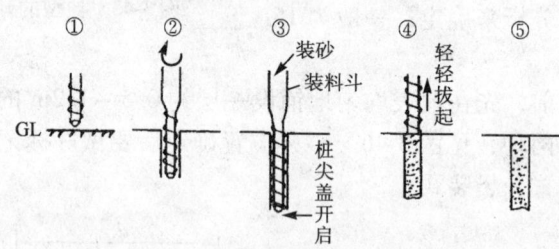

图 3-49 螺钻式砂井的施工步骤

深度。打入时导轨桩垂直，钢套管不得弯曲，可用经纬仪或重锤控制垂直度。(b) 沉入事先灌制的砂袋，可用吊机或桩架吊起垂直下井，防止砂袋发生扭结、缩颈、断裂和砂袋磨损。砂袋的灌砂率应符合要求。(c) 拔出套管，形成砂桩。拔钢套管时要垂直起吊，防止带出或损坏砂袋。施工中若发现上述现象，应在原孔边缘重打；连续两次将砂袋带出时，应停止施工，待查明原因、消除故障后再施工。(d) 移至下一孔位，重复以上步骤。

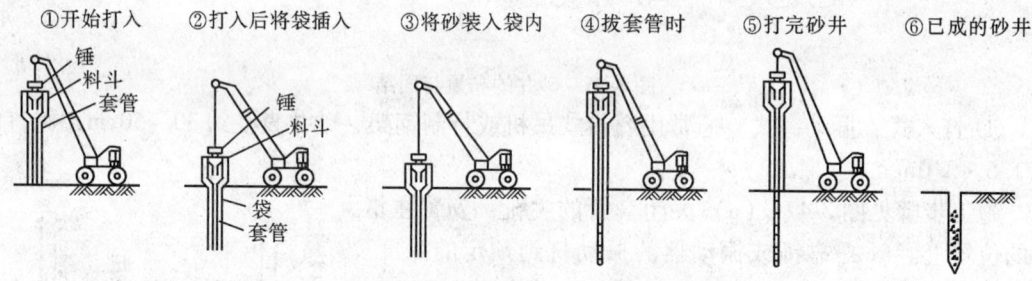

图 3-50 袋装式砂井的施工步骤

为保证袋装砂井的质量，应采用中、粗砂，粒径大于 0.5mm 的砂粒含量宜占总重的 50% 以上，含泥量小于 3%，渗透系数不小于 5×10^{-3} cm/s。另外，砂袋留出孔口长度应保证伸入砂垫层至少 30cm，并不得卧倒。

(3) 塑料板排水法

塑料板是带有孔道的板状物体，具有单孔过水断面大、排水畅通、质量轻、强度高、耐久性好等特点，是一种较理想的竖向排水体，目前在国内得到了广泛应用。

塑料板排水法是从纸板排水发展而来的，其原理与砂井排水法完全相同，是加固湿软土地基的一种方法。塑料板的断面形状见图 3-51，有两种结构，以复合结构型为好。

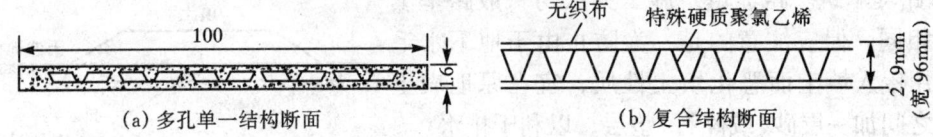

(a) 多孔单一结构断面　　　　(b) 复合结构断面

图 3-51　塑料排水板断面型式

塑料板排水法的施工工艺为：平整原地面→摊铺下层砂垫层→机具就位→塑料排水板穿靴→插入套管→拔出套管→割断塑料排水板→机具移位→摊铺上层砂。

施工方法常采用有心轴的插入法。心轴有圆形、多边形等多种形式，通常采用图 3-52 的形状，用钢制成，中间留有可使塑板材通过的孔洞。

插入法施工步骤参见图 3-53：（a）塑板材由后面的卷筒通过井架上部的滑轮插入心轴。（b）用心轴的输送轮轴夹住塑板材，一起垂直压入地下，透水滤套不应被撕破和污染。（c）心轴达到预定深度后，输送轮轴反转，将心轴上拔，塑板材留在土中，然后用自动刀具将塑板材切断，但应保证塑板伸入砂垫层 50cm 以上，使其与砂垫层贯通。（d）移向下一个施打位置。

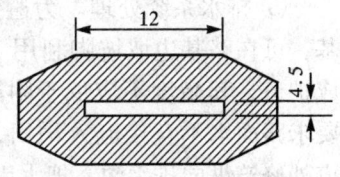

图 3-52　标准型心轴断面
（尺寸单位：mm）

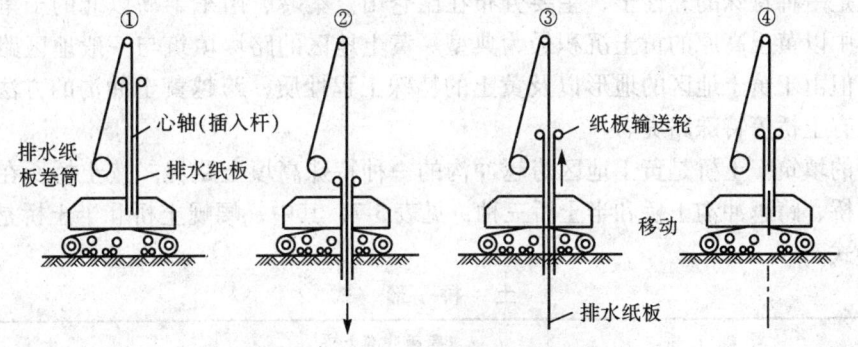

图 3-53　插入式排水纸板的施工步骤

3.4.5　其他特殊地区的路基施工

（1）水稻田及多雨潮湿地区施工

水稻田及多雨潮湿地区水稻田地区路堤施工，包括排水疏干、原地面处理、路堤填筑、路堤边坡及排水系统处理等。

① 排水疏干。施工前应沿公路用地两侧筑埂，在埂内挖纵、横排水沟，见图 3-54。沟底应保持不小于 0.5% 的坡度并接通出水口。沟深应保证能及时排地面水以疏干表土，一般为 0.5~1.0m。

② 原地面处理。地表疏干后，地基土含水量接近最佳含水量时，应清除表层不良土层，经碾压后在上面填筑路堤。当地面不能疏干，含水量过大无法压实时，应挖去湿土，换填好土或砂砾，然后压实。也可在湿土中掺石灰或粉煤灰以吸收多余水分以便碾压密实。原地面为淤泥时，对二级以下公路可抛填砂砾碎石、片石等压、挤淤泥，经碾压稳定后再填路堤。对高速公路、一级公路，则应采用碎石桩、土工织物、塑料排水板、轻质路堤、深层加固等软土地基处理措施进行处理。

③路堤填筑。路堤填筑施工方法与一般路基填筑基本相同。但应注意的是，为防止由于地下水毛细管作用侵入填土而恶化填土性质，宜在原地表土和填土之间加一层砂（或碎石）垫层，以利于排水。

④路堤边坡。水稻田及多雨潮湿地区的路堤边坡，宜做护墙式浆砌边坡。当土质和气候适宜时，填方边坡也可采用种植草皮、灌木等植物防护。

⑤排水系统处理。为避免路基以外的水侵蚀路基，可在路基边坡坡脚利用1~3m宽的公路用地修成护道，其高度不应低于附近水田田埂的高度。如要求路面水不直接流入稻田，则应在路堤坡脚的护

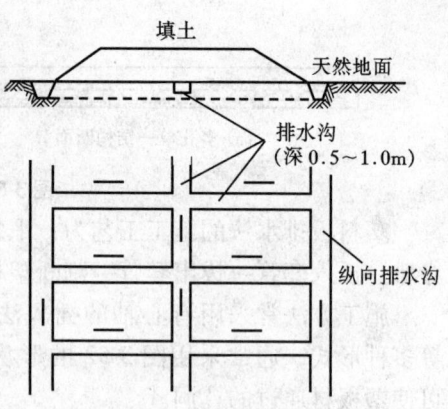

图3-54 水稻田排水疏干

道外修筑纵向排水沟，把水引入涵洞。同时，在纵面排水沟的外侧还应修筑土堤，防止稻田水流入排水沟。土堤高度不应低于田埂高度，土堤顶宽以0.5~1.0m为宜。

此外，跨越水田的路基应保证农田灌溉的需要。当设计农用灌溉涵洞位置不当、数量不足时，应及时按程序提出变更设计，经有关部门批准后执行。

（2）黄土地区路基施工

黄土是一种特殊的黏性土，主要分布在昆仑山、秦岭、山东半岛以北的干旱和半干旱地区，其中以黄土高原的黄土沉积最为典型。黄土地区的路堤填筑与一般地区路堤填筑基本相同。但由于黄土地区的地形以及黄土的特殊工程性质，跨越黄土冲沟的方法，除高填土外，还有土桥等特殊路堤。

土桥的填筑。土桥是黄土地区跨越冲沟的一种特殊高填土路堤。按土桥所在位置可分为嵝岘土桥、跨越冲沟土桥和半土桥三种，见表3-7，其中，嵝岘土桥和半土桥是公路中最常见的形式。

表3-7　　　　　　　　　　　土 桥 形 式

名称	嵝岘土桥	跨越冲沟土桥	半土桥
图示	冲沟头 $1:m_3$ $1:m_2$ $1:m_1$ $1:n_1$ $1:n_2$ $1:n_3$	冲沟 $1:m_3$ $1:m_2$ $1:m_1$ $1:n_1$ $1:n_2$ $1:n_3$	夯实黄土 2% $1:n$ 1m 1.5m
说明	①设置在两侧冲沟的沟头之间，即冲沟的分水岭处； ②无水流，不需设泄水构造物； ③施工较简单，工程量少； ④当有被冲沟浸蚀的危险时，需对冲沟头进行处理，如修低坝、种草、植树等	①设在冲沟的中上游，沟窄浅，无不良地质现象； ②底部有水流通过时，则需设置泄水孔或泄水构造物，构造物型式有石拱涵、砖拱涵（高等级公路中少用）等	①设在谷坡或山坡上的半土桥作用相当于山坡上的砌石路堤，可以减少挖方数量和边坡高度； ②填挖分界线应注意施工处理； ③可用做现有道路的加宽

土桥在设计、施工中，应注意下列技术问题。

① 位置的选择要合理。土桥位置的选择应综合考虑地形、地质及水文、地质等情况，在有滑坡、陷穴、流泥等不良地质现象地段，一般不宜设置土桥。

② 基底处理要符合要求。土桥基底的情况，对土桥的稳定性极为重要。若基底为非湿陷性黄土，且无地下水活动时，可按一般黏性土地基进行基底处理，同时做好两侧的施工排水、防水措施。若地基为湿陷性黄土，应采取拦截、排除地表水的措施，防止地表水下渗，减少地基土层湿陷性下沉。

此外，还应做好填挖界面的结合（纵向），清除坡面杂草，挖好向内倾斜的台阶。如结合面陡立，无法挖成台阶时，应采用土工钉加强结合。土工钉一般可用 $\phi 18$ 的钢筋长80cm，打进老土面40cm，间距 $1.0 \sim 1.5m$，一般每两层填土高度楔进一排。

③ 填料的选择应符合要求。筑桥用土应不含砂、石、树根、草根等杂质，其天然含水量以接近最佳含水量为宜，各地自然条件不同，所选用的土质亦有所不同，但一般要求黏粒与砂粒的含量应有一定的限度。黏粒含量多，可以提高土体的黏聚力，增强土桥的稳定性，但黏粒含量过大，则会产生较大的收缩与膨胀，对土桥的稳定性是不利的。

新、老黄土均可用来修筑土桥，但以选用新黄土为宜。黄土中的黏粒含量一般不应超过25%，砂粒含量不超过20%，塑性指数应在 $10 \sim 14$ 之间。应特别注意，不得用黄土填筑浸水路堤，不得用老黄土做路床填料。

（3）膨胀土路基施工

膨胀土是指黏粒成分主要由强亲水性矿物组成，并具有显著胀缩性的黏性土。在黄河流域及其以南地区分布较广泛。这种土有吸水膨胀、失水收缩并往复变形的性质，对路基及人工构造物等都有破坏作用，并且不易修复。

① 铺筑试验路段。膨胀土地区路堤施工前，应按规定做试验路段，为路堤的正式施工提供数据资料和经验。

② 原地面处理。膨胀土地区修建公路，特别是修建高速及一级公路时，在路堤填筑前，必须对原地面进行处理，并应满足如下要求：

（a）填高不足1m的路堤，必须挖去地表 $30 \sim 60cm$ 的膨胀土，换填非膨胀土，按规定压实；

（b）地表为潮湿土时，必须挖去湿软土层，换填碎、砾石土，砂砾或挖方坚硬岩石碎渣，或将土翻开掺石灰处理。

③ 填筑材料及作业要求。强膨胀土稳定性差，不应作为路堤填料；中等膨胀土宜经过加工、改良处理后作为填料；弱膨胀土可根据当地气候、水文情况及道路等级加以应用。对于直接使用中、弱膨胀土填筑路堤时，应及时对边坡及顶部进行防护。

高速、一级、二级公路采用中等膨胀土做路床填料时，应作掺灰（一般为石灰）改性处理，改性处理后要求胀缩总率接近于零。限于条件，高速、一级公路用中等膨胀土填筑路堤时，路堤填成后，应立即做浆砌护坡封闭边坡。

④ 路基碾压。先要根据膨胀土自由膨胀率的大小，选用工作质量适宜的碾压机具。一般地，自由膨胀率越大的土应采用的压实机具越重。

由于膨胀土遇水易膨胀，因此压实时，应在最佳含水量时进行。压实土层不宜过厚，一般不得大于30cm。土块应击碎至5cm粒径以下，使土块中水分易于蒸发，减少土块本身的膨胀率，有利于提高压实效率。

特殊地区的施工还有很多种，如盐渍地区、盐湖地区、岩堆地区、滑坡地区等。由于各地区的地质、地貌、土质、水文等情况都不相同，因此路基的施工方法有较大差异，在这里不一一介绍，请大家学习时，参读有关资料。

3.5 质量控制与检测评定

路基土石方工程施工中，应严格控制路基的施工质量，满足规范及设计文件中各种指标的要求，并在工程基本完工后，进行质量验收与评定。施工单位应会同监理人员，按设计文件和规范要求检查路基工程的施工质量，检查路基中线、高程、宽度、边坡坡度等，根据检查结果对路基工程的施工质量进行评定、竣工验收等工作。

土方路基和石方路基的实测项目技术指标的规定值或允许偏差按高速公路、一级公路和其他公路（指二级及以下公路）两挡设定，其中土方路基压实度是按高速公路和一级公路、二级公路、三级和四级公路三挡设定的。

3.5.1 土方路基的质量要求

（1）基本要求

① 在路基用地和取土坑范围内，应清除地表植被、杂物、积水、淤泥和表土，处理坑塘，并按规范和设计要求对基底进行压实。

② 路基填料应符合规范和设计的规定，经认真调查、试验后合理选用。

③ 填方路基须分层填筑压实，每层表面平整，路拱合适，排水良好。

④ 施工临时排水系统应与设计排水系统结合，避免冲刷边坡，勿使路基附近积水。

⑤ 在设定取土区内合理取土，不得滥开滥挖。完工后应按要求对取土坑和弃土场进行修整，保持合理的几何外形。

（2）实测项目及质量允许偏差

土方工程的实测项目及质量允许偏差见表3-8。

表3-8　　　　　　　　　　　　　　土方路基实测项目

项次	检查项目		规定值或允许偏差			检查方法和频率	权值
			高速公路、一级公路	其他公路			
				二级公路	三级、四级公路		
1	压实度/%	零填及挖方/m	0～0.30	—	—	94	按有关方法检查 密度法：每200m每压实层测4处	3
			0～0.80	≥96	≥95	—		
		填方/m	0～0.80	≥96	≥95	≥94		
			0.80～1.50	≥94	≥94	≥93		
			>1.50	≥93	≥92	≥90		
2	弯沉/0.01mm		不大于设计要求值			按有关方法检查	3
3	纵断高程/mm		+10，-15	+10，-20		水准仪：每200m测4个断面	2
4	中线偏位/mm		50	100		经纬仪：每200m测4点，弯道加HY、YH两点	2
5	宽度/mm		符合设计要求			米尺：每200m测4处	2

续表 3-8

项次	检查项目	规定值或允许偏差			检查方法和频率	权值
		高速公路、一级公路	其他公路			
			二级公路	三级、四级公路		
6	平整度/mm	15	20		3m 直尺：每 200m 测 2 处 × 10 尺	2
7	横坡/%	±0.3	±0.5		水准仪：每 200m 测 4 个断面	1
8	边坡	符合设计要求			尺量：每 200m 测 4 处	1

注：① 表列压实度以重型击实试验法为准，评定路段内的压实度平均值下置信界限不得小于规定标准，单个测定值不得小于极值（表列规定值减 5 个百分点）。小于表列规定值 2 个百分点的测点，按其数量占总检查点的百分率计算减分值。
② 采用核子仪检验压实度时应进行标定试验，确认其可靠性。
③ 特殊干旱、特殊潮湿地区或过湿土路基，可按交通部颁发的《路基设计、施工规范》所规定的压实度标准进行评定。
④ 三、四级公路铺筑沥青混凝土或水泥混凝土路面时，其路基压实度应采用二级公路标准。

3.5.2 石方路基的质量要求

（1）基本要求

① 石方路堑的开挖宜采用光面爆破法。爆破后应及时清理险石、松石，确保边坡安全、稳定。

② 修筑填石路堤时，应进行地表清理，逐层水平填筑石块，摆放平稳，码砌边部。填筑层厚度及石块尺寸应符合设计和施工规范规定。填石空隙用石碴、石屑嵌压稳定。上、下路床填料和石料最大尺寸应符合规范规定。采用振动压路机分层碾压，压至填筑层顶面石块稳定，20t 以上压路机振压两遍无明显标高差异。

③ 路基表面应整修平整。

（2）实测项目及质量允许偏差

石方工程的实测项目及质量允许偏差见表 3-9。

表 3-9 石方路基实测项目

项次	检查项目		规定值或允许偏差		检查方法和频率	权值
			高速公路、一级公路	其他公路		
1	压实		层厚和碾压遍数符合要求		查施工记录	3
2	纵断高程/mm		+10，-20	+10，-30	水准仪：每 200m 测 4 个断面	2
3	中线偏位/mm		50	100	经纬仪：每 200m 测 4 点，弯道加 HY、YH 两点	2
4	宽度/mm		符合设计要求		米尺：每 200m 测 4 处	2
5	平整度/mm		20	30	3m 直尺：每 200m 测 2 处 ×10 尺	2
6	横坡/%		±0.3	±0.5	水准仪：每 200m 测 4 个断面	1
7	边坡	坡度	符合设计要求		每 200m 抽查 4 处	1
		平顺度	符合设计要求			

注：土石混填路基压实度或固体体积率可根据实际可能进行检验，其他检测项目与石方路基相同。

3.5.3 软土地基处治的质量要求

(1) 基本要求

① 换填地基的填筑压实要求同土方路基。

② 砂垫层。砂的质量和规格必须符合设计要求和规范规定;适当洒水,分层压实;砂垫层宽度应宽出路基边脚 0.5~1.0m,两侧端以片石护砌;砂垫层厚度及其上铺设的反滤层应符合设计要求。

③ 反压护道。填筑材料、护道高度、宽度应符合设计要求,压实度不低于 90%。

④ 袋装砂井、塑料排水板。砂的质量、规格、砂袋织物质量和塑料排水板质量必须符合设计要求;砂袋和塑料排水板下沉时不得出现扭结、断裂等现象;井(板)底标高必须符合设计要求,其顶端必须按规范要求伸入砂垫层。

⑤ 碎石桩。碎石材料应符合设计要求;应严格按试桩结果控制电流和振冲器的留振时间;分批加入碎石,注意振密挤实效果,防止发生"断桩"或"颈缩桩"。

⑥ 砂桩。砂料应符合规定要求;砂的含水量应根据成桩方法合理确定;应确保桩体连续、密实。

⑦ 粉喷桩。水泥应符合设计要求;根据成桩试验确定的技术参数进行施工;严格控制喷粉时间、停粉时间和水泥喷入量,不得中断喷粉,确保粉喷桩长度;桩身上部范围内必须进行二次搅拌,确保桩身质量;发现喷粉量不足时,应整桩复打;喷粉中断时,复打重叠孔段应大于 1m。

⑧ 软土地基上的路堤。应在施工过程中进行沉降观测和稳定性观测,并根据观测结果对路堤填筑速率和预压期等作必要调整。

(2) 实测项目及质量允许偏差

软土地基处治的实测项目及质量允许偏差见表 3-10、表 3-11、表 3-12 和表 3-13。

表 3-10　　　　　　　　　　　　砂垫层实测项目

项次	检查项目	规定值或允许偏差	检查方法和频率	权值
1	砂垫层厚度	不小于设计	每 200m 检查 4 处	3
2	砂垫层宽度	不小于设计	每 200m 检查 4 处	1
3	反滤层设置	符合设计要求	每 200m 检查 4 处	1
4	压实度/%	90	每 200m 检查 4 处	2

表 3-11　　　　　　　　　　　袋装砂井、塑料排水板实测项目

项次	检查项目	规定值或允许偏差	检查方法和频率	权值
1	井(板)间距/mm	±150	抽查 2%	2
2	井(板)长度	不小于设计	查施工记录	3
3	竖直度/%	1.5	查施工记录	2
4	砂井直径/mm	+10,-0	挖验 2%	1
5	灌砂量/%	-5	查施工记录	2

表 3-12　碎石桩(砂桩)实测项目

项次	检查项目	规定值或允许偏差	检查方法和频率	权值
1	桩距/mm	±150	抽查2%	1
2	桩径/mm	不小于设计	抽查2%	2
3	桩长/m	不小于设计	查施工记录	3
4	竖直度/%	1.5	查施工记录	2
5	灌石(砂)量	不小于设计	查施工记录	2

表 3-13　粉喷桩实测项目

项次	检查项目	规定值或允许偏差	检查方法和频率	权值
1	桩距/mm	±100	抽查2%	1
2	桩径/mm	不小于设计	抽查2%	2
3	桩长/m	不小于设计	查施工记录	3
4	竖直度/%	1.5	查施工记录	1
5	单桩喷粉量	符合设计要求	查施工记录	3
6	强度/kPa	不小于设计	抽查5%	3

第4章 路基排水及防护工程施工

4.1 路基排水工程施工

在道路工程中,水是引起路基路面及部分结构物损害的一个重要原因,做好路基排水工程的施工也是十分重要的。影响路基的水分为地面水和地下水两大类,因此路基必须具备合适完备的排水系统,保证迅速排泄路基范围内的地面水,并对影响路基稳定的地下水进行截流,降低水位或予以排除,从而保证路基具有足够的强度及稳定性。

4.1.1 地面排水设施施工

排除地面水的各种设施,应充分考虑多方面进入路基范围的水,包括因降雨、降雪以及从公路附近地区流向道路范围的水流,还包括路堑边坡排水和农田横跨道路的排水工程,由此来确定排水设施的排水能力。地面排水设施主要有边沟、截水沟、排水沟、跌水与急流槽等。

(1) 边沟

设置在挖方路基的路肩外侧或低路堤路基的坡脚外侧,用以汇集和排除路基范围内和流向路基的小量地面水的沟槽称为边沟。边沟的断面形式一般有梯形、三角形和矩形。见图4-1。

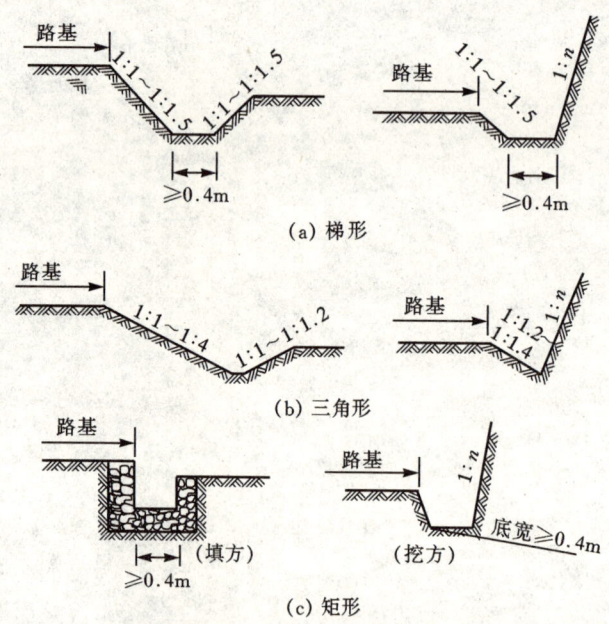

图 4-1 边沟断面形式

通常土质边沟多采用梯形。梯形边沟的边坡靠路基一侧为 $1:1 \sim 1:1.5$,另一侧与路堑边坡相同；有碎落台时，外侧也可采用 1∶1 比例；机械化施工时，土质边沟多采用三角形，三角形边沟的边坡内侧一般为 1∶2～1∶4，外侧为 1∶1～1∶2；石方地段边沟多采用矩形，矩形边沟的内侧边坡视其强度可采用直立形式，亦可稍有倾斜（1∶0.5）。

边沟的深度一般取 0.4～0.8m，边沟的底宽不应小于 0.4m。在水流较多的情况下，需适当加宽或加深。

一般情况下，边沟不宜与其他沟渠合并使用。为控制边沟中的水不至于过多，一般每隔 300～500m（特殊情况 200m）设排水涵一道，用以及时将边沟水排至路基范围之外。

一般边坡的沟底纵坡与路线纵坡相同，并不宜小于 0.2%，以免水流阻滞淤塞边沟。当沟底纵坡大于 3% 时，应对边坡进行加固；当纵坡超过 6% 时，水流速度大而冲刷严重，可采用跌水或急流槽的形式缓冲水流。另外，在设置超高的平曲线区段内，挖方地段路基内侧标高的改变，可能形成边沟积水，危害路基，因此应注意使平曲线段边沟沟底与曲线前后沟底平顺衔接。

边沟的出水口，必须进行处理。在路堑与路堤结合处，边沟沟底纵坡一般较陡。当边沟沟底与填土坡脚高差较大时，应结合地形与地质等具体条件采取以下两方面措施。

① 设置排水沟，将路堑边沟水沿出口处的山坡引向路基范围以外，使之不至于冲刷填方边坡；

② 自边沟与填方毗连处设跌水或急流槽，将水流直接引到填方坡脚之外，见图 4-2。

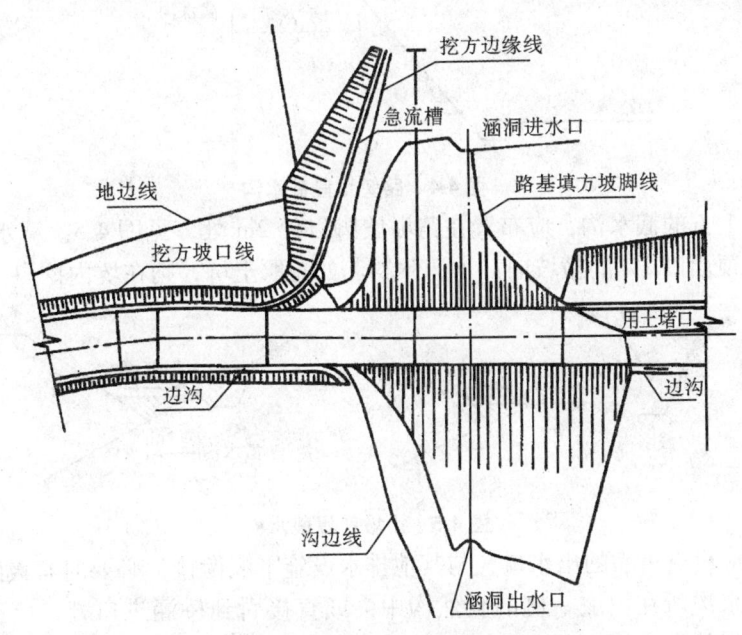

图 4-2　路堑与高路堤衔接处边沟排水处理

当边沟的出口与桥涵的高差较大时，为避免边沟流水冲刷，应作如下处理。

① 在涵洞进口处设置雨水井（见图 4-3）或根据地形需要，在进口前设置急流槽与跌水等构造物，将水流引入涵洞；

② 在桥头翼墙或挡土墙的后端，设置急流槽或跌水，将水引入河道。

（2）截水沟

截水沟是设置在挖方路基边坡坡顶以外或山坡路堤的上方，垂直于水流方向，用以截引路基上方流向路基的地面径流的排水设施。截水沟可以防止地表径流冲刷和侵蚀挖方边坡和路堤坡脚，并减轻边沟的泄水负担。截水沟必须排水迅速，不得在沟内积水或沿沟壁土层渗水，否则，会加剧路基病害的形成，而有可能成为边坡滑坍的顶边线。所以，截水沟应设有合适的纵坡度，沟底纵坡不应小于0.3%，亦不可太大（大于3%），以免总水流冲刷严重，一般取用1%~2%。对土质地段截水沟，还应适当加固，以保证不渗水和冲刷。截水沟处应综合利用地形，合理布置。若因地形限制，附近又无出

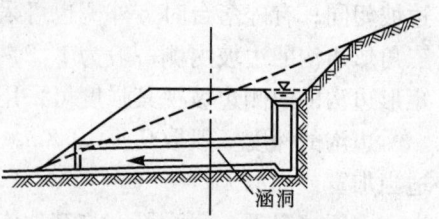

图4-3 边沟水流流入涵洞前的雨水井（单级跌水）

水口时，可分段考虑，中部以急流槽衔接；若由于地形限制，汇量大，将截水沟引至自然沟或路堤地段有困难，引入边沟又将过大增加路基挖方时，则应综合考虑，可在挖方较低处增设急流槽或涵洞，直接将水引至路基的另一侧，排至路基范围以外。

截水沟的断面形状，一般多为梯形，底宽不应小于0.5m，深度应根据拦截的水流量确定，不宜小于0.5m，边坡坡度视土质而定，一般土质可取1:1~1:1.5。

截水沟离路堑边坡坡顶的距离 d 视土质不同而异，以不影响路堑边坡稳定为原则。见图4-4，一般取 $d \geq 5m$，在截水沟与路堑之间，堆筑挡土土台。

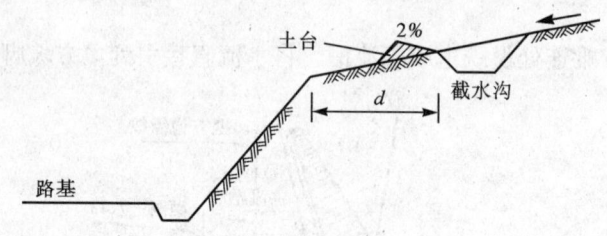

图4-4 路堑地段截水沟

山坡路堤上方的截水沟，应布置在路堤坡脚以外2m处，见图4-5。截水沟与路堤之间修筑护坡道，顶面以2%的横坡向截水沟倾斜。如有取土坑，则在坑内挖沟，并加以修整。

图4-5 山坡路堤截水构

截水沟也应设有可靠的出水口，与其他排水设施平顺衔接，必要时宜设跌水或急流槽，将水流排入截水沟所在山坡一侧的自然沟中，或直接引到桥涵进口处，应避免排入边沟，或者在山坡上任其自流，造成冲刷。

（3）排水沟

设置排水沟目的，在于用来将水流从路基排至路基范围以外的低洼处或排水设施中。在平丘区，当原有地面沟渠蜿蜒曲折，并且影响路基稳定时，可用排水沟来改善沟渠线路。有时为了减少涵洞数量，也使用排水沟来合并沟渠。

排水沟一般为梯形断面，底宽不小于0.5m，深度根据流量而定，但不宜小于0.5m。边坡坡度视土质情况而异，一般可取1:1~1:1.5，排水沟应尽量做成直线，如必须转弯时，其半径不宜小于10~20m。水沟长度按实际需要而定，通常不宜大于500m。当排水沟

中的水流流入河道或沟渠时，应使原水道不产生冲刷或淤积。一般应使排水沟与原水道两者水流方向的流向成锐角相交，并力求小于45°，保证汇流处水流顺畅。如限于地形，锐角连接有困难时，可用半径 $R=10b$ 的圆弧线形（弧长等于 1/4 圆周，b 为排水沟顶宽），见图 4-6。

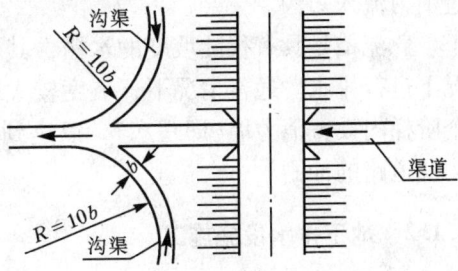

图 4-6 排水沟与河道或渠道的衔接处理

（4）跌水与急流槽

设置于需要排水的高差较大而距离较短或坡度陡峻的地段的阶梯形构筑物，称为跌水。其作用主要是降低流速和消减水的能量。急流槽是具有很陡坡度的水槽，其作用主要是在很短的距离内以及水面落差很大的情况下进行排水。

一般在重丘、山岭地区，地形险峻，排水沟渠纵坡较陡，水流湍急，冲刷力强。为减小其流速，降低其能量，防止对路基形成危害，多采用跌水或急流槽。沟底纵坡较陡的桥涵，为使水流稳定而顺利地通过，也可将其涵底及涵洞进出水口做成跌水或急流槽。此外，若必须沿高边坡将水流排至坡脚，可将截水沟接向边沟，为避免边坡受到冲刷，以及需要减速消能的排水设施时，均可采用跌水或急流槽。

从水力计算特点出发，跌水和急流槽的构造分为进水、缓冲、出水三部分。跌水和急流槽一般采用石砌或混凝土筑成，要求牢固、不渗水。见图 4-7。

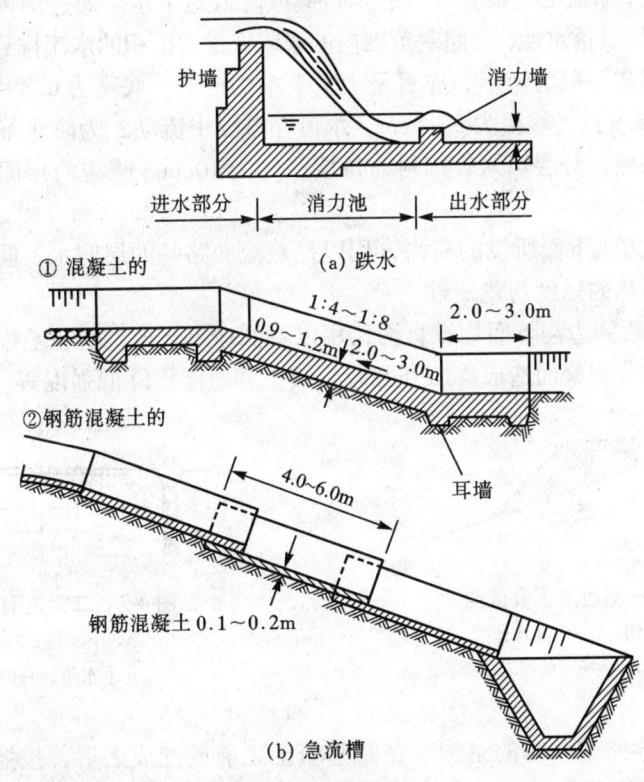

图 4-7 跌水与急流槽

水流从陡坡段上方流下，（高差、坡度闪烁）流速较快，遇消力墙，流速依次减缓，经过消力流入边沟。

急流槽是具有很陡坡度的水槽,其作用主要是在很短的距离内以及水面落差很大的情况下进行排水。通常情况下,坡度较大的急流槽设置为各段坡度不同的阶梯状,并在每一个阶梯内设置消力墙(即跌水),以达到降低流速和消减水的能量的作用,防止对边坡、边沟及道路的冲刷。

4.1.2 地下排水设施施工

拦截、汇积和排除地下水,或降低地下水位,使路基免遭破坏的结构物,称为地下排水设施。公路上常用的地下排水设施有明沟与排水槽、暗沟、渗井和渗沟等。

(1)明沟与排水槽

当地下水位高,潜水层埋藏不深时,可采用明沟或排水槽截流排除(浅层)地下水及降低地下水位,也可兼排地面水。明沟或排水槽必须深入到潜水层,且不宜在寒冷地区采用。

明沟断面一般采用梯形,边坡采用 $1:1.0 \sim 1:1.5$。明沟边坡一般应以干砌片石加固,并设反滤层以使水流渗入明沟,明沟纵坡宜适当加大,保证水流及时排出。

排水槽一般为矩形,可用混凝土、干砌或浆砌片石筑成,槽底纵坡不应小于3%。当用混凝土或浆砌时,应视地下水流量及槽深设置一排或多排渗水孔,外侧填以粗颗粒透水材料。沿沟槽每隔 $10\sim15m$,或当沟槽通过软硬岩层分界处时,应留伸缩缝和沉降缝。

(2)暗沟(盲沟)

暗沟是引导地下水流的沟渠。其目的是拦截或降低地下水。通过沟内分层填实的不同粒径的颗粒材料,利用其透水性,将路基范围内的泉眼或渗沟汇积的水流排到路基范围以外。

暗沟的断面形式一般为矩形,亦可呈上宽下窄的梯形。底宽为 $0.3\sim0.5m$,高度为 $1.0\sim1.5m$。沟内下部填石,粒径为 $3\sim5cm$,水可在缝隙中流动;为防止细料堵塞缝隙,粗粒径石块的上部和两侧,分层填入较细料,每层厚约为10cm。暗沟的顶面和底面,一般设有0.3m厚的隔水层。

图4-8为一侧边沟下面所设的盲沟,用以拦截流向路基的层间水,防止路基边坡滑坍和毛细水上升危及路基的强度与稳定性。

图4-9是路基两侧边沟下面均设盲沟,用以降低地下水位,防止毛细水上升至路基工作区范围内,形成水分积聚而造成冻胀和翻浆,或土基过湿而降低强度等。

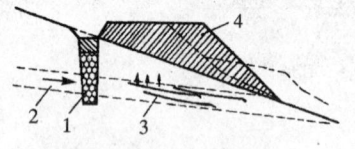

图4-8 一侧边沟下设盲沟
1—盲沟;2—层间水;
3—毛细水;4—可能滑坡线

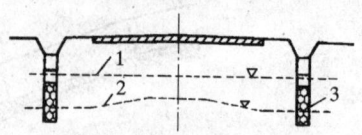

图4-9 二侧边沟下设盲沟
1—原地下水位;2—降低后地下水位;3—盲沟

图4-10为疏导路基泉水的暗沟。在路基填土之前或挖成之后,按照泉眼范围的大小,剥除泉眼上层的浮土,挖出泉井,砌筑井壁与沟壁,上盖混凝土盖板。井深应保证盖板顶的填土厚度不小于50cm。井宽按泉眼的范围大小确定,一般为 $20\sim30cm$,高约为20cm。如沟身两侧为石质,盖板可直接放在两侧石壁上。暗沟沟底纵坡一般不小于1%,出口处沟

底应高出边沟最高水位20cm以上，不允许出现倒灌现象。为防止泥土或砂砾落入沟槽或泉眼，以免淤塞，在其周围可铺筑碎石反滤层。

暗沟的排水量较少，不宜过长，一般以50m为限，沟底具有1%~2%的纵坡，暗沟出水口应高出口外最高水位20cm，以防止水流倒渗。

（3）渗井

当平坦地区如路基附近无河流、沟渠或洼地，地面水或浅层地下水无法排除，影响路基稳定，而距地面不深处又有透水层，地下水背离路基，同时地面水流量不大时，可设置渗井。

影响路基的上层水流通过渗井穿过不透水层，引入更深的透水层中去，以降低上层的地下水位或全部予以排除。图4-11为圆形渗井的结构与布置图例。

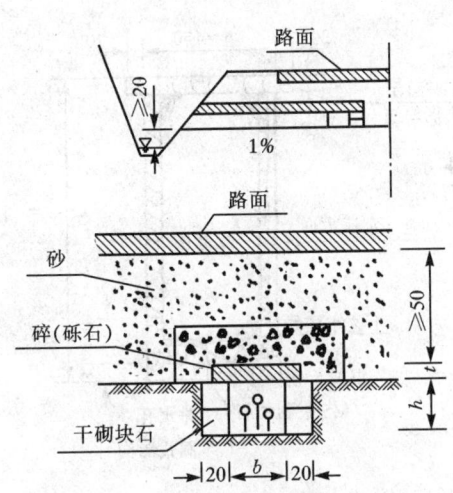

图4-10 疏导路基泉水的暗沟构造图
（尺寸单位：cm）

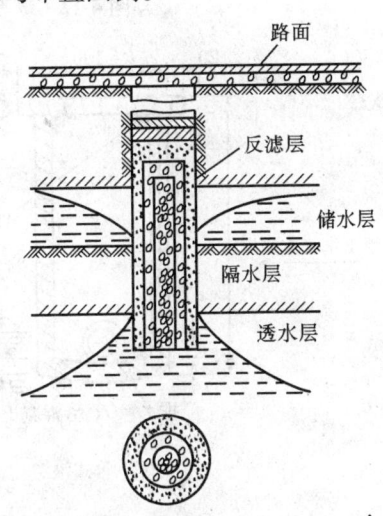

图4-11 渗井结构与布置图例

渗井是一种立式的排水设施。渗井的孔径与平面布置，通过水力计算确定，通常采用圆柱形或正方形，直径或边长为1.0~1.5m，井深视地层构造而定，以深入下面渗水层能够向下渗水为限。井内用碎石或卵石等渗水性材料填筑。在多层含水的地基上，上部影响路基强度含水层的水流渗入到渗井内，向下穿过不透水层，进入较深的、不影响路基强度的含水层内，流向远离路基的方向。

（4）渗沟

渗沟是一种常见的地下排水设施。其作用是为了切断、拦截有害的含水层和降低地下水位，保证路基经常处于干燥状态。渗沟按构造可分为填石渗沟、管式渗沟和洞式渗沟三种形式。见图4-12、图4-13。

① 填石渗沟。也称盲沟，一般用于流量不大、渗沟不长的路段，是目前公路上常用的一种渗沟。施工时应注意淤塞失效，由于排水层阻力较大，其纵坡不应小于1%，一般可采用5%，深度不超过3m，宽度一般为0.7~1.0m。

② 管式渗沟。设于地下引水较长的地段，但渗沟过长时，应加设横向泄水管，将纵向渗沟内的水流分段迅速排除。沟底纵坡取决于设计流速，最大流速应考虑到水管的构造及其使用寿命，且不至于冲毁管下垫枕材料，一般以不大于1.0m/s为宜，亦不应低于最小流

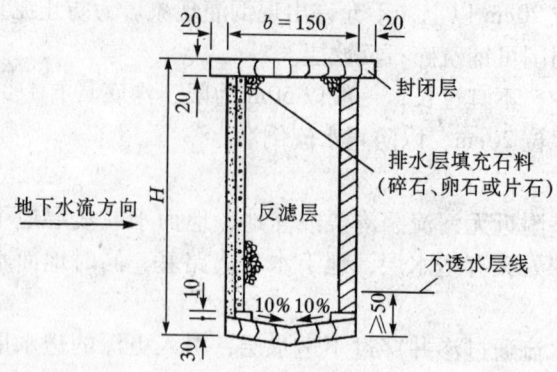

图 4-12 填石渗沟构造图（尺寸单位：cm）

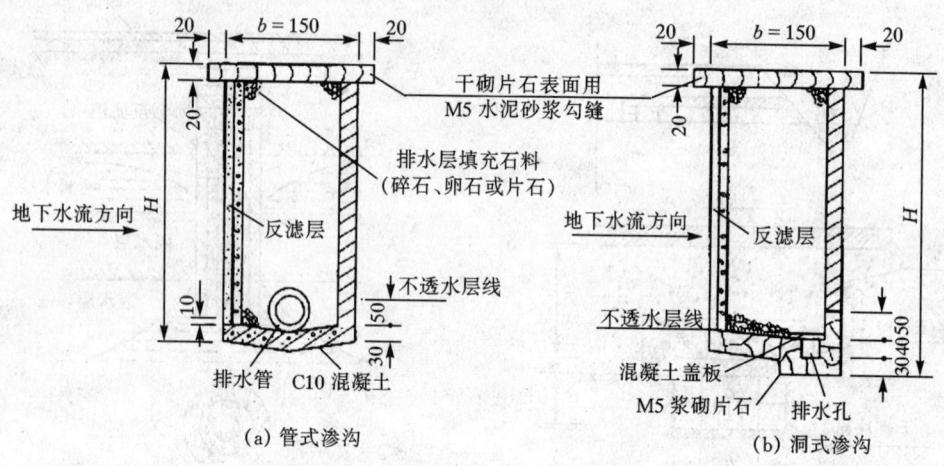

图 4-13 渗沟构造图（尺寸单位：cm）

速，最小纵坡为 0.5%，以免淤塞。

③ 洞式渗沟。当地下水流量较大或缺乏水管时，可采用石砌沟洞，洞孔大小依设计流量而定。沟底纵坡最小为 0.5%，有条件可适当采用较大纵坡，以利排水。

渗沟的施工质量是保证其能否发挥作用的关键。如质量控制不严，造成渗沟淤塞，不但起不到汇流、排水作用，反而会给工程留下隐患。因此，在施工中，必须注意以下问题。

（a）渗沟的布置应尽可能与地下水流向互相垂直，使之能拦截更多的地下水。

（b）渗沟的横宽一般视埋藏深度、排水要求、施工和维修便利而定。深度为 2m 时，宽度为 0.8～1.0m；深度在 3～4m 时，宽度不小于 1.0m。沟内用做排水和渗水的砂石填料，应经过筛选和清洗。

（c）为防止土粒落进填充石料的孔隙，造成渗沟堵塞，以及防止地面水渗入沟内，渗沟顶部应设封闭层。封闭层可用双层反铺草皮或其他材料铺成隔层，并在其上夯填厚度不小于 0.5m 的黏土防水层或用浆砌片石筑成。

（d）汇积水流时，为防止含水层中砂、土挤入渗沟，应设反滤层。反滤层应用筛选过的中砂、粗砂、砾石、碎石等渗水材料分层填筑，其层数和颗粒级配、比例，应视坑壁土质和排水层材料而定。一般相邻层的粒径比不小于 1:4，层厚不小于 0.15m，砂石料颗粒小于 0.15mm 的含量不应大于 5%，颗粒粒径一般为含水层土粒最大粒径的 8～10 倍。禁止用粉砂、细砂及风化石料填筑。

(e) 渗沟的施工与暗沟一样，宜由下游向上游施工，并应随挖随撑随填，支撑渗沟应间隔开挖。渗沟反滤层施工时，可用木板将各层反滤材料组成垂直层，其高度视渗沟的填充高度而定。填筑完后再将木板抽出。

(f) 为了核查、维修渗沟，同暗沟施工一样，每隔 30~50m，或在平面转折和坡度由陡变缓处，宜设置检查井。检查井一般采用圆形，内径不小于 1.0m，在井壁处的排水管管底应高出井底 0.3~0.4m，井底铺筑一层 0.1~0.2m 厚的混凝土，以免漏水。井基如遇不良土质，应采取接填、夯实等措施。兼起渗井作用的检查井壁，应在含水层范围设置渗水孔和反滤层。深度大于 20m 的检查井，除设置检查梯外，还应设置安全设备。

4.2 路基防护工程施工

公路受自然环境的影响，会发生各种变形、病害甚至破坏。路基防护、支挡工程是防治路基病害，保证路基稳定，改善环境景观和生态平衡的必不可少的工程设施，是路基工程的重要组成部分。路基防护工程主要包括路基边坡的防护、冲刷防护和支挡工程，支挡工程主要是指用于支承路基填土或山坡土体，防止路基失稳的挡土墙工程。

4.2.1 路基坡面防护

坡面防护，主要是保护路基边坡表面，免受雨水冲刷，减缓温差及湿度变化影响，防止和延缓软弱岩土表面的风化、碎裂、剥蚀演变过程，从而保护路基边坡的整体稳定性，在一定程度上还可兼顾路容美化，协调自然环境。常用的坡面防护设施有植物防护和工程防护两种。

（1）植物防护

植物防护，可美化路容，协调环境，调节边坡土的湿度，起到固结和稳定边坡的作用。它对于坡高不大、边坡比较平缓的土质坡面，是一种简易有效的防护设施，其方法有种草、铺草皮和植树。

① 种草。种草适用于边坡稳定、坡面冲刷轻微的路堤或路堑边坡。一般要求边坡坡度不陡于 1:1，边坡地面水径流速度不超过 0.6m/s。采用种草防护时，对草子的选择应注意当地的土壤和气候条件，通常应以容易生长、根部发达、叶茎低矮或有菊小茎的多年生草种为宜。最好采用几种草子混合播种，使之生成一个良好的覆盖层。播种的坡面应平整、密实、湿润。播种方法有撒播法、喷播法和行播法等。

种草应在温度、湿度较大的季节播种，播种后，应适时进行洒水施肥、清除杂草等养护管理，直到植物覆盖坡面。

② 铺草皮。铺草皮适用于各种土质边坡。特别是当坡面冲刷比较严重，边坡较陡，径流速度大于 0.6m/s 时采用铺草皮防护比较适宜。铺草皮的方式有平铺（平行于坡面）、水平叠置、垂直坡面或与坡面成一半坡角的倾斜叠置，以及采用片石铺砌成方格或拱式边框，方格式框内铺草皮等，见图 4-14。可根据具体条件（坡度与流速等）选用。

铺草皮需预先备料，草皮可就近培育，切成整齐块状，然后移铺在坡面上。铺时应自下而上，并用竹木小桩将草皮钉在坡面上，使之稳定。草皮根部土应随草切割，坡面要预先整平，必要时还应加铺种植土，草皮应随挖随铺，注意相互贴紧。

铺草皮在施工时，应尽可能在春秋季或雨季进行，不宜在冰冻时期或解冻时期施工。

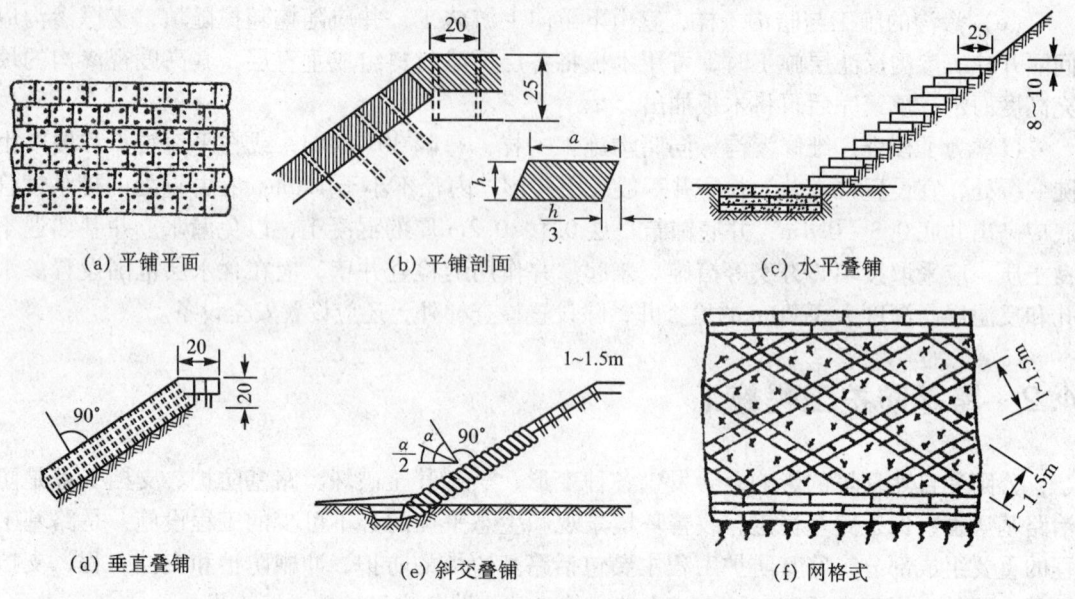

图 4-14 草皮防护示意图（尺寸单位：cm）

③ 植树。植树适用于各种土质边坡和风化极严重的岩石边坡，边坡坡度不陡于 1∶1.5。在路基边坡和漫水河滩上整理植树，对于加固路基与防护河岸可收到良好的效果。它可以降低水流速度，种在河滩上可促使泥沙淤积，防止水流直接冲刷路堤。在风沙和积雪地面，林带也可以防沙防雪，保护路基不受侵蚀。此外，还可以美化路容，调节气候，改善高等级公路的美学效果。

植树防护宜选用在当地土壤与气候条件下能迅速生长、根系发达、枝叶茂密的树种，用于冲刷防护时宜选用生长很快的杨柳类，或不怕水淹的灌木类。植种后在树木未成长前，应防止流速大于 3m/s 的水流侵害。必要时应在树前方设置障碍物，加以保护；植树防护最好与种草结合使用，使坡面形成一个良好的覆盖层，才能更好地起到防护作用。

(2) 工程防护

对于不适宜草木生长的较陡的岩石边坡，可以采用抹面、锤面、喷浆、勾（灌）缝、坡面护墙等方法进行工程防护。

① 抹面。抹面防护，适用于易风化而表面比较完整，尚未严重风化剥落的岩石边坡，如页岩、泥岩、泥灰岩、千板岩等。边坡坡度不受限制，但坡面应较干燥。常用的抹面材料及其配合比与用量可参考表 4-1。

抹面作业前，应对被处治的边坡加以清理，去掉风化层、浮土、松动石块并填坑补洞，洒水湿润，以利牢固耐久。抹面厚度为 3～7cm，分两次进行，底层抹全厚的三分之二，面层三分之一。在较大面积上抹面时，应设置伸缩缝，其间距不宜超过 10m。在抹面护坡的周边与未防护坡面衔接处应严格封闭，其措施为：弯槽嵌入岩石内，其深度不小于 10cm，并和相衔接之坡平顺；坡脚宜设 1～2m 高的浆砌片石护坡。为防止灰体表面开裂，增强抗冲蚀能力，可在表面涂沥青保护层，其沥青软化点宜稍高于当地最高气温，用量为 $3kg/m^2$ 左右。

② 勾缝、灌缝。灌缝适用于较坚硬、裂缝较大较深的岩石路堑边坡；勾缝适用于较硬、不易风化、节理缝多而细的岩石路堑边坡。灌缝可用体积比为 1∶4 或 1∶5 的水泥砂浆。

裂缝很宽时，可用体积比为1:3:6或1:4:6的混凝土灌注。勾缝可用体积比为1:2或1:3的水泥砂浆，也可用1:0.5:3或1:2:9的水泥石灰砂浆。灌缝和勾缝前应先用水冲洗，并清除裂缝内的泥土、杂草。勾缝时要求砂浆应嵌入缝中，与岩体牢固结合。灌缝时要求插捣密实，灌满缝口并抹平。

表4-1　　　　　　　　　　　　　抹面混合材料的配合比及用量

材料名称	石灰、炉渣混合浆（两层共厚3~4cm）			石灰、炉渣三合土（厚6~7cm）		四合土（厚8~10cm）		水泥、石灰、砂浆（厚3cm）	
	体积比		每平方米用量	质量比	每平方米用量	质量比	每平方米用量	体积比	每平方米用量
	表层(1.5~2.0cm)	底层(1.5~2.0cm)							
水泥	—	—	—	—	—	—	—	1	3.5kg
石灰	1	1	7.5kg	1	230kg	1	12kg	2	3.0kg
炉渣	2~2.5	3~4	0.03m³	5	1.1m³	9	118kg	—	—
黏土	—	—	—	—	0.3m³	3	36kg	—	—
砂	—	—	—	—	—	6	72kg	9	0.03m³
纸(竹)筋	—	—	0.5kg	—	—	—	—	—	—
卤水	—	—	0.14kg	—	—	—	—	—	—

③捶面。捶面适用于易受冲刷的土质边坡或易风化剥落的岩石边坡，边坡坡度不大于1:0.5。

捶面厚度为10~15cm，一般采用等厚截面，当边坡较高时，采用上薄下厚截面。捶面护坡与未防护坡面衔接处应封闭，其措施与抹面相同。坡脚设1~2m高的浆砌片石护坡。捶面材料常用石灰土、二灰土等。

捶面施工前应清除坡面浮石松土，填补坑凹，有裂缝时应勾缝。在土质边坡上，为使护面贴牢，可挖小台阶或锯齿。坡面应先洒石灰水润湿，捶面时夯拍要均匀，提浆要及时，表面要光滑，提浆后2~3h进行洒水养生3~5d。寒冷地区不宜在冬季施工。养护时如发现开裂和脱落应及时修补。在较大面积捶面时，应设置伸缩缝，其间距不宜超过10m。

④喷浆及喷射混凝土。此方法适用于易风化但尚未严重风化的岩石边坡。可采用素喷水泥砂浆和混凝土的施工工艺，也可采用加设防护网及锚杆的锚喷工艺。喷浆厚度一般为5~10cm。

（a）锚喷防护的施工：锚喷工艺利用了锚杆的深层拉力作用、钢筋网的多层防护作用以及细粒式混凝土的封闭及刚性整体作用。从而确保了风化岩石边坡的强度及稳定性，起到了坚固、耐用和美观的作用。

（b）锚喷防护施工前必须对施工现场及所要防护的边坡进行详细的调查，调查的内容主要有以下几方面：ⅰ．开挖面的坡度及平整状况；ⅱ．风化岩体上表面土层厚度及密实程度；ⅲ．岩面的风化程度及发育状况；ⅳ．岩体表面的孔隙、沟巢及土条带的数量、宽度、深度。

（c）岩面处理：在施工前要对风化岩的岩面进行处理，清除岩体表面的植被、浮土、危石，尽量使岩体表面保持一个单一坡度；对岩体表面暴露的较大的坑洞要进行砌石堵塞；对土条带要加以清除，并进行简单的砌石防护，同时在施工前要确定泄水孔的位置。

（d）截水沟及急流槽的设置：根据施工现场的实际情况要在边坡的上方设置截水沟及急流槽，以避免水流对风化岩表面土层的冲刷。

(e)凿眼及锚杆的注入：锚杆的长度要根据风化岩的物理性质及表面施工层的拉力通过实验确定，一般长度在 1.5～2.5m 之间，通常采用大于 $\phi 22$ 的螺纹钢。

(f)防护网的挂设：防护网可采用单网和双网两种形式。单网结构一般采用 $\phi 8$ 钢筋网，网孔尺寸为 5cm×5cm。双网结构一般内网采用 $\phi 6$ 铁丝网，网孔尺寸为 10cm×10cm，外网一般采用 $\phi 8$ 钢筋网，网孔尺寸为 30cm×30cm。挂设防护网时要注意防护网与锚杆坚固连接及防护网的整体性，并根据风化岩面的风化程度对防护网的间距加以适当的调整。

(g)混凝土的喷射：喷射混凝土前要对所有机械设备、人员、进场材料进行全面细致的检查，建立相应的施工与质量保证体系，以确保锚喷施工的顺利进行。施工过程中要保证机械设备的正常运转，保证进料管与进水管的畅通，保证喷头与岩面的距离及喷射的角度(一般喷射距离为 2～4m，喷射角度为 60°～70°)，保证喷射的厚度及均匀性，同时在喷射混凝土时要对混凝土的质量进行随时检查，以充分保证混凝土的强度及流易性要求。

(h)养护维修：在混凝土施工完成之后，马上要进行养生，采用覆盖草袋，喷水养生的方式 7～14d，以满足混凝土的强度要求。对露筋及混凝土较薄的部位要进行补喷。

⑤石砌护坡。石砌护坡有干砌和浆砌两种，可用于土质或风化岩质路堑或土质路堤边坡的坡面防护，也可用于浸水路堤及排水沟渠，作为冲刷防护。

(a)干砌片石防护有单层铺砌、双层铺砌和编格内铺石等几种形式。采用干砌防护时，为防止水流将铺石下面边坡上的土颗粒带出冲走，施工时，应在铺砌层的底面设 0.1～0.2m 的碎石、砾石或砂砾混合物垫层，以增加整个铺石防护的弹性，使其不易破坏。同时干砌片石最好用砂浆勾缝，防止水分侵入过多，以提高其整体强度。

(b)浆砌片石护坡，适用于流速较大(4～5m/s)的沿河路堤或采用干砌片石不适宜的其他路基坡面防护。

浆砌片石护坡宜用 0.3～0.5m 以上的块(片)石砌筑，其厚度一般为 0.2～0.5m，用于冲刷防护时，最小厚度一般不小于 0.35m，护坡底面应设 0.10～0.20m 厚的碎石或砂砾垫层。基础要求坚固，底面宜采用 1∶5 向内倾斜的坡度，如遇坚石可挖成台阶式，在近河地段基础则应埋置于冲刷线以下 0.5～1.0m。浆砌片石护坡每长 10～15m，应留宽约 2.0cm 的伸缩缝。护坡的中、下部应设 10cm×10cm 的矩形或直径为 10cm 的圆形泄水孔，间距为 2～3m。泄水孔后 0.5m 的范围内应设置反滤层。路堤边坡上的浆砌片石护坡，应在路堤压实或夯实后施工，以免因路堤沉落而引起护坡的破坏。

图 4-15 为浸水路堤单层或双层护坡示意图。

⑥护面墙。护面墙是一种浆砌片石的覆盖物。多用在易风化的云母片岩、绿泥片岩、泥质页岩、千枚岩及其他风化严重的软质岩层和较破碎的岩石地段，以防止其继续风化。护面墙仅能承受自重，不能承受侧压力，故要求被防护的边坡自身必须稳定。墙的厚度视墙高而定。沿墙身长度每 10m 应设置 2cm 宽的伸缩缝。墙身横、纵方向每隔 2～3m 设置孔口 6cm×6cm 或 10cm×10cm 方形泄水孔，泄水孔的后面应用碎石和砂砾做反滤层。

4.2.2 路基冲刷防护

沿河路基，直接承受水流的冲刷。为了保证路基坚固、稳定，必须采取措施予以防护。防止冲刷的措施有两种：一种是加固岸坡的直接防护；另一种是改变水流性质的间接防护。

(1)直接防护

直接防护措施除坡面防护和石砌护坡外，还有抛石、石笼、柔性混凝土块板及浸水挡

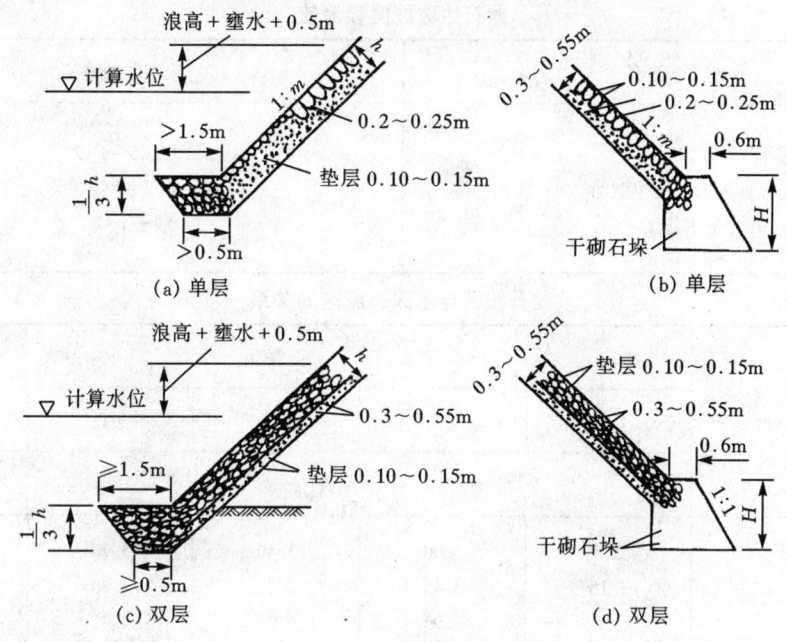

图 4-15 片石护坡示意图

(图中 H 为干砌石垛高度,约 $20\sim30\mathrm{cm}$,h 为护面厚度,大于 $20\mathrm{cm}$)

土墙等。

① 抛石防护。抛石主要用于受水流冲刷和淘刷的路基边坡和坡脚,最适于沿河床路基的防护,且不受气候条件限制,对于季节性浸水和长期浸水的情况均适用。一般在枯水季节施工,附近盛产大块砾石、卵石以及废石方较多的路段,应优先考虑采用此种防护措施。

常用的抛石类型有两种,即适用于新筑路堤的抛石垛和适用于旧路堤的抛石垛,见图 4-16。抛石边坡和石料粒径的选择见表 4-2、表 4-3。抛石粒径应大于 0.3m,并小于设计抛石厚度的二分之一。抛石厚度一般为粒径的 3~4 倍,或为最大粒径的 2 倍。石料要求质地坚硬、耐冻且不易风化崩解。为了在洪水下降后,路堤迅速干燥,减少冲刷,应在抛石背后设置反滤层。抛石时,宜用不小于计算尺寸且大小不同的石块掺杂抛投,使抛石保持一定的充实度。如采用嵌固的抛石防护类型,宜采用打桩嵌固方法,效果较好。

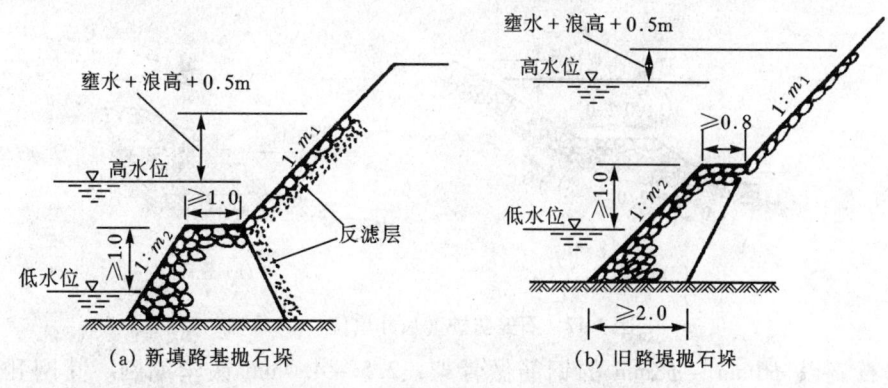

图 4-16 抛石防护(尺寸单位:m)

表 4-2　　　　　　　　　　　　　抛石边坡坡度参考值

水文条件	采用边坡
水浅，流速较小	1∶1.25～1∶2
水深2～6m，流速较大，波浪汹涌	1∶2～1∶3
水深大于6m，在急流中施工	缓于1∶2

表 4-3　　　　　　　　　　　　抛石粒径与水深、流速的关系

抛石粒径/cm	水深/m				
	0.4	1.0	2.0	3.0	5.0
	容许流速/(m/s)				
15	2.7	3.00	3.40	3.70	4.00
20	3.15	3.45	3.90	4.20	4.50
30	3.5	3.95	4.25	4.45	5.00
40	—	4.30	4.45	4.80	5.05
50	—	—	4.85	5.00	5.40

② 石笼防护。石笼防护主要用于缺乏大石块的地区，防护沿河路堤坡脚的河岸免受急流和大风浪的破坏，同时也是加固河床、防止冲刷的常用措施。在含有大量泥沙的急流及基底土壤良好的条件下，特别适宜石笼防护，因为石笼中石块间的空隙将很快被泥砂淤满而形成整体。石笼防护可在一年中任何时期施工，也可在任何气候条件及水流情况下采用。

石笼的优点是有较好的强度和柔性，不需要较大的石料；其缺点是石笼网日久易锈蚀损坏，使石笼解体，因此，宜采用镀锌铁丝编笼。镀锌铁丝石笼的使用期为8～12年。

如用石笼防止冲刷淘底时，一般在河底将石笼平铺并与坡脚线垂直，同时固定坡脚处的尾端，靠河床中心一端不必固定，淘底时便于沉落。当石笼用以防止岸坡受冲刷时，则用叠码或平铺于坡面的形式，见图4-17。它的外形一般为箱形、圆柱形、扁形、柱形等几种，见图4-18。石笼的尺寸、装石粒径及有关数据见表4-4。

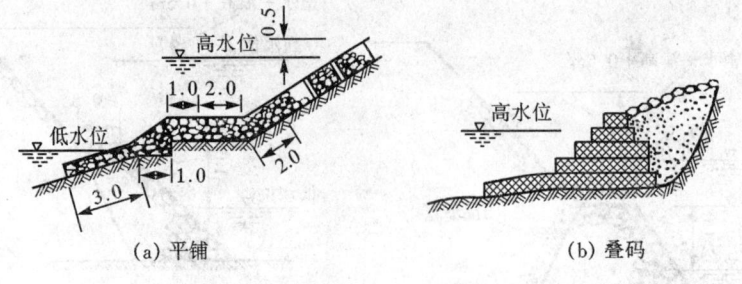

图 4-17　石笼防护（尺寸单位：m）

铁丝石笼以 $\phi 6mm\sim\phi 8mm$ 的钢筋做骨架，2.5～4.0mm 铁丝编网。其网孔一般为 6cm×8cm、8cm×10cm 及 12cm×15cm 的六角形。长度较大的石笼，应在内部设横墙或铁丝拉线。石笼下面的基础，最好用碎石或砾石铺垫整平，厚度一般为 0.2～0.4m。底层石笼宜用 $\phi 16mm\sim\phi 19mm$ 的铁纤固定在基底上，使之不随水流移动。安置石笼应做到位置正

确,搭叠衔接稳固、紧密,保证其整体作用。编制石笼时,要注意保持各部分尺寸正确,以利于石笼与石笼之间的紧密连接,用机器将铁丝弯成网孔元件,在工地上再编结成网或笼,既可提高效率,又能保证质量。

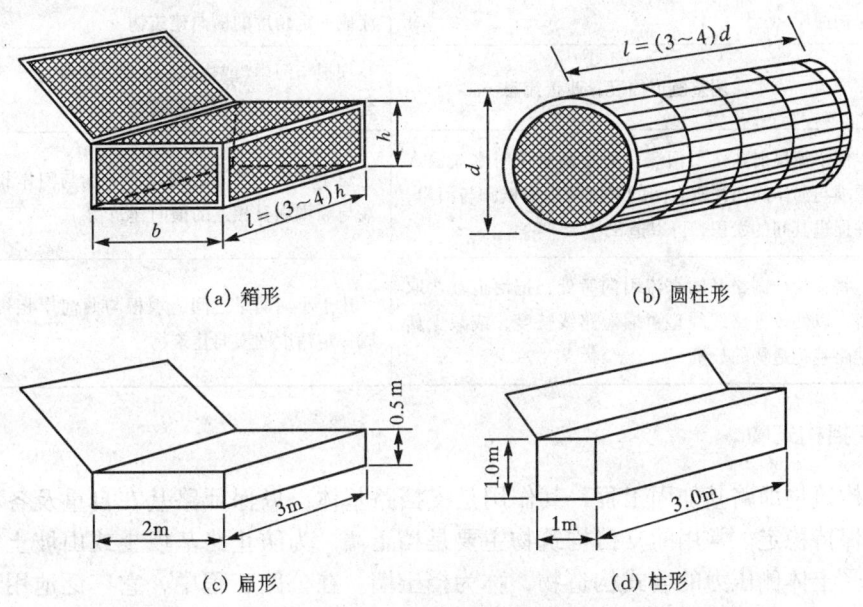

图 4-18　石笼的形式

表 4-4　　　　　　　　石笼的尺寸、装石料径及有关数据

石笼		适用石笼种类	表面积/m²	容积/m³	装石粒径/cm
形式	尺寸/cm				
箱形	3×1×1	铁丝笼及木笼	14.0	3.0	5~20
箱形	3×2×1	铁丝笼及木笼	22.0	6.0	5~20
扁形	4×2×0.5	铁丝笼	22.0	4.0	5~20
扁形	2×1×0.25	铁丝笼	5.5	0.5	5~20
扁形	3×2×2.5	铁丝笼	17.0	3.0	5~20
扁形	4×3×0.5	铁丝笼	31.0	6.0	5~20
扁形	3×1×0.5	铁丝笼	10.0	1.5	5~20
圆柱形	φ0.5×1.5	铁丝笼及木笼	2.4	0.3	5~15
圆柱形	φ0.6×2.0	铁丝笼及木笼	3.8	0.30	5~15
圆柱形	φ0.7×2.0	铁丝笼及木笼	4.4	0.77	5~15

(2) 间接防护

间接防护,就是采用导流与调治构造物,改变水流方向,达到路基防护的目的。调治构造物是指以改变水流方向为主的水工建筑物。在路基工程防护中采用调治构造物,使水流轴线方向偏离路基岸边,或降低防护处水的流速,促使泥沙淤积,从而起到保护路基安全的作用。调治构造物的类型及其作用大致如表 4-5 所示。

表4-5　　　　　　　　　　　调治构造物的类型及作用

类型	作　用	说　明
丁坝	将水流挑离路基或河岸，束河归槽，改善流态，保护河岸	坝根与河岸（或边滩）相接，坝头伸向河槽，与水流成一定角度的横向建筑物
顺坝	导流、束水，调整航道曲度，改善流态	坝根与河岸（或边滩）相接，坝身与导治线基本重合或平行的纵向导流建筑物
格坝	使水流反射入主要河床，防止高水位时水流溢入顺坝与河岸间而冲刷其间的河床及坝内坡脚与河岸，并促进其间的淤积，可以造田	建于顺坝与河岸之间，其一端与河岸相连，另一端与顺坝坝身相连的横向建筑物
拦河坝	将直接冲刷路基的水流引向旁处，把河道裁弯取直，以便改善路线线型，缩短线长度，或减少其他路基构造物的数量	建于小河两岸之间，坝根与两河岸相接，与水流成一定角度的横向建筑物

4.2.3　支挡构筑物

　　支挡构筑物即路基加固工程，其作用是支挡路基体，以保证路基在自重及各种自然因素作用下保持稳定。常用的支挡构筑物主要是挡土墙。为防止路基填土或山坡土体坍塌而修筑的承受土体侧压力的墙式构造物，称为挡土墙。在公路工程中，它广泛地用于支撑路堤填土或路堑边坡，以及桥台、隧道洞口和河流堤岸等处。挡土墙因施工方便，可就地取材，适应性强，公路上得到广泛的使用。挡土墙的基本构造及各部分名称见图4-19。

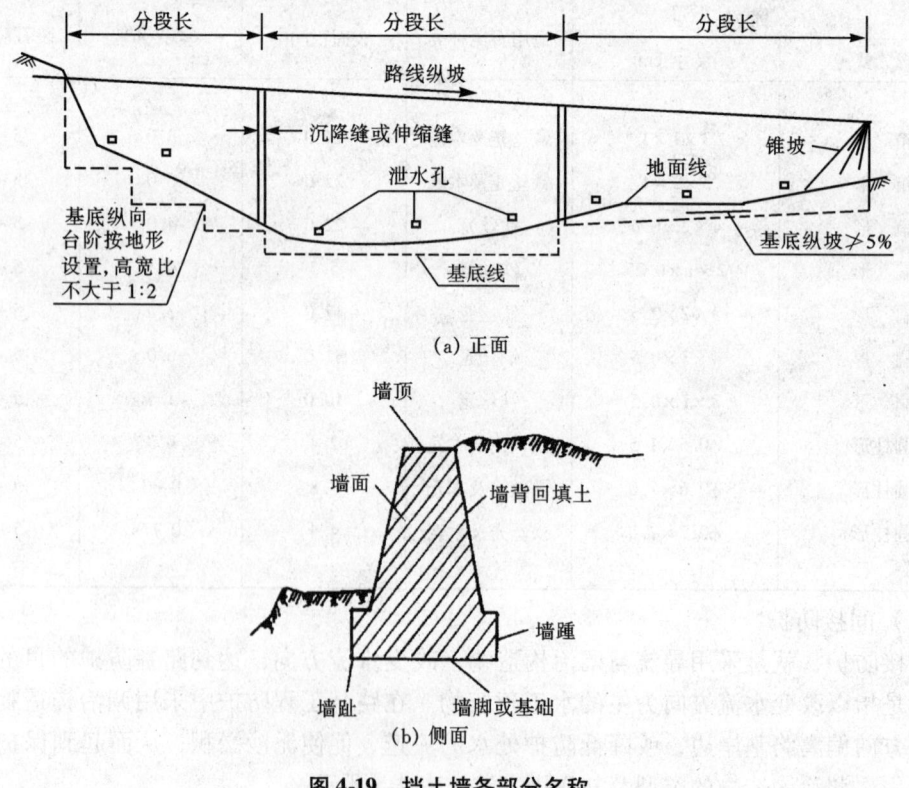

图4-19　挡土墙各部分名称

按照挡土墙设置的位置,挡土墙可分为路堑墙、路堤墙、路肩墙和山坡墙等类型。按照挡土墙的结构形式,挡土墙可分为重力式挡土墙、锚定式挡土墙、薄壁式挡土墙、加筋土挡土墙等。按照挡土墙的墙体材料,挡土墙可分为石砌挡土墙、混凝土挡土墙、钢筋混凝土挡土墙、钢板挡土墙等。

工程中,通常以普通重力式挡土墙、衡重式挡土墙和加筋土挡土墙为主。

(1) 普通重力式挡土墙

普通重力式挡土墙是依靠自身重力来抵抗路基土压力,保持路基稳定的结构物。

① 基础。普通重力式挡土墙一般采用明挖基础,当基底松软或水下挖基困难时,可采用换填基础、桩基础或沉井基础。对于土质地基,墙趾的埋置深度为至少1m;有冲刷时,在冲刷线以下至少1m;冻胀地区,应在冻结线以下至少0.25m,冻胀深度超过1m时,基底应换填一定厚度的砂砾或碎石垫层,且垫层底面应在冻结线以下至少0.25m。对碎石、砂类地基基础埋深不宜小于1m;对岩石地基,应清除表面风化层,如风化层较厚,基础应嵌岩0.25~1.0m,墙趾前应有足够的襟边宽度。

② 砌筑。砌筑前,应将石料表面的泥垢清扫干净并用水保持湿润。砌筑时,外面线应顺直整齐,内面线可大致顺适,砌筑过程中应经常校正线杆。浆砌石底面应卧浆铺砌,立缝填浆补实,不得有空隙和立缝贯通现象。施工缝位置宜设在伸缩缝和沉降缝处,水平缝应一致。分段砌筑时,相邻段的高差不宜超过1.2m。砌体外的浆缝需留1.2cm深的缝槽,以便砂浆勾缝。

(a) 浆砌片石:浆砌片石宜分层砌筑,应长短相间地与里层砌块咬接成一体,上下层石块交错排列,避免竖缝重合。砌体中的片石应大小搭配,相互错叠,咬紧密实,较大的片石,宜用在下面并配有小石块,作挤浆填缝之用,片石间以砂浆隔开。

(b) 浆砌块石:浆砌块石用做镶面的块石,表面四周应修整,块石应平砌,每层石料高度应做到基本齐平。外圈定位和镶面的石块应一丁一顺排列。

(c) 料石砌筑:每层镶面料石均应事先按规定灰缝宽及错缝要求配好石料,再用铺浆法顺序砌筑和随砌随填立缝,并应先砌角石。镶面石砌筑完毕后,方可砌填心石,其高度与镶面石齐平。

③ 墙顶。墙顶宜用粗料石或现浇混凝土做成顶帽,路肩墙顶面宽宜用大石块砌筑,5号砂浆勾缝和抹面,并均应在墙顶外缘线留出10cm的帽檐儿。

④ 墙背填料。砌体砂浆强度达70%以上时,方可回填墙背填料,并应优先选择渗水性较好的砂砾土填筑。浸水挡土墙背应全部用水稳性和透水性较好的材料填筑。墙背回填要均匀摊铺平整,并设不小于3%的横坡逐层填筑,逐层夯实。每层压实厚度不宜超过20cm,碾压机具和填料性质、厚度及碾压遍数应经过试验确定。

(2) 衡重式挡土墙

衡重式挡土墙利用衡重台上填土和全墙重心后移增加墙身稳定,减小断面尺寸;且因其墙面胸坡很陡,下墙墙背仰斜,可降低墙高,减少开挖工作量,避免过多地牵动山体的稳定,适用于山区、地面横坡较陡的地方。作为路堑墙时,有时还可以利用台后净空拦挡山坡落石。衡重式挡土墙基底面积较小,对地基承载力要求较高,因此应设置在较坚实的地基上。

衡重式挡土墙(图4-20)的胸坡通常采用1:0.05,上墙墙背俯斜,坡率在1:0.25~1:0.45之间,下墙墙背仰斜,坡率为1:0.25,上墙、下墙的高度比采用2:3,衡重台宽度由检算确定。

衡重式挡土墙的构造及其他要求与普通重力挡土墙相同。

(3) 加筋土挡土墙

加筋土挡土墙具有圬工工程量少、地基强度要求不高、抗震性能好、造价低、施工方便、进度快等特点，在公路工程中已广泛应用于挡土墙和桥台部位。

① 加筋土挡土墙的构造。加筋土挡土墙（如图4-21）是由墙面板、筋带、加筋体填料和基础四部分组成的，依靠填料与筋带的摩擦力来平衡面板所受的水平土压力（即加筋土挡土墙的内部稳定），并以这一复合结构去抵抗筋带尾部所产生的土压力（即加筋土挡土墙的外部稳定）。

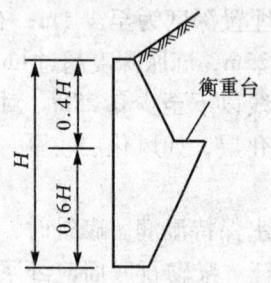

图 4-20　衡重式挡土墙示意图　　图 4-21　加筋土挡土墙结构示意图

墙面板一般采用混凝土预制件，其强度等级不应低于C20，厚度不应小于8cm。混凝土面板外形可选用十字形、槽形、六角形、L形、矩形等，墙顶和角隅处可采用异形面板和角隅面板。

筋带有扁钢带、钢筋混凝土带、聚丙烯土工带等材料，但高等级公路应采用扁钢带或钢筋混凝土带。

扁钢带的宽度不应小于30mm，厚度不应小于3mm，宜用软钢（3号钢）轧制，光面或有肋均可，表面一般应镀锌或采取其他措施进行防锈处理。

钢筋混凝土带应分节预制，分节长度一般宜小于300cm，平面为长条形或楔形，断面宽10~25cm，厚6~10cm，内布设直径不小于8mm的钢筋网。混凝土的强度等级不宜低于C18。预制件的接长或与面板连接，可采用焊接或螺栓结合，结点应作防锈处理。

加筋体填料最好采用有一定级配的砾类土和砂类土；也可采用碎石土、黄土、中低液限黏性土、稳定土及满足质量要求的工业废渣；在采取可靠技术措施后方可采用高液限黏性土及其他特殊土，禁止采用腐殖土、冻结土、自垩土及硅藻土等。浸水部分应采用水稳性好的填料。

加筋土挡土墙的基础是指墙面板下的基础，其主要作用是便于安砌墙面板。因此，这种基础可以做得很小，其断面视地基、地形条件而定，一般用宽大于0.3m、高度大于0.15m的条形基础即可。

② 加筋土挡土墙的施工工艺。加筋土挡土墙的施工程序为：基底处理——基础浇筑——预制墙面板——安装、调整墙面板——铺设拉筋——填土、碾压。现分述如下。

（a）基底处理。基底土要求反复碾压达到95%的压实度。如因基底土质不良无法满足压实度要求，则必须进行处理。

（b）基础浇筑。按照测量放线的位置安装基础横板，在基础内侧，根据基础顶面标高画出墨线，按此墨线钉上塑料三角条，现浇混凝土时，用此三角条控制基顶标高。在条形基础上，测定底层墙板边线，并用10cm见方木料设置墙板临时支撑，见图4-22。条形基础一般为20号混凝土。

(c) 预制墙面板。预制墙板采用专用钢模板（一般十字形墙板采用钢模板，L形墙板采用木模板）。模板要求有足够的刚度和强度，几何尺寸误差应控制在0～-2mm之间，组装拆模方便，并具有一模多用等特点。墙板外侧花纹，由具有花纹面的聚丁橡胶模垫预先铺于模板内形成。预制时要求配合比准

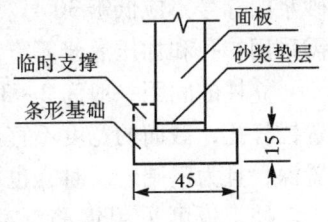

图4-22 条形基础

确，振捣密实，无裂纹，墙板外侧平整（或花纹要清晰），墙板内侧要粗糙。养护28d，其强度应达到设计要求。

(d) 安装、调整墙板。当挡墙的基础混凝土强度达到70%以上时，即可安装第一层墙板。安装墙板用吊车、大平板车各一辆。首先在条形基础上铺以砂浆垫层，起吊底层墙板安置定位，墙板内外侧均支以撑木，以防倾倒。然后在底层墙板的预留孔中插入传力杆，将标准板安置于底层板之间。墙板在起吊升降定位时要求平稳，慢速轻放，切忌碰撞。所有墙板在安装前必须仔细检查，有裂纹、缺陷者，一律弃之不用。

墙板安装就位后，其竖向应符合设计边坡要求，横向应使每层墙板均在同一水平线上。因此，必须对墙板进行调整。

(e) 铺设拉筋。待填土达到一定位置时，即可铺设第一层拉筋，拉筋铺设时应水平散开呈扇形，筋条之间不要重叠，以防减少拉筋与填料之间的摩擦力。

(f) 填土碾压。每层筋条的填料一般分两层填铺，用平地机整平，每次松铺厚度一般为20～30cm，碾压后的压实度，要求达到95%。如经工地快速试验未达到压实度标准，必须将该层填土翻松，调整土的含水量（若水分偏多，则让其自然蒸发；若水分偏少，则用洒水车适量洒水），然后重新整平碾压，直至符合标准。按照经验，距离墙板2m内的填土采用1.5t小型压路机碾压，2m以外用12～15t压路机碾压。

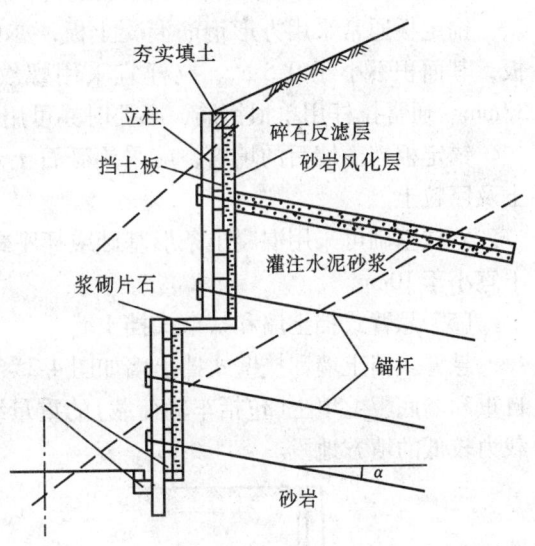

图4-23 锚杆式挡土墙

(4) 锚杆式挡土墙和锚定板式挡土墙

① 锚杆式挡土墙。锚杆式挡土墙是由钢筋混凝土墙面和锚杆组成的支挡构造物，见图4-23。它依靠锚固在稳定地层的锚杆所提供的拉力维持挡土墙的平衡，多用于具有较完整岩石地段的路堑边坡支挡。深路堑锚杆挡土墙可以自上而下逐级施工，比较方便和安全。

锚杆式挡土墙一般由立柱、挡土板和灌浆锚杆组成，可以采用拼装式，也可以就地灌注。为便于施工，一般为直立式，根据不同的地形地质条件，可作成单级和多级。多级墙的上、下两级之间应设置平台，平台的宽度通常不小于1.5m，每级墙的高度一般不宜大于6m。

锚杆孔采用钻机钻孔。一般向下倾斜10°～45°，直径为100～150mm，间距不小于2.0m。孔内安放钢筋或钢丝束，用灌注水泥砂浆的方法，使其锚固于稳定的地层内。水泥

砂浆的标号不应低于30号。灌浆锚杆也可用于土层，但由于土层与锚杆间的握固力较低，需采用扩孔和加压灌浆等方法提高锚杆的抗拔力。

立柱的间距一般为2～3m，立柱的截面多为矩形，也有的为T形。为安放挡土板和设置锚杆孔，截面的宽度不宜小于30cm。立柱的底端，一般做成自由端和铰支端，如基础埋置深，且为坚硬岩石时，也可作为固结端。

挡土板可采用钢筋混凝土槽形板、空心板和矩形板。矩形板的厚度一般不得小于15cm。挡土板两端与立桩的搭接长度不得小于10cm。

② 锚定板式挡土墙。锚定板式挡土墙是一种适用于填方的轻型挡土结构。见图4-24，它依靠埋置于填料中的锚定板所提供的抗拔力维持挡土墙的稳定。其主要特点是结构轻、柔性大。

锚定板挡土墙由立柱、挡土板、锚定板、钢拉杆、连接件和填料组成，一般还设有基础，见图4-24。单级的墙高不宜大于6m；双级的上下两级之间，宜设平台，平台宽度不小于1.5m，上下两级墙的立柱错开布置。

锚定板挡土墙的立柱和挡土板与锚杆挡土墙的相似。

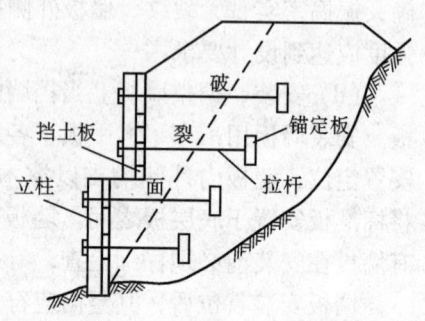

图4-24　锚定板式挡土墙

锚定板通常采用方形钢筋混凝土板，亦可采用矩形板，其面积不小于0.5m²。拉杆宜采用螺纹钢筋，其直径不宜小于22mm，亦不宜大于32mm。通常拉杆用单根钢筋，必要时亦可用两根钢筋组成。

锚定板挡土墙后的填料，应采用砾石土及细粒土。不得采用膨胀土、盐渍土、有机质土及巨粒土。

立柱基础可采用混凝土条形基础或杯座式基础等，立柱基础厚度不宜小于50cm，襟边不宜小于10cm。

(5) 悬臂式挡土墙和扶壁式挡土墙

悬臂式挡土墙和扶壁式挡土墙如图4-25、图4-26所示，是轻型支挡结构物。依靠墙身自重和墙底板上填土（包括车辆荷载）的重量维持挡土墙的稳定，适用于石料缺乏和地基承载力较低的填方地段。

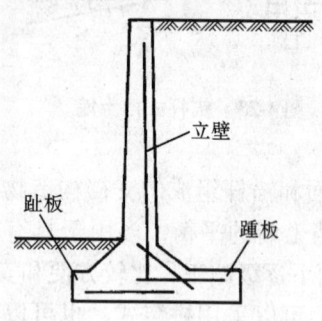

图4-25　悬臂式挡土墙

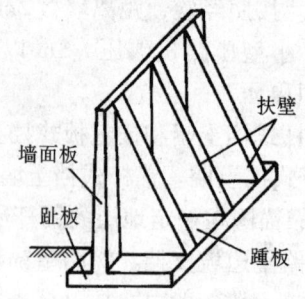

图4-26　扶壁式挡土墙

① 悬臂式挡土墙。由立壁和墙底板组成。墙高一般不大于6m。当墙高大于4m时，宜在立臂前设置加劲肋；为了增加挡土墙的抗滑稳定性，减少墙踵板的长度，通常在墙踵板的底部设置凸榫（防滑键）。见图4-25。

立壁为固结于墙底板的悬臂梁。为了便于施工，立壁的背坡一般为竖直，胸坡一般为

1∶0.02～1∶0.05。墙顶的最小厚度通常采用15～25cm，路肩挡土墙不宜小于20cm。当墙身较高时，宜在立壁的下部将截面加厚。

墙底板由踵板和趾板两部分组成。墙踵板顶面水平，其长度由全墙的抗滑稳定验算确定，厚度通常为墙高的1/12～1/10，且不应小于80cm。墙趾板的长度根据全墙的抗倾覆、基底应力和偏心距等条件确定。墙趾板与立壁衔接处的厚度与墙踵板相同，朝墙趾方向一般设置向下倾斜的坡度，墙趾端的最小厚度为30cm。

② 扶壁式挡土墙。扶壁式挡土墙，由墙面板、墙趾板、墙踵板和扶壁组成。墙高一般不宜大于10m。墙趾板的构造与悬臂式挡土墙相同。

墙面板通常为等厚的竖直板，与扶壁和墙踵板固结相连。其厚度，低墙决定于板的最小厚度，高墙则根据配筋要求确定。墙面板的最小厚度与悬臂式挡土墙相同，见图4-26。

4.3 质量控制与检测评定

4.3.1 排水工程的质量要求

排水工程应严格按设计及施工规范的要求施工，依照实际地形，选择合适的位置，将地面水和地下水排出路基以外。

（1）管节预制

① 基本要求如下。

（a）所用的水泥、砂、石、水、外加剂和掺合料的质量和规格应符合有关规范的要求，按规定的配合比施工。

（b）混凝土应符合耐久性（抗冻、抗渗、抗侵蚀）等设计要求。

（c）不得出现露筋和空洞现象。

② 实测项目及质量允许偏差。管节预制的实测项目及质量允许偏差见表4-6。

表4-6　　　　　　　　　　　管节预制实测项目

项次	检查项目	规定值或允许偏差	检查方法和频率	权值
1	混凝土强度/MPa	在合格标准内	按有关方法检查	3
2	内径/mm	不小于设计	尺量：2个断面	2
3	壁厚/mm	不小于设计壁厚-3	尺量：2个断面	2
4	顺直度	矢度不大于0.2%管节长	沿管节拉线量，取最大矢高	1
5	长度/mm	+5，-0	尺量	1

（2）管道基础及管节安装

① 基本要求如下。

（a）管材必须逐节检查，不得有裂缝、破损。

（b）基础混凝土强度达到5MPa以上时，方可进行管节铺设。

（c）管节铺设应平顺、稳固，管底坡度不得出现反坡，管节接头处流水面高差不得大于5mm。管内不得有泥土、砖石、砂浆等杂物。

（d）管道内的管口缝，当管径大于750mm时，应在管内作整圈勾缝。

（e）管口内缝砂浆平整密实，不得有裂缝、空鼓现象。

（f）抹带前，管口必须洗刷干净，管口表面应平整密实，无裂缝现象。抹带后应及时覆盖养生。

（g）设计中要求防渗漏的排水管须做渗漏试验，渗漏量应符合要求。

② 实测项目及质量允许偏差。管道基础及管节安装工程的实测项目及质量允许偏差如表4-7所示。

表4-7　　　　　　　　　　　管道基础及管节安装实测项目

项次	检查项目		规定值或允许偏差	检查方法和频率	权值
1	混凝土抗压强度或砂浆强度/MPa		在合格标准内	按有关方法检查	3
2	管轴线偏位/mm		15	经纬仪或拉线：每两井间测3处	2
3	管内底高程/mm		±10	水准仪：每两井间测2处	2
4	基础厚度/mm		不小于设计	尺量：每两井间测3处	1
5	管座	肩宽/mm	+10，-5	尺量、挂边线：每两井间测2处	1
		肩高/mm	±10		
6	抹带	宽度	不小于设计	尺量：按10%抽查	2
		厚度	不小于设计		

（3）检查（雨水）井砌筑

① 基本要求如下。

（a）井基混凝土强度达到5MPa以上时，方可砌筑井体。

（b）砌筑砂浆配合比准确，井壁砂浆饱满，灰缝平整。圆形检查井内壁应圆顺，抹面密实光洁，踏步安装牢固。

（c）井框、井盖安装必须平稳，井口周围不得有积水。

② 实测项目及质量允许偏差。（雨水）井砌筑工程的实测项目及质量允许偏差如表4-8所示。

表4-8　　　　　　　　　　　检查（雨水）井砌筑实测项目

项次	检查项目		规定值或允许偏差	检查方法和频率	权值
1	砂浆强度/MPa		在合格标准内	按有关方法检查	3
2	轴线偏位/mm		50	经纬仪：每个检查井检查	1
3	圆井直径或方井长、宽/mm		±20	尺量：每个检查井检查	1
4	井底高程/mm		±15	水准仪：每个检查井检查	1
5	井盖与相邻路面高差/mm	雨水井	+0，-4	水准仪、水平尺：每个检查井检查	2
		检查井	+4，-0		

（4）土沟

① 基本要求如下。

（a）土沟边坡必须平整、坚实、稳定，严禁贴坡。

（b）沟底应平顺整齐，不得有松散土和其他杂物，排水畅通。

② 实测项目及质量允许偏差。土沟工程的实测项目及质量允许偏差如表4-9所示。

（5）浆砌排水沟

① 基本要求如下。

（a）砌体砂浆配合比准确，砌缝内砂浆均匀饱满，勾缝密实。

（b）浆砌片（块）石、混凝土预制块的质量和规格应符合设计要求。

(c) 基础中缩缝应与墙身缩缝对齐。
(d) 砌体抹面应平整、压光、直顺,不得有裂缝、空鼓现象。
② 实测项目及质量允许偏差。

表 4-9　　　　　　　　　　　土沟实测项目

项次	检查项目	规定值或允许偏差	检查方法和频率	权值
1	沟底高程/mm	+0,-30	水准仪:每200m测4处	2
2	断面尺寸/mm	不小于设计	尺量:每200m测2处	2
3	边坡坡度	不陡于设计	尺量:每200m测2处	1
4	边棱直顺度/mm	50	尺量:20m拉线,每200m测2处	1

浆砌排水沟工程的实测项目及质量允许偏差如表 4-10 所示。

表 4-10　　　　　　　　　　浆砌排水沟实测项目

项次	检查项目	规定值或允许偏差	检查方法和频率	权值
1	砂浆强度/MPa	在合格标准内	按有关方法检查	3
2	轴线偏位/mm	50	经纬仪或尺量:每200m测5处	1
3	沟底高程/mm	±15	水准仪:每200m测5点	2
4	墙面直顺度/mm 或坡度	30 或符合设计要求	20m拉线、坡度尺:每200m测2处	1
5	断面尺寸/mm	±30	尺量:每200m测2处	2
6	铺砌厚度/mm	不小于设计	尺量:每200m测2处	1
7	基础垫层宽、厚/mm	不小于设计	尺量:每200m测2处	1

(6) 盲沟
① 基本要求如下。
(a) 盲沟的设置及材料的质量和规格应符合设计要求和施工规范的规定。
(b) 反滤层应用筛选过的中砂、粗砂、砾石等渗水性材料分层填筑。
(c) 排水层应采用石质坚硬的较大粒料填筑,以保证排水孔隙度。
② 实测项目及质量允许偏差。盲沟的实测项目及质量允许偏差如表 4-11 所示。

表 4-11　　　　　　　　　　　盲沟实测项目

项次	检查项目	规定值或允许偏差	检查方法和频率	权值
1	沟底高程/mm	±15	水准仪:每10~20m测1处	1
2	断面尺寸/mm	不小于设计	尺量:每20m测1处	1

4.3.2 挡土墙、防护及其他砌筑工程

(1) 砌体挡土墙
① 基本要求如下。
(a) 石料或混凝土预制块的质量和规格应符合有关规范和设计要求。
(b) 砂浆所用的水泥、砂、水的质量应符合有关规范的要求,按规定的配合比施工。
(c) 地基承载力必须满足设计要求。
(d) 砌筑应分层错缝。浆砌时坐浆挤紧,嵌填饱满密实,不得有空洞;干砌时不得松动、叠砌和浮塞。
(e) 沉降缝、泄水孔、反滤层的设置位置、质量和数量应符合设计要求。

② 实测项目及质量允许偏差。砌体挡土墙工程的实测项目及质量允许偏差如表4-12、表4-13所示。

表 4-12　　　　　　　　　　砌体挡土墙实测项目

项次	检查项目		规定值或允许偏差	检查方法和频率	权值
1	砂浆强度/MPa		在合格标准内	按有关方法检查	3
2	平面位置/mm		50	经纬仪：每20m检查墙顶外边线3点	1
3	顶面高程/mm		±20	水准仪：每20m检查1点	1
4	竖直度或坡度/%		0.5	吊垂线：每20m检查2点	1
5	断面尺寸/mm		不小于设计	尺量：每20m量2个断面	3
6	底面高程/mm		±50	水准仪：每20m检查1点	1
7	表面平整度/mm	块石	20	2m直尺：每20m检查3处，每处检查竖直和墙长两个方向	1
		片石	30		
		混凝土块、料石	10		

表 4-13　　　　　　　　　　干砌挡土墙实测项目

项次	检查项目	规定值或允许偏差	检查方法和频率	权值
1	平面位置/mm	50	经纬仪：每20m检查3点	2
2	顶面高程/mm	±30	水准仪：每20m测3点	2
3	竖直度或坡度/%	0.5	尺量：每20m吊垂线检查3点	1
4	断面尺寸/mm	不小于设计	尺量：每20m检查2处	2
5	底面高程/mm	±50	水准仪：每20m测1点	2
6	表面平整度/mm	50	2m直尺：每20m检查3处，每处检查竖直和墙长两个方向	1

(2) 悬臂式和扶臂式挡土墙

① 基本要求如下。

(a) 混凝土所用的水泥、石、砂、水和外掺剂的质量和规格应符合有关规范的要求，按规定的配合比施工。

(b) 地基强度必须满足设计要求。

(c) 不得有露筋和空洞现象。

(d) 沉降缝、泄水孔的设置位置、质量和数量应符合设计要求。

② 实测项目及质量允许偏差。悬臂式和扶臂式挡土墙工程的实测项目及质量允许偏差如表4-14所示。

(3) 锚杆、锚碇板和加筋土挡土墙

① 基本要求如下。

(a) 混凝土所用的水泥、砂、石、水和外掺剂的质量和规格必须符合有关规范的要求，按规定的配合比施工。

(b) 地基强度应符合设计要求。

(c) 锚杆、拉杆或筋带的质量和规格，必须满足设计和有关规范的要求，根数不得少于设计数量。

(d) 筋带须理顺，放平拉直，筋带与面板、筋带与筋带连接牢固。

表 4-14　悬臂式和扶臂式挡土墙实测项目

项次	检查项目	规定值或允许偏差	检查方法和频率	权值
1	混凝土强度/MPa	在合格标准内	按有关方法检查	3
2	平面位置/mm	30	经纬仪：每20m检查3点	1
3	顶面高程/mm	±20	水准仪：每20m检查1点	1
4	竖直度或坡度/%	0.3	吊垂线：每20m检查2点	1
5	断面尺寸/mm	不小于设计	尺量：每20m检查2个断面，抽查扶臂2个	2
6	底面高程/mm	±30	水准仪：每20m检查1点	1
7	表面平整度/mm	5	2m直尺：每20m检查2处，每处检查竖直和墙长两个方向	1

（e）混凝土不得出现露筋和空洞现象。

② 实测项目及质量允许偏差。锚杆、锚碇板和加筋土挡土墙工程的实测项目及质量允许偏差如表 4-15、表 4-16、表 4-17、表 4-18、表 4-19 所示。

表 4-15　筋带实测项目

项次	检查项目	规定值或允许偏差	检查方法和频率	权值
1	筋带长度	不小于设计	尺量：每20m检查5根(束)	2
2	筋带与面板连接	符合设计要求	目测：每20m检查5处	2
3	筋带与筋带连接	符合设计要求	目测：每20m检查5处	2
4	筋带铺设	符合设计要求	目测：每20m检查5处	1

表 4-16　锚杆、拉杆实测项目

项次	检查项目	规定值或允许偏差	检查方法和频率	权值
1	锚杆、拉杆长度	符合设计要求	尺量：每20m检查5根	2
2	锚杆、拉杆间距/mm	±20	尺量：每20m检查5根	1
3	锚杆、拉杆与面板连接	符合设计要求	目测：每20m检查5处	2
4	锚杆、拉杆防护	符合设计要求	目测：每20m检查10处	2
5	锚杆抗拔力	抗拔力平均值≥设计值 最小抗拔力≥0.9设计值	拔力试验：锚杆数1%，且不少于3根	3

表 4-17　面板预制实测项目

项次	检查项目	规定值或允许偏差	检查方法和频率	权值
1	混凝土强度/MPa	在合格标准内	按有关方法检查	3
2	边长/mm	±5 或 0.5%边长	尺量：长宽各量1次，每批抽查10%	2
3	两对角线差/mm	10 或 0.7%最大对角线长	尺量：每批抽查10%	1
4	厚度/mm	+5，-3	尺量：检查2处，每批抽查10%	2
5	表面平整度/mm	4 或 0.3%边长	2m直尺：长、宽方向各测1次，每批抽查10%	1
6	预埋件位置/mm	5	尺量：检查每件，每批抽查10%	1

表 4-18　　　　　　　　　　　　　　　面板安装实测项目

项次	检查项目	规定值或允许偏差	检查方法和频率	权值
1	每层面板顶高程/mm	±10	水准仪：每20m抽查3组板	1
2	轴线偏位/mm	10	挂线、尺量：每20m量3处	2
3	面板竖直度或坡度	+0，-0.5%	吊垂线或坡度板：每20m检查3处	1
4	相邻面板错台/mm	5	尺量：每20m面板交界处检查3处	1

注：面板安装以同层相邻两板为一组。

表 4-19　　　　　　　　　　　锚杆、锚碇板和加筋土挡土墙总体实测项目

项次	检查项目		规定值或允许偏差	检查方法和频率	权值
1	墙顶和肋柱平面位置/mm	路堤式	+50，-100	经纬仪：每20m检查3处	2
		路肩式	±50		
2	墙顶和柱顶高程/mm	路堤式	±50	水准仪：每20m测3点	2
		路肩式	±30		
3	肋柱间距		±15	尺量：每柱间	1
4	墙面倾斜度/mm		+0.5%H且不大于+50，-1%H且不小于-100	吊垂线或坡度板：每20m测2处	2
5	面板缝宽/mm		10	尺量：每20m至少检查5条	1
6	墙面平整度/mm		15	2m直尺：每20m测3处	1

注：①平面位置和倾斜度"+"指向外，"-"指向内。
　　②H为墙高。

(4) 砌石工程

① 基本要求如下。

(a) 石料质量、规格及砂浆所用材料的质量应符合设计要求。

(b) 砌块应错缝砌筑、相互咬紧；浆砌时砌块应坐浆挤紧，嵌缝后砂浆饱满，无空洞现象；干砌时不松动、无叠砌和浮塞。

② 实测项目及质量允许偏差。锚砌石工程的实测项目及质量允许偏差如表4-20、表4-21所示。

表 4-20　　　　　　　　　　　　　　　浆砌砌体实测项目

项次	检查项目		规定值或允许偏差	检查方法和频率	权值
1	砂浆强度/MPa		在合格标准内	按有关方法检查	3
2	顶面高程/mm	料、块石	±15	水准仪：每20m检查3点	1
		片石	±20		
3	竖直度或坡度	料、块石	0.3%	吊垂线：每20m检查3点	2
		片石	0.5%		
4	断面尺寸/mm	料石	±20	尺量：每20m检查2处	2
		块石	±30		
		片石	±50		
5	表面平整度/mm	料石	10	2m直尺：每20m检查5处×3尺	2
		块石	20		
		片石	30		

表 4-21　　　　　　　　　　　　干砌片石实测项目

项次	检查项目	规定值或允许偏差	检查方法和频率	权值
1	顶面高程/mm	±30	水准仪：每20m测3点	1
2	外形尺寸/mm	±100	尺量：每20m或自然段，长宽各3处	2
3	厚度/mm	±50	尺量：每20m检查3处	3
4	表面平整度/mm	50	2m直尺：每20m检查5处×3尺	2

其他的工程，如排水泵站、抗滑桩、锥坡、护坡、石笼防护等的实测项目及质量允许偏差详见《公路工程质量检验评定标准》（JTGF 80/1—2004）。

第5章 路面基层(底基层)施工

直接位于沥青面层用高质量材料铺筑的主要承重层,或直接位于水泥混凝土面板下用高质量材料铺筑的结构层称为基层。在沥青路面基层下铺筑的次要承重层或在水泥混凝土路面基层下铺筑的辅助层称为底基层。基层(底基层)按组成材料分为碎砾石、稳定土和石灰工业废渣等三大类。本章主要介绍它们的技术要求、施工方法和质量管理。

5.1 碎砾石基层(底基层)施工

碎砾石材料作为路面结构的基层及底基层主要有两种结构。一种是由各种粗集料按最佳级配原理修筑而成的级配碎石、砾石基层。另一种是用单一尺寸的粗粒碎石、砾石做骨料,用石屑填充孔隙的填细碎石基层。由于基层种类的不同,其强度的形成原理也有所不同,对原材料的要求及施工方法也不尽相同。

5.1.1 级配碎、砾石基层

级配碎、砾石基层由各种粗集料按最佳级配原理修筑而成。级配碎石、砾石用大小不同的材料按一定比例配合、逐级填充空隙,并借黏土黏结,经过压实后,能形成充实结构。级配碎石、砾石基层强度是由摩阻力和黏结力构成,具有一定的水稳性和力学强度。

(1) 材料要求

粗细碎石集料和石屑各占一定比例的混合料,当其颗粒组成符合密级配要求时,称级配碎石。级配碎石做基层时,材料应该满足下列要求。

① 石料应具有足够的强度,且不低于Ⅲ级。

② 碎、砾石的压碎值,高等级公路不大于30%,一般公路不大于35%。

③ 碎、砾石中的扁平、长条颗粒总含量应不超过20%。

④ 用于基层时,碎、砾石的最大粒径不应超过40mm;用于底基层时,碎、砾石的最大粒径不应超过50mm。

⑤ 颗粒组成和塑性指数应满足表5-1、表5-2的规定。同时,级配曲线宜圆滑居中,严格控制小于0.5mm以下的细料含量与塑性指数,且两者的乘积对于中、干旱地区不应大于120,对于潮湿多雨地区不应大于100。

石屑或其他细集料是指碎石场的细筛余料,或专门轧制的细碎石集料,其颗粒组成为0~10mm,并具有良好的级配。

天然砂砾的颗粒尺寸应该合适,必要时应筛除其中的超尺寸颗粒。天然砂砾或粗砂应有较好的级配。

(2) 级配碎、砾石施工

级配碎、砾石施工应做到:集料级配满足要求,配料要准确,细料的塑性指数要符合规定的要求,掌握好松铺厚度,路拱横坡符合规定的要求,拌和均匀,避免粗细颗粒离析。级配碎、砾石施工有路拌法和集中拌和法两种方法。

表 5-1　　　　　　　　　级配碎石混合料的颗粒组成范围

类型	通过下列筛孔(mm)的质量百分率/%								液限/%	塑性指数
	37.5	31.5	19.0	9.5	4.75	2.36	0.6	0.075		
1	100	90~100	73~88	49~69	29~54	17~37	8~20	0~7	<28	<6 或 9
2		100	85~100	52~74	29~54	17~37	8~20	0~7	<28	<6 或 9

注：① 潮湿多雨地区的基层塑性指数不大于6，其他地区的塑性指数不大于9。
　　② 对于无塑性的混合料，小于0.075mm的颗粒含量应接近高限，使压实后的基层透水性小。
　　③ 类型1用做二级和二级以下公路的基层，类型2用做高速公路和一级公路的基层。

表 5-2　　　　　　　　　级配砾石混合料的颗粒组成范围

类型	通过下列筛孔(mm)的质量百分率/%									液限/%	塑性指数
	53	37.5	31.5	19.0	9.5	4.75	2.36	0.6	0.075		
1	100	90~100	81~94	63~81	45~66	27~51	16~35	8~20	0~7	<28	<6 或 9
2		100	90~100	73~88	49~69	29~54	17~37	8~20	0~7	<28	<6 或 9
3			100	85~100	52~74	29~54	17~37	8~20	0~7	<28	<6 或 9

注：潮湿多雨地区的基层塑性指数不大于6，其他地区的塑性指数不大于9。

① 路拌法施工：施工工艺见图5-1。

(a) 施工放样。恢复中线，并在两侧路肩边缘外0.3~0.5m设指示桩，逐个断面进行高程测量，并在指示桩上标记结构层的设计高度。

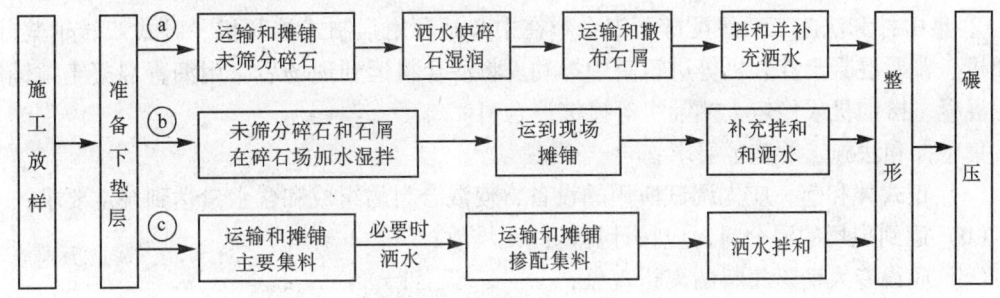

图 5-1　级配碎石、砾石基层（底基层）施工流程

(b) 准备下承层。土基或垫层等下承层的表面应平整、坚实，具有一定的路拱，没有松散材料和软弱地方。下承层的平整度和压实度应满足规范的要求。下承层必须用12~15t的三轮或等效的压路机进行碾压，碾压3~4遍后检验，发现过干、松散、低坑、搓板、车辙或过湿"弹簧"现象，应采用填补、耙松洒水碾压、挖开晒干、换土、掺石灰或集料等措施进行处理。

对于底基层，压实度检查和弯沉测定的结果不符合要求的，应采用补充碾压、换填好料、挖开晾晒等措施。检查各断面的标高是否满足要求。槽式断面路段，两侧路肩每隔5~10m应交错开挖泄水沟。

(c) 计算材料用量。根据各路段基层或底基层的宽度、厚度及预定的干密度，计算所需要的各种集料的数量，并推算每车材料的堆放间距。

（d）运输和摊铺集料。同一料场的路段，运输应由远到近按计算的间距堆放，堆放的时间不宜过长，一般仅提前数天。料堆间每隔一定距离应留缺口用来排水。事先通过试验确定集料的松铺系数，一般人工摊铺时为1.40~1.50，平地机摊铺时为1.25~1.35。

级配碎石的未筛分碎石摊铺平整后，在其较湿润的情况下，向上运送石屑，用平地机并辅以人工将石屑均匀地摊铺在碎石层上，或用石屑撒布机将石屑直接均匀地撒布在碎石层上。采用粗细不同的多种集料时，应将粗集料铺在下面，并处于湿润状态，再将细集料铺在上面。

（e）拌和及整形。拌和时，稳定土拌和机应拌两遍以上，且深度应到级配碎石底层，最后一遍拌和前，可先用拌和机贴底面翻拌一遍。结束时，混合料的含水量应均匀，并较最佳含水量大1%左右，且不应出现离析现象。

平地机整平，并具有一定的路拱后，用压路机快速初压一遍，再用平地机进行整平和整形。在整形中，应禁止车辆通行。

（f）碾压。整形后，应立即用12t以上三轮压路机、振动压路机或轮胎压路机进行碾压。应由两侧路肩向路中心，由曲线内侧向外侧进行碾压，后轮应重叠1/2轮宽，且须超过两段的接缝处。一般需碾压6~8遍，并使表面没有明显轮迹。头两遍的速度宜为1.5~1.7km/h，以后为2.0~2.5km/h。路面两侧区域应多压2~3遍。

严禁在已完成或正在碾压的路段上"调头"或急刹车。含有土的级配碎(砾)石基层，应进行滚浆碾压，直到表层没有多余的细土为止，然后将表层薄层土清除干净。

（g）接缝处理。两作业段的衔接处，应搭接拌和。第一段拌和后，应留5~8m不碾压。第二段施工时，将留下的部分一起加水拌和，整平后一起碾压。

应避免纵向接缝。在必须分幅铺筑时，纵缝应搭接拌和。前一幅全宽碾压密实，在后一幅拌和时，应将相邻的前幅边部约30cm搭接拌和，整平后一起碾压密实。

② 集中拌和法施工。级配碎石混合料在中心站利用强制式拌和机、卧式双转轴桨叶式拌和机、普通混凝土拌和机等进行集中拌和。将混合料运到现场后，用沥青混凝土摊铺机、水泥混凝土摊铺机或稳定土摊铺机等摊铺混合料。

集中拌和法施工的基本要求：

（a）正式拌和前，应先调试所用的设备，使混合料的组成和含水量达到规定要求；

（b）运到现场的混合料，应按计算的间距堆放；

（c）应设专人消除集料的离析现象；

（d）用平地机进行整形与碾压，满足施工规范要求；

（e）进行横向接缝与纵向缝的处理，处理方法正确、规范。

5.1.2 填隙碎石基层

用单一尺寸的粗粒碎石、砾石做骨料，形成嵌锁作用，石屑填充孔隙，增加密实度和稳定性，这种结构称为填细碎石。

（1）材料要求

用做基层时，碎石的最大粒径不应超过60mm；用做底基层时，最大粒径不应超过8mm。石料的压碎值，用做基层时不大于26%，用做底基层时不大于30%。扁平、长条颗粒总含量应不超过15%。粗碎石的颗粒组成应满足表5-3的要求。细集料应是干燥的，最大粒径不应大于10mm，轧制时得到的5mm以下的细筛余料（石屑）是最好的填隙细集料，见表5-4。

表5-3 粗碎石的颗粒组成

序号	标准尺寸/mm	通过下列筛孔（mm）的质量百分率/%							
		63	53	37.5	31.5	26.5	19	16	9.5
1	30～60	100	25～60	—	0～15	—	0～5	—	—
2	25～50	—	100	25～50	0～15	—	—	0～5	—
3	20～40	—	—	100	35～70	—	0～15	—	0～5

表5-4 填隙料的颗粒组成

筛孔尺寸/mm	9.5	4.75	2.36	0.6	0.075	塑性指数
通过百分率/%	100	85～100	50～70	30～50	0～10	<6

（2）填隙碎石基层施工

填隙碎石的施工工艺流程见图5-2。

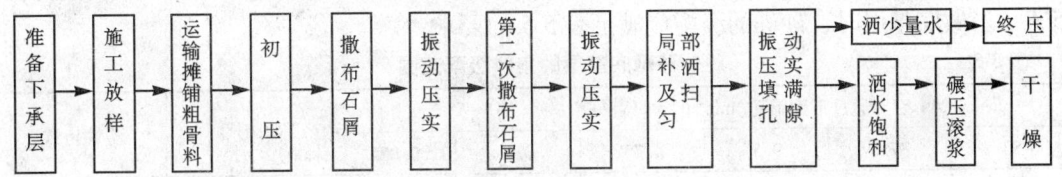

图5-2 填隙碎石施工工艺流程

① 准备下承层和施工放样。准备下承层和施工放样的过程及施工要点与级配碎、砾石基层路拌法相同。要求下承层表面应平整、坚实，具有规定的路拱、平整度和压实度，没有任何松散的材料和软弱地点。

② 备料。根据各路段基层或底基层的宽度、厚度及松铺系数（1.20～1.30），计算粗碎石的需要量和每车料的堆放间距，填隙料的用量约为粗碎石的30%～40%。

③ 运输和摊铺粗料石。碎石装车时，应控制每车料的数量基本相等，碎石运到现场后可用平地机或其他合适的机具将粗料石均匀地摊铺，检验松铺材料的厚度是否符合规定的要求。

④ 撒铺填隙料和碾压。

干法施工方法如下。

（a）初压：用8t两轮压路机碾压初压3～4遍，使粗料石稳定。结束时，表面应平整，并具有规定的路拱和纵坡。

（b）撒铺填隙料：用石屑撒布机或类似设备将干填隙料均匀地撒布在已初压的粗料石层上，松铺厚度约2.5～3.0cm，并扫匀。

（c）碾压：用振动压路机慢速碾压，将全部填隙料振入粗料石间的孔隙中，方法与初压相同。第二次撒铺填隙料和碾压：用石屑撒布机或类似设备将干填隙料再次均匀地撒布在已初压的粗料石层上，松铺厚度约2.0～2.5cm，并扫匀。振动压路机经补料再次碾压，直至全部孔隙填满，并清扫表面多余的填隙料，直至看到粗料石。孔隙全部填满后，用12～15t三轮压路机再碾压1～2遍。碾压前，宜在表面先洒水约3kg/m²。厚度过大时，应分层摊铺和碾压。压实后的下层表面应清扫干净,使粗料石外露 5~10mm,再摊铺和碾压上层。

湿法施工方法如下。

初压、撒铺填隙料、碾压、再撒铺填隙料和碾压的过程与干法施工相同。

粗料石表面孔隙全部填满后,应立即洒水,直至饱和,但勿使多余水浸泡下承层。用 12~15t 三轮压路机在洒水车后进行碾压。碾压过程中,将湿填隙料扫入孔隙中,直至细集料和水形成粉砂浆为止。粉砂浆的数量,以在压路机轮前能形成微波纹状为宜。停留一段时间,结构层水分散失变干后,将表面清扫干净。厚度过大时,应分层摊铺和碾压。

(3) 天然砂砾基(垫)层施工

天然砂砾基(垫)层,是天然砂砾经摊铺压实形成的路面结构。它所应用的材料不完全符合级配要求,但可就地取材,施工简易,造价低廉。天然砂砾一般含土少,水稳性好,易做路面的底基层和垫层。尤其是在路基处于潮湿和季冻区,可改善路基水温状况,提高其稳定性及增加路面防冻厚度。

天然砂砾压实后具有较高的强度和水稳性。对天然砂砾的颗粒组成,施工中应给予适当的控制,以便稳定成型。砾石的最大粒径,以不大于 60mm 为宜,其厚度一般为 10~20cm。其颗粒组成中,大于 20mm 的粗骨料要占 40% 以上,0.5mm 以下的细料应小于 15%。当做底基层时,砂砾的级配应满足表 5-5 的要求。

表 5-5　　　　　　　　　　砂砾底基层的集料级配范围

通过下列筛孔(mm)的重量百分率/%						液限/%	塑性指数
53	37.5	9.5	4.75	0.6	0.075		
100	80~100	40~100	25~85	8~45	0~15	<25	<6

天然砂砾层、(垫)层的施工准备工作和施工程序与级配碎、砾石基层的施工相同。

5.2 稳定土基层施工

采用一定的技术措施,使土成为具有一定强度与稳定性的筑路材料,以此修筑的路面基层称为稳定土基层。稳定土的方法有多种,按其技术措施不同可分为:机械方法、加入掺加剂法等。稳定土在道路工程中已得到广泛应用,尤其是用无机结合料石灰和水泥稳定的石灰土、水泥土等,具有较高的抗压强度和抗弯拉强度,稳定性好,抗冻性好,具有良好的路面使用品质。在修筑水泥混凝土路面和沥青混凝路面时,稳定土常被选为基层或底基层。

5.2.1 稳定土基层的材料要求

(1) 土质

土的类别和性质是影响稳定土强度的重要因素。各种砂砾土、砂土、粉土和黏性土均可作为稳定土的材料。要求:土要易于粉碎,便于碾压成型。用做基层时,最大粒径不应超过 40mm;用做底基层时,不超过 50mm。颗粒组成应满足的要求,见表 5-6。水泥稳定类做底基层时,土的均匀系数应大于 5,实际施工中宜大于 10。

水泥稳定类时,液限不宜超过 25%,塑性指数不宜超过 17;有机质含量不应大于 2%,硫酸盐含量不应大于 0.25%;有机质含量超过 2% 以及塑性指数偏高的土必须先用石灰进行处理,才可用水泥稳定。水泥稳定砂时,可在砂中掺入少量塑性指数小于 12 的黏性土,以便于碾压,有机质含量不应超过 10%,硫酸盐含量不应超过 0.8%。

(2) 集料

基层(底基层)所用的碎、砾石应具有一定的抗压能力,一般公路的基层不大于35%,底基层不大于40%;高等级公路不大于30%。水泥稳定类、石灰稳定类的集料的颗粒组成应满足表5-7、表5-8的要求。

表5-6   稳定类基层土的颗粒组成范围

层次	通过下列筛孔(mm)的重量百分率/%										
	53	37.5	26.5	19	19	9.5	4.75	2.36	1.18	0.6	0.075	0.002
基层		100	55~100	40~100	30~90	18~68	10~55	6~45	3~36		8~47	0~30
底基层	100			50~100				15~100			0~50	0~30

表5-7   水泥稳定类集料的颗粒组成范围

层次	通过下列筛孔(mm)的重量百分率/%								
	37.5	31.5	26.5	19	9.5	4.75	2.36	0.6	0.075
基层		100	90~100	72~89	47~67	29~49	17~35	8~227	0~7
底基层	100	90~100		67~90	45~68	29~50	18~38	8~22	0~7

注:集料中0.5mm以下细粒土有塑性指数时,小于0.075mm的颗粒含量不应超过5%;细粒土无塑性指数时,小于0.075mm的颗粒含量不应超过7%。

表5-8   石灰稳定类集料的颗粒组成范围

层次	通过下列筛孔(mm)的重量百分率/%								
	37.5	31.5	26.5	19	9.5	4.75	2.36	0.6	0.075
基层		100	90~100	55~80	40~65	28~50	20~40	10~20	0~10
底基层	100	90~100	60~85	50~70	40~60	27~47	20~40	10~30	0~15

(3) 水泥

技术指标满足要求的硅酸盐水泥、矿渣水泥或火山灰水泥都可用于稳定土,但应选用终凝时间在6h以上的水泥。不得使用快凝水泥、早强水泥以及受潮变质水泥,最好采用低标号的水泥。

(4) 石灰

应满足Ⅲ级以上的生石灰或消石灰的技术指标。实际使用时,应尽量缩短石灰的存放时间,如需存放较长时间,应覆盖封存,妥善保管。外石灰、贝壳石灰、珊瑚石灰等应通过试验,若稳定土混合料的强度符合规范的要求,也可使用。高等级公路的基层、底基层宜采用磨细生石灰。

(5) 水质

无有害物质的人、畜饮用的水均可使用。

5.2.2 石灰稳定土施工

石灰稳定土一般采用路拌法,在高等级公路施工中,则较多地采用集中拌和法。

路拌法施工的主要工序见图 5-3。

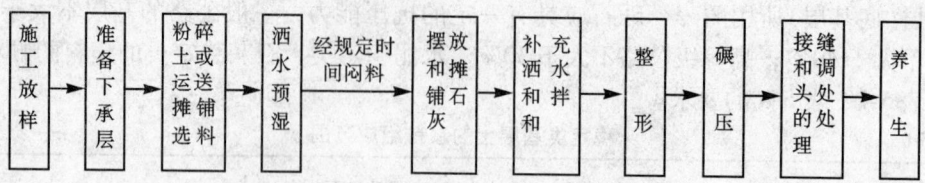

图 5-3　石灰稳定土基层（底基层）施工流程

5.2.3　水泥稳定土施工

水泥稳定土的施工，与石灰稳定土的施工方法基本相同，同样可分为路拌法和集中拌和法。

路拌法工艺流程见图 5-4。

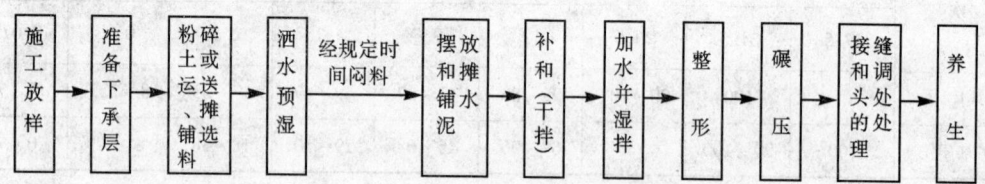

图 5-4　水泥稳定土路拌法施工工艺流程

5.3　石灰工业废渣基层施工

工业废渣包括：粉煤灰、煤渣、高炉矿渣、钢渣、其他冶金矿渣、煤矸石等。路用工业废渣一般用石灰进行稳定，故通常称为石灰稳定工业废渣。它包括两大类：一是石灰粉煤灰类，如石灰粉煤灰土、石灰粉煤灰砂砾、石灰粉煤灰碎石等，这些材料简称为二灰类材料；二是其他废渣类，如石灰煤渣土、石灰煤渣砂砾、石灰煤渣碎石等。用石灰工业废渣铺筑的路面基层和底基层，分别称为石灰工业废渣基层和石灰工业废渣底基层。石灰工业废渣材料具有良好的力学性能、板体性、水稳性和一定的抗冻性，可适用于各种交通类别道路的基层和底基层。

5.3.1　材料要求

（1）结合料

工业废渣基层所用的结合料，可以是石灰或石灰下脚料，石灰质量要符合《石灰的技术指标》规定的Ⅲ级消石灰的技术指标。要尽量缩短石灰的存放时间，并采取覆盖措施，妥善保管。石灰下脚料是指含有氧化钙或氢氧化钙成分的各种工业废渣，如电石渣、贝壳石灰、炼钢厂下脚料、石灰窑下脚料等。其活性氧化钙含量一般在 40% 以上，当活性氧化钙含量较低时，应该在采用前做一些试验。对于石灰粉煤灰混合料，其所用石灰下脚料的活性氧化钙含量不应低于 3%～4%。对于石灰水淬渣或石灰煤渣混合料，其所用下脚料中活性氧化钙含量不应低于 20%。

（2）活性材料

活性材料当有水分存在时，能在常温下和石灰发生化学作用，使混合料的强度逐渐增加。道路工程中得到广泛应用的煤渣、粉煤灰、水淬渣、钢渣等材料都具有一定的活性，在饱和的氢氧化钙溶液中会发生火山灰反应，能产生氢氧化钙结晶和硅酸钙、铝酸钙结晶，形成一定的整体性和水硬性材料。

① 粉煤灰：是火力发电厂燃烧煤粉产生的粉状灰渣。主要成分是二氧化硅、三氧化二铝和三氧化二铁。其含量应大于70%；粉煤灰的烧失量一般应小于20%；粉煤灰的面积比应大于2500cm^2/g。干湿粉煤灰都可以使用，但湿粉煤灰的含水量不宜超过35%。粉煤灰的粒径范围在0.001~0.3mm之间，但大部分在0.01~0.3mm之间。从施工方面来看，粗颗粒对含水量的敏感性比细者为小，因此尽量选用偏粗的粉煤灰。

② 煤渣：是经锅炉燃烧后的残渣，它的干松密度在700~1100kg/m^{3}之间。煤渣的颗粒组成宜以粗细搭配，略有级配，不含杂质为佳。煤渣的最大粒径不应大于30mm，煤渣中含煤量最好不超过20%。

③ 钢渣：是炼钢副产品，钢渣的粒径不应大于50mm，钢渣中游离氧化钙的粒径不大于5mm。严禁使用新渣、冶炼前期渣。水渣呈蜂窝状，较轻，强度低的不能单独使用。钢渣的物理力学性质见表5-9。

表5-9　　　　　　　　　　钢渣的物理力学性质

类别	松密度/(kg/cm^3)	密度/(kg/cm^3)	吸水率/%	块体抗压强度/MPa	压碎率/%
平炉混合钢渣	1500~1800	3300~3500	1.28~3.42	39.2~78.4	大于28
转炉混合钢渣	1500~1800	3300~3160	0.54~3.16	88.2~78.4	大于26

（3）集料

干石灰稳定工业废渣中可掺入一些集料，包括细粒土、中粒土和粗粒土，高炉重矿渣，钢渣及性质坚韧、稳定、不再分解的其他废渣等。

① 细粒土：宜采用塑性指数12~20的黏性土，土中15~25mm的土块不宜超过5%，且有机质含量不宜超过10%。

② 中粒土和粗粒土：使用二灰混合料时，应符合如下要求。

混合料做底基层时，粒料的最大粒径不应超过50mm；混合料做基层时，粒料的最大粒径不应超过40mm；碎石、砾石或其他废渣骨料的抗压碎能力应不大于30%。石灰工业废渣混合料中粒料质量宜占80%以上，并具有良好的级配，见表5-10和表5-11。

表5-10　　　　　　　　　　二灰级配砂粒中集料的颗粒组成范围

序号	通过下列筛孔(mm)的质量百分率/%								
	37.5	31.5	19.0	9.50	4.75	2.36	1.18	0.60	0.075
1	100	85~100	65~85	50~70	35~55	25~45	17~35	10~27	0~15
2		100	85~100	55~75	39~59	27~47	17~35	10~25	0~10

表5-11　　　　　　　　　　二灰级配碎石中集料的颗粒组成范围

序号	通过下列筛孔(mm)的质量百分率/%								
	37.5	31.5	19.0	9.50	4.75	2.36	1.18	0.60	0.075
1	100	90~100	72~90	48~68	30~50	18~38	10~27	6~20	0~7
2		100	81~98	5~70	30~50	18~38	10~27	6~20	0~7

石灰工业废渣混合料中宜掺入适量的粗集料，主要目的是提高这类混合料的初期承载

能力，因为工业废渣初期的化学反应不显著，加入粗骨料能增进颗粒间的锁结力。因此对于需要早期开放重车的交通道路，以及在冬季、雨季施工时，均应掺加粗集料。

5.3.2 混合料组成设计

石灰工业废渣的组成设计包括：根据二灰混合料的强度标准，通过试验选取最适宜于稳定的土，确定石灰粉煤灰、石灰与煤渣及石灰与其他废渣的比例，确定石灰粉煤灰、石灰与煤渣及石灰或其他废渣与土或碎石等材料的比例，确定混合料的最佳含水量。

混合料的配比范围：

① 采用石灰粉煤灰做基层或底基层时，石灰与粉煤灰的比例可以是1∶2～1∶9；

② 采用石灰粉煤灰土做基层或底基层时，石灰与粉煤灰的比例常用1∶2～1∶4；石灰粉煤灰与土的比例可以是30∶70～90∶10；

③ 采用石灰粉煤灰粒料做基层或底基层时，石灰与粉煤灰的比例常用1∶2～1∶4；石灰粉煤灰与级配粒料的比例可以是20∶80～15∶85；

④ 采用石灰煤渣做基层或底基层时，石灰与煤渣的比例可以是20∶80～15∶85；

⑤ 采用石灰煤渣土做基层或底基层时，石灰与煤渣的比例可以用1∶1～1∶4；石灰煤渣与细粒土比例可以是1∶1～1∶4，但混合料中石灰不应少于10%，或通过试验选取强度较高的配合比；

⑥ 采用石灰煤渣粒料做基层或底基层时，石灰、煤渣、粒料的比例为(7～9)∶(26～33)∶(67～58)。

为提高石灰工业废渣的早期强度，可外加1%～2%的水泥或2%～5%的外加剂。

5.3.3 二灰混合料强度标准

二灰混合料的7天浸水抗压强度标准规定见表5-12。

表5-12 二灰混合料强度标准

层 位 \ 公路等级	高速公路、一级公路	其他公路
基层	0.8～1.1	0.6～0.8
底基层	≥0.6	≥0.5

5.3.4 施工工艺

石灰粉煤灰稳定土，可以利用常规的施工设备进行拌和、摊铺和碾压。其施工要点是混合料的组成成分要拌和均匀，摊铺到合适的厚度，压实至规定的密实度。目前工程中，采用集中拌和法与路拌法。

（1）集中拌和法

为保证配料准确，拌和均匀，应尽可能地采用中心站集中拌和法。其生产工艺流程见图5-5。

① 拌和。拌和可在中心站采用强制式拌和机、双转轴桨叶式拌和机，也可用路拌机械在场地上分批集中拌和。要求：土块、粉煤灰块要粉碎；配料要准确；含水量要略大于最佳含水量；拌和要均匀；石灰应贮藏在筒仓中，粉煤灰可露天覆盖堆放，含水量宜在15%～20%。

第5章 路面基层（底基层）施工

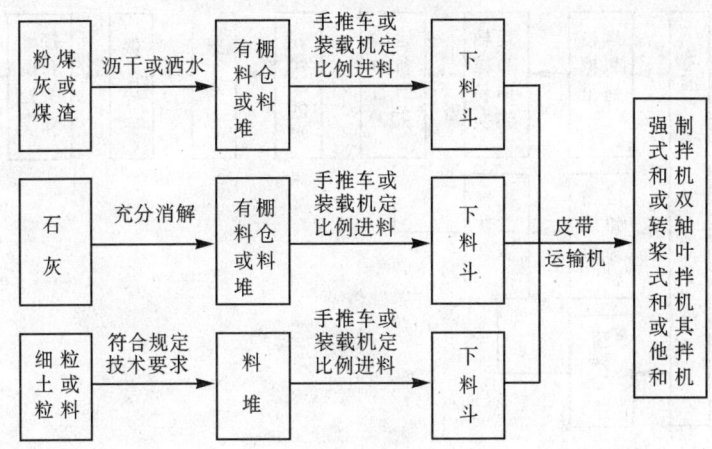

图 5-5　石灰工业废渣集中拌和工艺流程

② 运输。运输可以用普通的自卸车运料，并适当覆盖，以防水分损失或沿路飞扬。

③ 摊铺。混合料运到现场后，应尽可能用机械摊铺，应注意摊铺均匀，保证一定的平整度。

④ 压实。可用轮胎压路机、振动压路机等进行压实。轻型压路机初压后，可用重型钢轮压路机进行碾压，并在终压前，用平地机进行整平。一般压实厚度为 15~18cm，重型振动压路机可达 20~25cm。若设计厚度较大，应分层摊铺压实，上下层的施工间隔时间不宜过长，最好在同一天铺筑。下层不应有松散材料，摊铺上层时，下层的表面应保持潮湿。

（2）路拌法

路拌法一般用于二级和二级以下公路的施工。施工过程中，应注意混合料的均匀性和粗细颗粒的离析现象。

① 下承层的准备。用石灰粉煤灰处理原路上的集料时，应检验集料是否合格，并能满足混合料的级配要求。若原路上集料中的细料是黏土矿物，可先用石灰处理，增加混合料的和易性。施工步骤为：翻挖原路上的土集料，必要时进行粉碎；整平按要求的宽度和厚度摊铺的土料层，以便摊铺石灰和粉煤灰；撒布拌和均匀的石灰和粉煤灰混合料；拌和混合料，并使混合料具有一定的含水量；整平混合料达到要求的厚度；压实达到规定的密实度。

② 撒布石灰和粉煤灰。对于密实式石灰粉煤灰混合料，应先将石灰和粉煤灰拌和均匀后，再撒铺到粒料层上。若需作短时间堆放，应处在干燥状态。对于悬浮式混合料，应先撒布粉煤灰再撒布石灰。粉煤灰宜在含水量 15%~25% 的状态下撒布，石灰和粉煤灰应摊铺均匀。

③ 拌和。一般采用转轴式拌和机进行拌和，如宝马拌和机。也可使用平地机进行拌和，但应注意离析现象。拌和过程中，拌和底层不得留有"素土"或"素粒土"夹层。

④ 压实。压实过程与集中拌和法相同。

⑤ 养生。养生期一般为 7d，若石灰粉煤灰作为底基层，需养生 10~14d，再铺筑上面的结构层。

⑥ 透层或下封层。石灰粉煤灰集料基层养生结束后，宜开放交通一段时间，以磨去表面的二灰薄层，露出集料颗粒，清扫表面浮土，然后喷洒透层沥青或做下封层。

工艺流程见图 5-6。

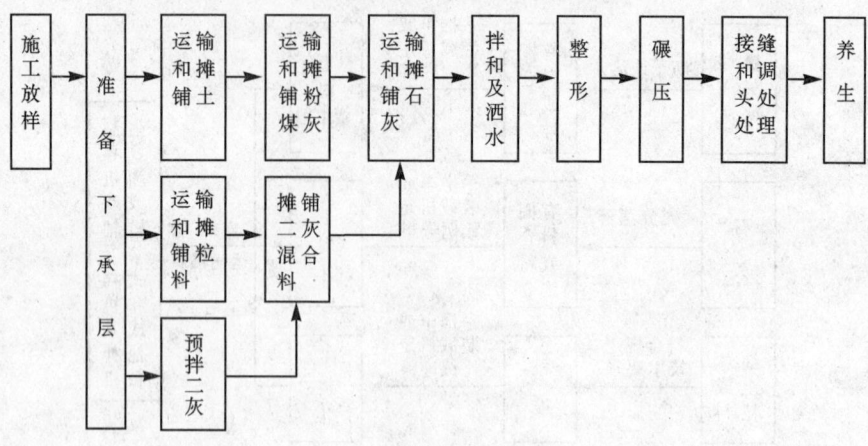

图 5-6　石灰工业废渣工艺流程图（路拌法）

5.4　质量控制与检查验收

基层或底基层的质量控制可分为原材料标准试验、不同类型基层或底基层施工过程质量控制和外形尺寸管理三个方面。检查验收的目的是判定完成的路面结构层是否满足设计文件与施工规范的要求。

5.4.1　质量控制

（1）原材料标准试验

在组织现场施工以前及在原材料或混合料发生变化时，必须对拟采用的材料进行规定的基本性质试验，以评定材料质量是否符合要求，以及某种土是否适宜用水泥或石灰稳定。一般地，对用做基层或底基层的原材料，应按表5-13所列的试验项目及方法进行检验。对初步确定使用的基层或底基层混合料，包括掺配后不用结合料稳定的材料，应按表5-14所列的试验项目及方法进行检验。

表 5-13　　　　　　　　　基层或底基层原材料的试验项目及方法

试验项目	材料名称	目　的	频　度	仪器和试验方法
含水量	土、砂砾、碎石等集料	确定原始含水量	每天使用前测2个样品	烘干法或含水量快速测定仪，酒精法
颗粒分析	砂砾、碎石等集料	确定级配是否符合要求，确定材料配合比	每种土使用前测2个样品，使用过程中每2000m^3测2个样品	筛分法（含土材料用湿筛分）
液限、塑限	土、级配砾石或级配碎石、0.5mm以下的细土	求塑性指数，审定是否符合要求	每种土使用前测2个样品，使用过程中每2000m^3测2个样品	100g平衡锥测液限，搓条法测塑限
相对密度 吸水率	砂砾、碎石等集料	评定粒料质量，计算固定体积率	使用前测2个样品，砂砾使用过程中每2000m^3测2个样品，碎石种类变化重做2个样品	压碎值仪
压碎值	砂砾、碎石等集料	评定石料的抗压碎值能力是否符合要求	使用前测2个样品，砂砾使用过程中每2000m^3测2个样品，碎石种类变化重做2个样品	

续表 5-13

试验项目	材料名称	目的	频度	仪器和试验方法
有机质、硫酸盐含量	土	确定土是否适宜于用石灰或水泥稳定	对土有怀疑时做此试验	
有效钙、氧化钙	石灰	确定石灰质量	做材料组成设计和生产使用时分别测2个样品,以后每月测2个样品	
水泥标号终凝时间	水泥	确定水泥质量是否适宜应用	做材料组成设计时测1个样品,料源或标号变化时重测	
烧失量	粉煤灰	确定粉煤灰是否适用	做材料组成设计时测2个样品	

表 5-14 基层或底基层混合料的试验项目及方法

试验项目	目的	仪器和试验方法
重型击实试验	求最佳含水量和最大干密度,以规定工地碾压时的合适含水量和应该达到的最小干密度,确定制备强度试验和耐久性试件所应该用的含水量和干密度,确定制备承载比试件的材料含水量	重型击实试验(手动或电动)
承载比	求工地预期干密度下的承载比,确定材料是否适宜做基层或底基层	路面材料测试仪或其他合适的仪器
抗压强度	进行材料组成设计,选定最适宜用水泥或石灰稳定的土(包括粒料),规定施工中所用的结合料剂量,为工地提供评定质量的标准	路面材料测试仪或其他合适的压力仪

注:表中所列试验方法符合现行有关试验规程的规定。

(2) 施工过程质量控制

施工过程质量控制的主要项目有:含水量、集料级配、石料压碎值、结合料剂量、拌和均匀性、压实度、弯沉值等。表5-15、表5-16、表5-17和表5-18中列出了主要测定频度和质量标准。

表 5-15 无机结合料底基层质量控制项目和质量标准

工程类别	项目	频度	质量标准	达不到要求的参考处理措施	备注
无机结合料底基层	含水量	据观察,异常时随时试验	最佳含水量 -1% ~ +2%	含水量多时晒干,过干时补充洒水	开始碾压时及碾压过程中进行
	级配	据观察,异常时随时试验	在规定范围内	调查原材料,按需要修正现场级配	在料场和施工现场进行,含土集料应用湿筛分法
	均匀性	随时观察	无粗、细集料离析现象	局部添加所缺集料补充拌和或填换新料	在摊铺、拌和、整平中进行
	压实度	每一作业段或不大于2000m² 检查6次以上	96%以上,填隙碎石以固体体积率表示,不小于83%	继续碾压,局部含水量过大或材料不良地点,挖除并换填好料	以灌砂法为准,每个点受压路机的作用次数力求相等
	塑性指数	每1000m² 一次,异常时随时试验	小于规定值	塑性指数高时,掺加砂或石屑,或用石灰、水泥处治	在料场和施工现场进行,塑限用搓条法试验
	承载比	每3000m² 一次,异常时随时增加试验	不小于规定值	废除、换合格的材料,采用其他措施	在料场和施工现场进行,取样进行室内试验
	弯沉值	每一评定段(不超过1km)每车道40~50测点	95%或97.7%概率上波动界限不大于计算得的容许值	继续碾压,局部处理	碾压完成后检验

表 5-16　　　　　　　　　　　无机结合料基层质量控制项目和质量标准

工程类别	项目	频度	质量标准	达不到要求的参考处理措施	备注
无机结合料基层	含水量	据观察,异常时随时试验	最佳含水量 -1% ~ +2%	含水量多时晒干,过干时补充洒水	开始碾压时及碾压过程中进行
	级配	每2000m²一次	在规定范围内	调查原材料,按需要修正现场配合比	整平结束前取样,含土集料采用湿筛分法
	均匀性	随时观察	无粗、细集料离析现象	局部添加所缺集料补充拌和或填换新料	在摊铺、拌和、整平中进行
	压实度	每一作业段或不大于2000m²检查6次以上	级配集料基层和中间层98%,填隙碎石以固体体积率85%	继续碾压,局部含水量过大或材料不良地点,挖除并换填好料	以灌砂法为准,每个点受压路机作用次数力求相等
	塑性指数	每1000m²一次,异常时随时试验	小于规定值	限制0.5mm以下细土用量,用水泥或石灰处治	在料场和施工现场进行,塑限用搓条法试验
	压碎值	据观察,异常时随时试验	不超过规定值	废除、换合格的材料,采用其他措施	在料场和施工现场进行,取样进行室内试验
	承载比	每3000m²一次,异常时增加试验	不小于规定值	废除、换合格的材料,采用其他措施	在料场和施工现场进行,取样进行室内试验
	弯沉值	每一评定段(不超过1km)每车道40~50测点	95%或97.7%概率上波动界限不大于计算得的容许值	继续碾压,局部处理	碾压完成后检验

表 5-17　　水泥或石灰稳定土基层、底基层质量控制项目和质量标准

工程类别	项目		频度	质量标准	达不到要求的参考处理措施	备注
水泥或石灰稳定土基层、底基层	级配		每2000m²一次	在规定范围内	调查原材料，按需要修正现场配合比	指定中粒土和粗粒土，在现场摊铺整平过程中取样
	压碎值		据观察，异常时随时试验	不超过规定值	废除、换合格的材料，采用其他措施	在现场摊铺、整平过程中取样
	水泥或石灰剂量		每一作业段或不大于2000m²检查6次以上，用滴定法或用直读式测钙仪试验，并与实际水泥用量校核	-1.0%	检查原因，进行调查	在现场摊铺、整平过程中取样
	含水量	水泥稳定土	据观察，异常时随时试验	最佳含水量-1%~+2%	含水量多时晒干，过干时补充洒水	拌和过程中、开始碾压时及碾压过程中检验，注意水泥稳定土规定的延迟时间
		石灰稳定土		最佳含水量±1%		
	拌和均匀性		随时观察	无灰条、灰团，色泽均匀，无离析现象	补充拌和，处理粗集料窝和粗集料带	
	压实度	稳定细粒土	每一作业段或不大于2000m²检查6次以上	高速公路和一级公路95%以上，其他公路93%以上	继续碾压，局部含水量过大或材料不良地点，挖除并换填好料	以灌砂法为准，每个点受压路机作用次数力求相等
		稳定中粒土和粗粒土		高速公路和一级公路的底基层96%，基层98%；其他公路底基层95%，基层97%		
	抗压强度		稳定细粒土，2000m² 6个试件，稳定中粒土和粗粒土2000m² 9个和13个试件	符合规定要求	调查原材料，按需要增加结合料剂量，改善材料颗粒组成或采用其他措施	整平过程中随机取样，一处一个样品不应混合，制作时不再拌和，试件密度与现场密度相同
	延迟时间		每一作业段一次	不超过规定值	适当处理，改进施工方法	仅指水泥和综合稳定土，记录从加水拌和到碾压结束的时间

表 5-18　　　石灰工业废渣基层、底基层质量控制项目和质量标准

工程类别	项目		频度	质量标准	达不到要求的参考处理措施	备注
石灰工业废渣基层、底基层	配合比		每 2000m² 一次	石灰 -1%（石灰剂量少于 4% 时，-0.5%）		按用量控制
	级配		每 2000m² 一次	在规定范围内		整平过程中取样，指级配集料
	含水量		据观察，异常时随时试验	最佳含水量 ±1%（二灰土为 ±2%）	含水量多时晒干，过干时补充洒水	拌和过程中、开始碾压时及碾压过程中检验
	拌和均匀性		随时观察	无灰条、灰团，色泽均匀，无离析现象	补充拌和，处理粗集料窝和粗集料带	
	压实度	二灰土	每一作业段或不大于 2000m² 检查 6 次以上	高速公路和一级公路 95% 以上，其他公路 93% 以上	继续碾压，局部含水量过大或材料不良地点，挖除并换填好料	以灌砂法为准，每个点受压路机作用次数力求相等
		其他含粒料的石灰工业废渣		高速公路和一级公路的底基层 96%，基层 98%；其他公路底基层 95%，基层 97%		
	抗压强度		稳定细粒土，2000m² 6 个试件，稳定中粒土和粗粒土 2000m² 9 个和 13 个试件	符合规定要求	调查原材料，按需要增加结合料剂量，改善材料颗粒组成或采用其他措施	试件密度与现场密度相同

（3）外形尺寸管理

外形尺寸主要靠日常管理。外形管理的测量频度和质量标准列于表 5-19 中。

表 5-19　　　外形管理的测量频度和质量标准

工程种类	项目		频度	质量标准	
				高速、一级公路	其他公路
底基层	纵断高程/mm		高速、一级公路每 20m 一个断面，每个断面 3~5 个点；其他公路每 20m 一个点	+5，-15	+5，-20
	厚度/mm	均值	每 1500~2000m² 6 个点	-10	-12
		单个值		-25	-30
	宽度/mm		每 40 延米 1 处	+0 以上	+0 以上
	横坡度/%		每 100 延米 3 处	±0.3	±0.5
	平整度/mm		每 200 延米 2 处，每处连续 10 尺（3m 直尺）	15	20
基层	纵断高程/mm		高速、一级公路每 20m 1 个断面，每个断面 3~5 个点；其他公路每 20m 一个点	+5，-10	+5，-15
	厚度/mm	均值	每 1500~2000m² 6 个点	-8	-10
		单个值		-20	-25
	宽度/mm		每 40 延米 1 处	+0 以上	+0 以上
	横坡度/%		每 100 延米 3 处	±0.3	±0.5
	平整度/mm		每 200 延米 2 处，每处连续 10 尺（3m 直尺）	10	15

5.4.2 检查验收

基层或底基层检查内容包括竣工后的外形、质量，通常以 km 长的路段为评定单位，采用大流水作业法施工时也可以每天完成的段落为评定单位。抽样检查必须是随机的，不能带有任何倾向性，见表 5-20。

表 5-20　　　　　　　　　　竣工外形的检查数量和合格标准值

工程种类	项目		检查频度	质量标准	
				高速、一级公路	其他公路
路基	高程/mm		每200m 4 点	+10，-20	+10，-30
	宽度/mm		每200m 4 处	+0 以上	+0 以上
	横坡度/%		每200m 4 个断面	±0.5	±0.5
	平整度/mm		每200m 2 处，每处连续 10 尺（3m 直尺）	≤20	≤30
底基层	高程/mm		每200m 4 处	+5，-15	+5，-20
	厚度/mm	均值	每200m² 车道 1 点	-10	-12
		单个值		-15	-30
	横坡度/%		每200m 4 个断面	±0.3	±0.5
	宽度/mm		每200m 4 处	+0 以上	+0 以上
	平整度/mm		每200m 2 处，每处连续 10 尺（3m 直尺）	15	20
基层	高程/mm		每200m 4 点	+5，-10	+5，-15
	厚度/mm	均值	每200m² 车道 1 点	-8	-10
		单个值		-15	-20
	宽度/mm		每200m 4 处	+0 以上	+0 以上
	横坡度/%		每200m 4 个断面	±0.3	±0.5
	平整度/mm		每200m 2 处，每处连续 10 尺（3m 直尺）	10	15

注：在底基层施工前应对路基外形进行检查，其检查频度和标准应符合本表的规定。

质量合格的标准见表 5-21。

表 5-21　　　　　　　　　　质量合格的标准值

工程种类	项目	检查数量	标准值	极限低值
路基	压实度	每200m 4 处（灌砂法）	重型压实标准，高速和一级公路不小于95%，其他公路93%以上	90%
	碾压检验	全面，随时	无弹簧现象	
	弯沉值检验	每以评定段（不超过1km）每车道40~50测点	95%或97%概率上波动界限不大于计算得的容许值	
集料底基层	压实度	每200m 6~10 处	96%	91%
	弯沉值	每车道40~50测点		计算得的容许值
级配碎石（或砾石）	压实度	每200m 6~10 处	基层 98%	93%
			底基层 96%	91%
	颗粒组成	每200m 2~3 处	规定级配范围	
	弯沉值	每车道40~50测点		计算得的容许值

续表 5-21

工程种类	项目	检查数量	标准值	极限低值
填隙碎石	压实度(固体体积率)	每200m 6~10处	基层85%	82%
			底基层83%	80%
	弯沉值			计算得的容许值
水泥土、石灰土、二灰、二灰土	压实度	每200m 6~10处	93%(95%)	89%(90%)
	水泥或石灰剂量/%	每200m 3~6处	设计值	水泥 -1.0% 石灰 -2.0%
水泥稳定粒料(土)、石灰稳定粒料(土)、石灰工业废渣(粒料)	压实度	每200m 6~10处	基层98%(97%)	94%(93%)
			底基层96%(95%)	92%(91%)
	颗粒组成	每200m 2~3处	规定级配范围	
	水泥或石灰剂量/%	每200m 3~6处		-1.0%

第6章 沥青路面面层施工

6.1 沥青路面及其特性

6.1.1 沥青路面的特点

沥青路面是采用沥青材料做结合料，黏结矿料而修筑的与各类基层和垫层所组成的路面结构。

由于沥青路面使用了黏结力较强的沥青材料做结合料，不仅增强了矿料颗粒间的黏结力，而且提高了混合料的强度和稳定性，使路面的使用质量和耐久性都得到提高。与水泥混凝土路面相比，沥青路面具有表面平整、无接缝、行车舒适、耐磨性好、震动小、噪声低、施工期短、养护维修方便、适宜分期修建等优点，因而得到越来越广泛的应用。其结构见图 6-1。表 6-1 为我国部分高等级公路所采用的沥青路面结构。

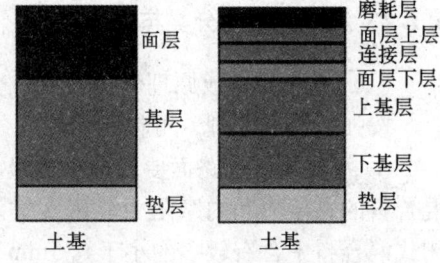

图 6-1 沥青路面结构层组成

表 6-1　　　　　　　我国部分高等级公路采用的沥青路面结构

公路名称	面层类型与厚度	公路名称	面层类型与厚度
西安—铜川一级路	4cm 中粒式沥青混凝土 + 8cm 沥青碎石	西安—临潼高速公路	4cm 中粒式沥青混凝土 + 5cm 粗粒式沥青混凝土 + 6cm 沥青碎石
广州—佛山高速公路	4cm 中粒式沥青混凝土 + 5cm 粗粒式沥青混凝土 + 6cm 沥青碎石	沈阳—大连高速公路	4cm 中粒式沥青混凝土 + 5cm 粗粒式沥青混凝土 + 6cm 沥青碎石
上海—嘉定高速公路	3cm 中粒式沥青混凝土 + 6cm 粗粒式沥青混凝土 + 8cm 沥青贯入式	上海—南京高速公路	4cm 中粒式沥青混凝土 + 6cm 粗粒式沥青混凝土 + 6cm 沥青碎石
北京—塘沽高速公路	4cm 中粒式沥青混凝土 + 5cm 粗粒式沥青混凝土 + 6cm 沥青碎石	西安—宝鸡一级路	4cm 中粒式沥青混凝土 + 8cm 粗粒式沥青碎石 + 0.7cm 沥青石屑下封层

沥青路面的缺点是：容易被履带车辆和坚硬物体所破坏；表面容易被磨光而影响安全；温度稳定性差，夏天易软，冬天易脆并产生裂缝。此外，铺筑沥青路面受气候和施工季节的限制。雨天不宜铺筑各种沥青面层，冰冻地区在气温较低时铺筑沥青面层难以保证质量。

沥青路面属于柔性路面，其力学强度和稳定性主要依赖于基层与土基的特性。为了保证路面的各项技术要求，最好铺筑在用结合料处治过的整体性基层上。由于沥青路面的抗弯拉能力较低，要求基础有足够的强度和稳定性，因此翻浆路段的土基，必须事先处理，强度不足的路段要预先补强。在有冻胀现象的地区通常需设置防冻层,以防止路面冻胀产生裂缝。修筑沥青路面后,由于隔绝了土基与大气间气态水的流通,路基路面内部的水分可能积聚在沥青结构层下,使土基和基层变软,导致路面破坏,因此必须强调基层的水稳性。对交通量大的路段,为使沥青路面具有一定的抗弯拉和抗疲劳能力,宜在沥青面层下设置沥青混合料封层。采用较薄的沥青面层,特别是在旧路面上加铺面层时,要采取措施加强面层与基层之间的黏结,以防止水平力作用而引起沥青面层的剥落、推挤、拥包等破坏。

修筑沥青路面一般要求等级高的矿料,等级稍差的矿料借助沥青的黏结作用,也可用来修筑路面。当沥青与矿料之间黏附不好时,在水分的作用下会逐步剥落,因此在潮湿地区修筑沥青路面时,应采用碱性矿料,或采取一定措施提高沥青与矿料间的黏结力。

沥青路面施工时,要求温暖的气候条件,各工序紧密配合。沥青路面完工后通常要求有一定的成型期,在成型期内必须加强初期养护。在整个使用期间,沥青路面均需要及时维修和养护。

6.1.2 沥青路面的分类与选择

(1) 按强度构成原理分类

按强度构成原理,可将沥青路面分为密实类和嵌挤类两大类。

① 密实类沥青路面要求矿料的级配按最大密实原则设计,其强度和稳定性主要取决于混合料的黏聚力和内摩阻力。密实类沥青路面按其空隙率的大小可分为闭式和开式两种:闭式混合料中含有较多的小于0.5mm和0.074mm的矿料颗粒,空隙率小于6%,混合料致密面耐久,但热稳定性较差;开式混合料中小于0.5mm的矿料颗粒含量较少,空隙率大于6%,其热稳定性较好。

② 嵌挤类沥青路面要求采用颗粒尺寸较为均一的矿料,路面的强度和稳定性主要依靠骨料颗粒之间相互嵌挤所产生的内摩阻力,而黏聚力则起着次要的作用。按嵌挤原则修筑的沥青路面,其热稳定性较好,但因空隙率较大、易渗水,因而耐久性较差。

(2) 按施工工艺分类

按施工工艺的不同,沥青路面可分为层铺法、路拌法和厂拌法三类。

① 层铺法是用分层洒布沥青,分层铺撒矿料和碾压的方法修筑,其主要优点是工艺和设备简便、功效较高、施工进度快、造价较低,其缺点是路面成型期较长,需要经过炎热季节行车碾压之后路面方能成型。用这种方法修筑的沥青路面有沥青表面处治和沥青贯入式两种。

② 路拌法是在路上用机械将矿料和沥青材料就地拌和摊铺和碾压密实而成的沥青面层。此类面层所用的矿料为碎(砾)石的,称为路拌沥青碎(砾)石;所用的矿料为土的,则称为路拌沥青稳定土。路拌沥青面层,通过就地拌和,沥青材料在矿料中分布比层铺法均匀,可以缩短路面的成型期。但因所用的矿料为冷料,需使用黏稠度较低的沥青材料,故混合料的强度较低。

③ 厂拌法是将规定级配的矿料和沥青材料在工厂用专用设备加热拌和,然后送到工地摊铺碾压而成的沥青路面。矿料中细颗粒含量少,不含或含少量矿粉。混合料为开级配的(空隙率达10%~15%),称为厂拌沥青碎石;若矿料中含有矿粉,混合料是按最佳密实级配配制的(空隙率10%以下),称为沥青混凝土。厂拌法按混合料铺筑时温度的不同,又可分为热拌热铺和热拌冷铺两种。热拌热铺是混合料在专用设备加热拌和后立即趁热运到路

上摊铺压实;如果混合料加热拌和后储存一段时间再在常温下运到路上摊铺压实,即为热拌冷铺。厂拌法使用较黏稠的沥青材料,且矿料经过精选,因而混合料质量高,使用寿命长,但修建费用也较高。

(3) 按沥青路面的技术特性分类

根据沥青路面的技术特性,沥青面层可分为沥青混凝土、热拌沥青碎石、乳化沥青碎石混合料、沥青贯入式和沥青表面处治五种类型。此外,沥青玛蹄脂碎石近年在许多国家也得到了广泛应用。

① 沥青表面处治路面是指用沥青和集料按层铺法或拌和法铺筑而成的厚度不超过3cm的沥青路面。沥青表面处治的厚度一般为1.5~3.0cm。层铺法可分为单层、双层和三层。单层表面处治厚度为1.0~1.5cm,双层表面处治厚度为1.5~2.5cm,三层表面处治厚度为2.5~3.0cm。沥青表面处治适用于三级、四级公路的面层,旧沥青面层上加铺罩面或抗滑层、磨耗层等。

② 沥青贯入式路面是指用沥青贯入碎(砾)石做面层的路面。沥青贯入式路面的厚度一般为4~8cm。当沥青贯入式的上部加铺拌和的沥青混合料时,也称为上拌下贯,此时拌和层的厚度宜为3~4cm,其总厚度为7~10cm。沥青贯入式碎石路面适用于二级及二级以下公路的沥青面层。沥青贯入式结构也可作为沥青混凝土路面的基层。

③ 乳化沥青碎石路面是指由乳化沥青与矿料在常温状态下拌合而成,压实后剩余空隙率在10%以上的常温沥青混合料铺筑的路面。适用于三级、四级公路路面的沥青面层,二级公路的养护罩面以及各级公路的调平层。国外也用做柔性基层。

④ 热拌沥青碎石由适当比例的粗集料、细集料及少量填料(或不加填料)与沥青混合料拌和而成,压实后剩余空隙率大于10%以上的半开级配沥青混合料(以AM表示,采用圆孔筛时用LS表示)。若压实后剩余空隙率大于15%,则称为开级配沥青混合料。

沥青碎石混合料按集料中最大颗粒的尺寸可分为粗粒式、中粒式、细粒式等类型,有时还有特粗式。热拌沥青碎石由于细料含量少,只有少量矿粉或不含矿粉,沥青用量较小,空隙较大,属于嵌锁结构,热稳定性好,抗滑性高,在低温时也不易开裂。但透水性大,强度和耐久性不如沥青混凝土。采用沥青碎石做面层时,为了防水和保持平整度,在其上必须铺沥青砂封层。

热拌沥青碎石适用于二级及二级以下公路的面层以及沥青混凝土路面的基层和调平层。厂内拌和并采用热拌热铺法施工。

⑤ 沥青混凝土路面是指由适当比例的粗集料、细集料及填料组成的符合规定级配的矿料,与沥青结合料拌和而成的符合技术标准的沥青混合料(以AC表示,采用圆孔筛时用LH表示),简称沥青混凝土路面。由各种粒径的集料颗粒级配连续、相互嵌挤密实的矿料与沥青拌和而成,压实后剩余空隙率小于10%的沥青混合料,称为密集配沥青混凝土。剩余空隙率为3%~6%的为Ⅰ型密实式沥青混凝土混合料,剩余空隙率为4%~10%的为Ⅱ型密实式沥青混凝土混合料。

沥青混凝土混合料按集料中最大颗粒的尺寸可分为粗粒式、中粒式、细粒式和砂粒式。砂粒式沥青混凝土简称为沥青砂。

沥青混凝土混合料是按密级配原理严格配制的。它含有较多的细料,特别是一定数量的矿粉,使矿料同沥青相互作用的表面积大大增加,因而混合料的黏聚力在强度构成上占有主导地位。但黏聚力受温度影响大,如果配料不适当,特别是沥青用量过多,热稳定性就较差,抗滑性也不好。沥青混凝土由于本身的结构强度高,若基层坚实,路面结构合理,可以承受繁重的交通;又因为空隙率小,受水和空气等的侵蚀作用小,故耐久性好,使用寿命长。

沥青混凝土适用于各级沥青路面的面层。沥青混凝土宜采用双层或三层式结构,其中至少必须有一层是Ⅰ型密实式沥青混凝土。粗粒式或中粒式宜用在下层,细粒式和砂粒式宜用在上层。

⑥ 沥青玛蹄脂碎石路面是指用沥青玛蹄脂碎石混合料做面层或抗滑层的路面。沥青玛蹄脂碎石混合料(简称SMA)是以间断级配为骨架,用改性沥青、矿粉及木质纤维素组成的沥青玛蹄脂为结合料,经拌和、摊铺、压实而形成的一种构造深度较大的抗滑面层。它具有抗滑、耐磨、孔隙率小、抗疲劳、高温抗车辙、低温抗开裂的优点,是一种全面提高密级配沥青混凝土使用质量的新材料,适用于高速公路、一级公路和其他重要公路的表面层。

选择沥青面层时,应综合考虑道路等级、交通类型、要求的使用期、设计年限内标准轴载的累计当量轴次、气候条件、筑路材料、施工机械以及养护条件等因素。

6.1.3 材料的基本要求

(1) 沥青

沥青路面所用的沥青材料有石油沥青、煤沥青等。使用时应根据交通量、施工方法、沥青路面面层类型、材料来源等情况选用。对热拌热铺类沥青路面,由于沥青材料和矿料均需加热拌和,并在热态下铺压,故可采用稠度较高的沥青材料。而热拌冷铺类沥青路面,所用沥青材料的稠度可较低。对浇贯类沥青路面,若采用的沥青材料过稠,则难以贯入碎石中,过稀又易流入路面底部。因此,这类路面宜采用中等稠度的沥青材料。当气候寒冷、施工气温较低、矿料粒径偏细时,宜采用稠度较低的沥青材料。但炎热季节施工时,由于沥青材料的温度散失较慢,则可用稠度较高的沥青材料。对于路拌类沥青路面,一般仅采用稠度较低的沥青材料。

沥青路面所用沥青的标号,应根据地区气候条件、施工季节气候、路面类型、施工方法和矿料性质尺寸等因素选用,所选用的沥青应满足道路用沥青技术标准,见表6-2。

表6-2   适用于各类沥青路面的沥青材料标号

气候分类	沥青种类	沥青路面类型			
		表面处治	贯入式	沥青碎石	沥青混凝土
寒冷地区	石油沥青	A-140, A-180, A-200	A-140, A-180, A-200	AH-90, AH-110, AH-130, A-100, A-140	AH-90, AH-110, AH-130, A-100, A-140
	煤沥青	T-5, T-6	T-6, T-7	T-6, T-7	T-7, T-8
温和地区	石油沥青	A-100, A-140, A-180	A-100, A-140, A-180	AH-90, AH-110, A-100, A-140	AH-70, AH-90, A-60, A-100
	煤沥青	T-6, T-7	T-7, T-8	T-7, T-8	T-7, T-8
较热地区	石油沥青	A-60, A-100, A-140	A-60, A-100, A-140	AH-50, AH-70, AH-90, A-100, A-60	AH-50, AH-70, A-60, A-100
	煤沥青	T-6, T-7	T-7	T-7, T-8	T-7, T-8, T-9

第6章 沥青路面面层施工

（2）粗集料

沥青所用的粗集料包括碎石、筛选砾石、破碎砾石、钢渣、矿渣等。碎石及破碎砾石是由天然石料（砾石）轧制并经筛选而得，有严格的质量要求，一般应用于交通量较高的沥青路面；筛选砾石是由天然砾石筛选而得，高速公路和一级公路不得使用筛选砾石和矿渣，仅适用于交通量较小的路面下层、基层或连接层的沥青混合料中，也不宜用于防滑面层。

粗集料必须由具有生产许可证的采石场生产或施工单位自行加工。

粗集料必须洁净、干燥、表面粗糙，质量应符合表6-3的规定。当单一规格集料的质量达不到表6-3中要求，而按照集料配合比计算的质量指标符合要求时，工程上允许使用。对受热易变质的集料，宜采用经拌和机烘干后的集料进行检验。

粗集料的粒径规格应按表6-4的规定生产和使用。

表6-3　　　　　　　　　　　沥青混合料用粗集料质量技术要求

指标	单位	高速公路和一级公路		其他等级公路	试验方法
		表面层	其他层次		
石料压碎值，不大于	%	26	28	30	T0316
洛杉矶磨耗损失，不大于	%	28	30	35	T0317
表面相对密度，不大于	—	2.60	2.50	2.45	T0304
吸水率，不大于	%	2.0	3.0	3.0	T0304
坚固性，不大于	%	12	12	—	T0314
针片颗粒含量（混合料），不大于	%	15	18	20	T0312
其中粒径大于9.5mm，不大于	%	12	15	—	
其中粒径小于9.5mm，不大于	%	18	20	—	
水洗法小于0.075mm颗粒含量，不大于	%	1	1	1	T0310
软石含量，不大于	%	3	5	5	T0320

注：① 坚固性试验可根据需要进行；
② 用于高速公路、一级公路时，多孔玄武岩的表面相对密度可放宽至 $2.45t/m^3$，吸水率可放宽至3%，但必须得到建设单位的批准，且不得用于SMA路面；
③ 对 S_{14} 即 3～5 规格的粗集料，针片状颗粒含量可不予要求，小于0.075mm颗粒含量可放宽至3%。

表6-4　　　　　　　　　　　沥青混合料用粗集料规格

规格	公称粒径/mm	通过下列筛孔(mm)的质量百分率/%											
		106	75	63	53	37.5	31.5	26.5	19.0	13.2	9.5	4.75	2.36	0.6
S_1	40～75	100	90～100	—		0～15	—	0～5						
S_2	40～60		100	90～100		0～15	—	0～5						
S_3	30～60		100	90～100		—	0～15	—	0～5					
S_4	25～50			100	90～100	—		0～15	—	0～5				
S_5	20～40				100	90～100	—		0～15	—	0～5			
S_6	15～30					100	90～100	—		0～15	—	0～5		
S_7	10～30					100	90～100	—		—	0～15	0～5		
S_8	10～25						100	90～100	—		0～15	0～5		
S_9	10～20							100	90～100	—	0～15	0～5		
S_{10}	10～15								100	90～100	0～15	0～5		
S_{11}	5～15								100	90～100	40～70	0～15	0～5	
S_{12}	5～10									100	90～100	0～15	0～5	
S_{13}	3～10									100	90～100	40～70	0～20	0～5
S_{14}	3～5										100	90～100	0～15	0～3

高速公路、一级公路沥青路面的表面层(或磨耗层)的粗集料的磨光值应符合表 6-5 的要求。除了 SMA、OGFC 路面外,允许在硬质粗集料中掺加部分较小粒径的磨光值达不到要求的粗集料,其最大掺加比例由磨光试验确定。

表 6-5　粗集料与沥青的黏附性、磨光值的技术要求

雨量气候区	1(潮湿区)	2(湿润区)	3(半干区)	4(干旱区)	试验方法
年降雨量/mm	>1000	1000~500	500~250	<250	
粗集料的磨光值 PSV,不小于 高速公路、一级公路表面层	42	40	38	36	T0321
粗集料与沥青的黏附性,不小于 高速公路、一级公路表面层	5	4	4	3	T0616
高速公路、一级公路的其他层次 以及其他等级公路的各个层次	4	4	3	3	T0663

粗集料与沥青材料的黏附性大小,对沥青混合料的强度和耐久性有极大的影响,应选用同沥青材料有良好黏附性的碱性粗集料。不得不使用酸性粗集料时,宜使用针入度较低的沥青,并采用抗剥离措施。粗集料与沥青的黏附性应符合表 6-5 的要求。当使用不符合要求的粗集料时,宜掺加消石灰、水泥或石灰水处理后使用,必要时可同时在沥青中掺加耐热、耐水、长期性能好的抗剥落剂,也可采用改性沥青的措施,使沥青混合料的水稳定性检验达到要求。掺加外加剂的剂量由沥青混合料的水稳定性检验确定。

破碎砾石应采用粒径大于 50mm 且含泥量不大于 1% 的砾石轧制,破碎砾石的破裂面应符合表 6-6 的要求。

表 6-6　粗集料对破碎面的要求

路面部位或混合料类型	具有一定数量破碎面颗粒的含量/%		试验方法
	1 个破碎面	2 个或 2 个以上破碎面	
沥青路面表面层			
高速公路、一级公路,不小于	100	90	
其他等级公路,不小于	80	60	
沥青路面中下面层、基层			T0346
高速公路、一级公路,不小于	90	80	
其他等级公路,不小于	70	50	
SMA 混合料,不小于	100	90	
贯入式路面,不小于	80	60	

筛选砾石仅适用于三级及三级以下公路的沥青表面处治路面。

经过破碎且存放期超过 6 个月以上的钢渣可作为粗集料使用,除了吸水率允许适当外,各项质量指标应符合表 6-6 的要求。钢渣在使用前应进行活性检验,要求钢渣中的游离氧化钙含量不大于 3%,吸水膨胀率不大于 2%。

(3) 细集料

沥青路面的细集料是指粒径小于 5mm 的天然砂、机制砂、石屑。细集料必须由具有生产许可证的采石场、采砂场生产。细集料均要求洁净、干燥、无风化、不含杂质,并且具有适当的颗粒级配,其质量应符合表 6-7 的规定。细集料的洁净程度,天然砂以小于 0.075mm 含量的百分数表示,石屑和机制砂以砂的当量(适用于 0~4.75mm)或亚甲蓝值

(适用于 0~2.36mm 或 0~0.15mm)表示。

表 6-7 沥青混合料用细集料质量要求

项 目	单位	高速公路、一级公路	其他等级公路	试验方法
表观相对密度,不小于	—	2.50	2.45	T0328
坚固性(大于 0.3mm 部分),不小于	%	12	—	T0340
含泥量(小于 0.075mm 的含量),不大于	%	3	5	T0333
砂当量,不小于	%	60	50	T0334
亚甲蓝值,不大于	g/kg	25	—	T0349
棱角性(流动时间),不小于	s	30	—	T0345

天然砂可采用河砂或海砂,通常宜采用粗、中砂,其规格应符合表 6-8 的规定。砂的含泥量超过规定时,应水洗后使用,海砂中的贝壳类材料必须筛除。开采天然砂必须取得当地政府主管部门的许可,并符合水利及环境保护的要求。热拌密级配沥青混合料中,天然砂的用量不宜超过集料总量的 20%,SMA 和 OGFC 混合料不宜使用天然砂。

石屑是采石场破碎石料时通过 4.75mm 或 2.36mm 的筛下部分,其规格应符合表 6-9 的要求。采石场在生产石屑的过程中应具备抽吸设备,高速公路和一级公路的沥青混合料,宜将 S_{14} 与 S_{16} 组合使用。S_{15} 可在沥青稳定碎石基层或其他等级公路中使用。

机制砂宜采用专用的制砂机制造,并选用优质石料生产,级配符合 S_{16} 的要求。

表 6-8 沥青混合料用天然砂规格

筛孔尺寸/mm	通过各筛孔的质量百分率/%		
	粗 砂	中 砂	细 砂
9.5	100	100	100
4.75	90~100	90~100	90~100
2.36	65~95	75~90	85~100
1.18	35~65	50~90	75~100
0.6	15~30	30~60	60~84
0.3	5~20	8~30	15~45
0.15	0~10	0~10	0~10
0.075	0~5	0~5	0~5

表 6-9 沥青混合料用机制砂或石屑规格

规格	公称粒径/mm	水洗法通过各筛孔的质量百分率/%						
		9.5	4.75	2.36	1.18	0.6	0.3	0.15	0.075
S_{15}	0~5	100	90~100	60~90	40~75	20~55	7~40	2~20	0~10
S_{16}	0~3	—	100	80~100	50~80	25~60	8~45	0~25	0~15

(4) 填料

填料一般采用石灰岩或岩浆岩中的强基性岩石等憎水性石料经磨细而得到的矿粉,原石料中的泥土杂质应除净。矿粉应干燥、洁净、无团粒,能自由地从矿粉仓流出,其质量应符合表 6-10 中的要求。

拌和机的粉尘可作为矿粉的一部分回收使用,但每盘用量不得超过填料总量的 25%,掺有粉尘填料的塑性指数不得大于 4%。

粉煤灰作为填料使用时，用量不得超过填料总量的50%，粉煤灰的烧失量应小于12%，与矿粉混合后的塑性指数应小于4%，其余质量要求与矿粉相同。高速公路、一级公路的沥青面层不宜采用粉煤灰做填料。

表6-10　　　　　　　　　　　沥青混合料用矿粉质量要求

项　目	单位	高速公路、一级公路	其他等级公路	试验方法
表观密度，不小于	t/m³	2.50	2.45	T0352
含水量，不大于	%	1	1	T0103 烘干法
粒度范围 <0.6mm	%	100	100	T0351
<0.15mm	%	90~100	90~100	
<0.075mm	%	75~100	70~100	
外观	—	无团粒结块	—	
亲水系数		<1		T0353
塑性指数	%	<4		T0354
加热安定性		实测记录	—	T0355

6.2　沥青类路面施工

沥青类路面的施工包括施工前的准备工作，沥青混合料的拌和、摊铺、碾压，以及路面施工质量的检查与验收。

根据道路的等级及施工工艺的不同，沥青类路面的施工又可分为层铺法沥青路面施工与热拌沥青混合料路面施工。本节将详细讲解有关沥青类路面的施工准备、施工方法及质量检查与验收等内容。

6.2.1　沥青类路面施工前的准备工作

沥青类路面施工前的准备工作主要有确定料源及进场材料的质量检验、施工机具检查、修筑试验路段等。

（1）确定料源及进场材料的质量检验

① 沥青材料。目前，我国高等级公路路面所用的沥青大部分从国外进口，主要采用新加坡的壳牌（Shell）、埃索（Esso）、BP等公司的沥青或阿尔巴尼亚沥青。有一些工程，如沪嘉高速公路、沈大高速公路则采用国产重交通道路沥青，如单家寺、欢喜岭、克拉玛依利用稠油沥青铺筑的高级沥青路面，平整、坚实、无明显车辙，早期的裂缝基本消除或大大减少，路用性能达到或超过了进口沥青。

无论是进口沥青还是国产沥青，均应从质量和经济两方面综合考虑选用。对进场沥青，每批到货均应检验生产厂家所附的试验报告，检查装运数量、装运日期、订货数量、试验结果等。对每批沥青进行抽样检测，检测指标应满足规范规定的要求。沥青材料的试验项目有针入度、延度、软化点等。

② 矿料。矿料的准备应符合下列要求：不同规格的矿料应分别堆放，不得混杂，并应加盖防雨顶棚；各种规格的矿料到达工地后，应对其强度、形状、尺寸、级配、清洁度、潮湿度等进行检查。

选择集料料场是十分重要的。对粗集料料场,重要的是检查石料的技术标准能否满足要求,如石料等级、饱水抗压强度、磨耗率、压碎值、磨光值及石料与沥青的黏结力,以确定石料料场。进场的砂、石屑及矿粉应满足规定的质量要求。

(2) 施工机械检查

沥青路面施工前对各种施工机具应作全面检查,并应符合下列要求。

① 洒油车应检查油泵系统、洒油管道、量油表、保温设备等有无故障,并将一定数量的沥青装入油罐。在路上先试洒,校核其洒油量。每次喷洒前应保持喷油嘴干净,管道畅通,喷油嘴的角度应一致,一般与洒油管呈15°~25°的夹角。

② 矿料撒铺车应检查其传动和液压调整系统,并应事先进行试撒,以确定撒铺每一种规格矿料时应控制的间隙和行驶速度。

③ 拌和设备在开始运转前要进行一次全面检查。注意联结的紧固情况;检查搅拌器内有无残存余料;检查冷料运输机是否运转正常,有无跑偏现象;仔细检查沥青管道各个接头,严禁沥青管有漏气现象;注意检查电气系统;对于机械传动部分,还要检查传动链的张紧度;检查运输车辆是否符合要求;检查保温设施是否齐全。

④ 摊铺机应检查其规格和主要机械性能。如振捣板、振动器、平熨板、螺旋摊铺器、离合器、刮板送料器、料斗闸门、厚度调节器、自动找平装置等是否正常。

⑤ 压路机应检查其规格和主要机械性能(如转向、启动、振动、倒退、停驶等方面的能力)及滚筒表面的磨损情况。滚筒表面如果有凹陷或坑槽,不得使用。

(3) 铺筑试验路段

高等级公路在施工前应铺筑试验段。铺筑试验段是不可缺少的步骤,其他等级公路在缺乏施工经验或初次使用重大设备时,也应铺筑试验段。试验段的长度应根据试验目的确定,宜为100~200m,试验段宜在直线段上铺筑。如果在其他道路上铺筑时,路面结构等条件应相同。路面各层的试验可安排在不同的试验段。

热拌热铺沥青混合料路面试验段铺筑分试拌及试铺两个阶段,应包括下列试验内容。

① 根据沥青路面各种施工机械相匹配的原则,确定合理的施工机械、机械数量及组合方式。

② 通过试拌确定拌和机的上料速度、拌和数量与时间、拌和温度等操作工艺。

③ 通过试铺确定以下各项:

(a) 透层沥青的标号与用量、喷洒方式、喷洒温度;

(b) 摊铺机的摊铺温度、摊铺速度、摊铺宽度、自动找平方式等操作工艺;

(c) 压路机的压实顺序、碾压温度、碾压速度及碾压遍数等压实工艺;

(d) 确定松铺系数、接缝方法等。

④ 验证沥青混合料配合比设计结果,提出生产用的矿料配比和沥青用量。

⑤ 建立用钻孔法及核子密度仪法测定密实度的对比关系,确定粗粒式沥青混凝土或沥青碎石面层的压实标准密度。

⑥ 确定施工产量及作业段的长度,制订施工进度计划。

⑦ 全面检查材料及施工质量。

⑧ 确定施工组织及管理体系、人员、通讯联络及指挥方式。

在试验段的铺筑过程中,施工单位应认真做好记录分析,监理工程师或工程质量监督部门应监督、检查试验段的施工质量,及时与施工单位商定有关结果。铺筑结束后,施工单位应就各项试验内容提出试验总结报告,并取得主管部门的批复,作为施工依据。

6.2.2 沥青表面处治路面施工

沥青表面处治是用沥青和细粒料矿料按层铺方法铺筑的,厚度不超过3cm的一种薄层路面面层。由于处治层很薄,一般不起提高强度作用,其主要作用是抵抗行车的磨耗和大气作用,增强防水性,提高平整度,改善路面的行车条件。

沥青表面处治适用于三级及三级以下公路、城市道路的支路、县镇道路、各级公路的施工便道以及在旧沥青面层上加铺的罩面或磨耗层。

沥青表面处治具有三个主要目的:
① 提供耐久抗滑的道路表面;
② 封闭道路表面以防止被水浸入;
③ 抑制道路表面的崩解。

(1) 材料规格和用量

沥青表面处治采用的矿料,其最大粒径应与处治层的厚度相等,其规格和用量按表6-11选用;沥青表面处治施工后,应在路侧另备 S_{12}(5~10mm)碎石或 S_{14}(3~5mm)石屑、粗砂或小砾石($2 \sim 3 m^3/1000 m^2$)作为初期养护用料。

沥青表面处治可采用道路石油沥青、乳化沥青、煤沥青铺筑,沥青标号应符合规范要求,道路液体石油沥青、乳化沥青、煤沥青的类型应按表6-12至表6-14选用。沥青用量应按表6-11选定,但各层沥青用量宜根据施工气温、沥青标号、基层等情况,在总用量不变的原则下酌情调整。在寒冷地带,施工季节气温较低,沥青针入度较小,基层空隙较大时,沥青用量宜采用并可超出高限,反之宜采用低限。清扫干净的碎(砾)石路面上应喷洒透层油,在旧沥青路面、水泥混凝土路面、块石路面上不用透层油或黏层油,但宜对第一次沥青用量酌情增加10%~20%。

表6-11 沥青表面处治材料规格和用量

沥青种类	类型	厚度/mm	集料/(m³/1000m²)						沥青或乳液用量/(kg/m²)			
			第一层		第二层		第三层		第一次	第二次	第三次	合计用量
			规格	用量	规格	用量	规格	用量				
石油沥青	单层	1.0	S_{12}	7~9					1.0~1.2			1.0~1.2
		1.5	S_{10}	12~14					1.4~1.6			1.4~1.6
	双层	1.5	S_{10}	12~14	S_{12}	7~8			1.4~1.6	1.0~1.2		2.4~2.8
		2.0	S_9	16~18	S_{12}	7~8			1.6~1.8	1.0~1.2		2.6~3.0
		2.5	S_8	18~20	S_{12}	7~8			1.8~2.0	1.0~1.2		2.8~3.2
	三层	2.5	S_8	18~20	S_{10}	12~14	S_{12}	7~8	1.6~1.8	1.2~1.4	1.0~1.2	3.8~4.4
		3.0	S_6	20~22	S_{10}	12~14	S_{12}	7~8	1.8~2.0	1.2~1.4	1.0~1.2	4.0~4.6
乳化沥青	单层	0.5	S_{14}	7~9	—				0.9~1.0			0.9~1.0
	双层	1.0	S_{12}	9~11	S_{14}	4~6	—		1.8~2.0	1.0~1.2		2.8~3.2
	三层	3.0	S_6	20~22	S_{10}	9~11	S_{12} / S_{14}	4~6 / 3.5~4.5	2.0~2.2	1.8~2.0	1.0~1.2	4.8~5.4

注:① 煤沥青表面处治的沥青用量可比石油沥青用量增加15%~20%;
② 表中的乳液用量按乳化沥青的蒸发残留物含量60%计算,如沥青含量不同应予折算;
③ 在高寒地区及干旱、风沙大的地区,可超出高限5%~10%。

表 6-12　道路用液体石油沥青技术要求

	试验项目	单位	快凝		中凝						慢凝				试验方法
			AL(R)-1	AL(R)-2	AL(M)-1	AL(M)-2	AL(M)-3	AL(M)-4	AL(M)-5	AL(M)-6	AL(S)-1	AL(S)-2	AL(S)-3	AL(S)-4	AL(S)-5	AL(S)-6
黏度	$C_{25,5}$	s	<20	—	<20	—	—	—	—	—	<20	—	—	—	—	—	T0621
	$C_{60,5}$	s	—	5~15	—	5~15	16~25	26~40	41~100	101~200	—	5~15	16~25	26~40	41~100	101~200	
蒸馏体积	225℃前	%	>20	>15	<10	<7	<3	<2	0	0							T0632
	315℃前	%	>35	>30	<35	<25	<17	<14	<8	<5							
	360℃前	%	>45	>35	<50	<35	<30	<25	<20	<15	<40	<35	<25	<20	<15	<5	
蒸馏后残留物	针入度(25℃)	0.1mm	60~200	60~200	100~300	100~300	100~300	100~300	100~300	100~300							T0604
	延度(25℃)	cm	>60	>60	>60	>60	>60	>60	>60	>60							T0605
	浮漂度(5℃)	s	—	—	—	—	—	—	—	—	<20	>20	>30	>40	>45	>50	T0631
闪点(TOC法)		℃	>30	>30	>65	>65	>65	>65	>65	>65	>70	>70	>100	>100	>120	>120	T0633
含水量不大于		%	0.2	0.2	0.2	0.2	0.2	0.2	0.2	0.2	0.2	0.2	0.2	0.2	0.2	0.2	T0612

表 6-13 道路用乳化沥青技术要求

试验项目	单位	品种及代码									试验方法
		阳离子			阴离子			非离子			
		喷洒用		拌和用	喷洒用		拌和用	喷洒用	拌和用		
		PC-1	PC-1	BC-1	PA-1	PA-1	BA-1	PN-1	BN-1		
破乳速度	—	快裂	快裂或中裂	慢裂或中裂	快裂	慢裂	慢裂或中裂	慢裂	慢裂		T0658
粒子电荷		阳离子(+)			阴离子(-)			非离子			T0653
筛上残留物(1.18mm筛),不大于	%	0.1			0.1			0.1			T0652
黏度 恩格拉黏度计 E_{25}	—	2~10	1~6	2~30	2~10	1~6	2~30	1~6	2~30		T0622
道路标准黏度计 $C_{25,3}$	s	10~25	8~20	10~60	10~25	8~20	10~60	8~20	10~60		T0621
蒸发残留 残留分含量不小于	%	50	50	55	50	50	55	50	55		T0651
溶解度不小于	%	97.5			97.5			97.5			T0607
针入度(25℃)	0.1mm	50~200	45~150	50~200	50~300	45~150	60~300				T0604
延度(15℃),不小于	cm	40			40			40			T0605
与粗集料的黏附性,裹附面积,不小于		2/3	2/3	—	2/3	2/3	—	2/3	—		T0654
与粗、细粒式集料拌和试验		—	—	均匀	—	—	均匀	—	均匀		T0659
水泥拌和试验的筛上剩余,不大于	%								3		T0657
常温储存稳定性: 1d,不大于 5d,不大于	%	1 5			1 5			1 5			T0655

表6-14 道路用煤沥青技术要求

试验项目		T-1	T-2	T-3	T-4	T-5	T-6	T-7	T-8	T-9	试验方法
黏度/s	$C_{30,5}$	5~25	26~70								T0621
	$C_{30,10}$			5~25	26~50	51~120	121~200				
	$C_{50,10}$							10~75	76~200		
	$C_{60,10}$									35~65	
蒸馏试验馏出量/%	170℃前，不大于	3	3	3	2	1.5	1.5	1.0	1.0	1.0	T0641
	270℃前，不大于	20	20	20	15	15	15	10	10	10	
	300℃前，不大于	15~35	15~35	30	30	25	25	20	20	15	
300℃蒸馏残留物软化点（环球法）/℃		30~45	30~45	35~65	35~65	35~65	35~65	40~70	40~70	40~70	T0606
水分，不大于/%		1.0	1.0	1.0	1.0	1.0	0.5	0.5	0.5	0.5	T0612
甲苯不溶物，不大于/%		20	20	20	20	20	20	20	20	20	T0646
萘含量，不大于/%		5	5	5	5	5	3.5	3	3	2	T0645
焦油酸含量，不大于/%		4	4	3	3	2.5	2.5	1.5	1.5	1.5	T0642

（2）施工机械

① 沥青洒布机。沥青表面处治施工采用沥青洒布机喷洒沥青，洒布时车速和喷洒量保持稳定。沥青洒布机在整个宽度内喷洒应均匀，但在喷油管的两端和加长管的中央这些部位，有时会洒布太多或太少，特别在轮迹位置上易洒得过多。使用液压式加长管洒布机，能使接缝保持在道路中央，而在道路边缘调校其宽度，可以避免那些正好处于轮迹处难看又危险的接缝。洒布机喷嘴的类型不同，洒布的效果也不同。缝隙式喷嘴，洒布效果能够做到类似涡旋式喷嘴所洒布的横向分布水准，且可以比后者减少黏结料中稀释剂的用量，节省成本，并降低施工温度。

② 集料撒布机。采用集料撒布机不仅使工作进展快，而且按需要的撒布率使集料撒布更平整和精确。撒布机还有一个优点是，撒布时令集料更紧贴道路表面，从而减少了集料跳离路面露出黏结料或跳到表面处治以外部位而使黏结料滞留在表面的情况发生。人工撒布也是我国日常小型养护采用的方法，由于表面处治厚度较薄，该法的最大缺点是不易控制集料的撒布量，并且手工撒布具有效率低的缺点。对于较大的工程项目和等级较高的路面表面加铺，表面处治的施工均应使用集料撒布机。

③ 压路机。沥青表面处治施工采用6~8t及8~12t的压路机。碾压时，应使集料嵌挤紧密，石料不得有较多的压碎现象。乳化沥青表面处治宜采用较轻的机械。实践表明，充气式轮胎压路机可以使石屑与黏结料薄膜有较好的初始黏结，而不致把选定的集料压碎或因不适当的尺寸导致表面处治使用期间的泛油问题。

（3）施工程序

① 施工准备。沥青表面处治施工应在路缘石安装完成以后进行，基层必须清扫干净。施工前检查沥青洒布机的油泵系统输油管道、油量表、保温设备等。将一定数量的沥青装入罐后，应先在路上试洒，确定喷洒速度及洒油量。每次喷洒前，喷油嘴应保持干净，管道应畅通，喷油嘴的角度应一致，并与洒油管成15°~20°的夹角。洒油管的高度应如图6-2所示，使同一地点接受两个或三个喷油嘴喷洒沥青，并不得出现花白条。在有风的天气

下不宜使用三重喷洒高度。当采用洒布过热沥青的机械洒布乳化沥青时，必须将残留沥青除净并用柴油清洗干净。

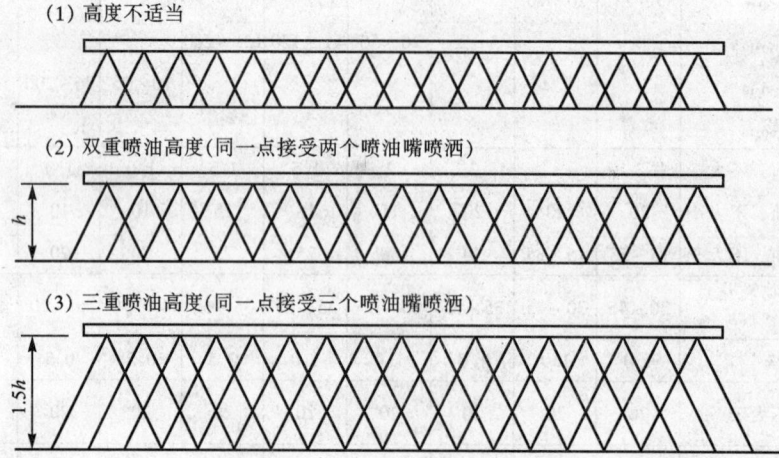

图 6-2　沥青洒布车喷油嘴的高度

集料撒布机使用前应检查其传动和液压调整系统，并应进行试撒，确定撒布各种规格集料时应控制的下料间隙及行驶速度。当为半幅施工并采用人工撒布集料时，应先在半幅等距离划分小段，并应按规定用量备足集料，以后每层按同样办法备料。

② 施工方法。沥青表面处治通常采用层铺法施工。按照洒布沥青及铺撒矿料的层次多少，沥青表面处治可分为单层式、双层式和三层式三种。单层式为洒布一次沥青，铺撒一次矿料，厚度为 1.0~1.5cm，一般用做交通量 300~500 辆/昼夜的道路面层和原沥青路面的防滑层；双层式为洒布两次沥青，铺撒两次矿料，厚度为 2.0~2.5cm，一般用做交通量 500~1000 辆/昼夜的道路面层和损坏较轻的沥青面层加固（或改善和恢复已老化的沥青面层）；三层式为洒布三次沥青，铺撒三次矿料，厚度为 2.5~3.0cm，一般用做交通量 1000~2000 辆/昼夜的道路面层。

层铺法沥青表面处治施工，有先油后料和先料后油两种方法，其中以前者使用较多。三层式沥青表面处治一般施工程序见图 6-3。

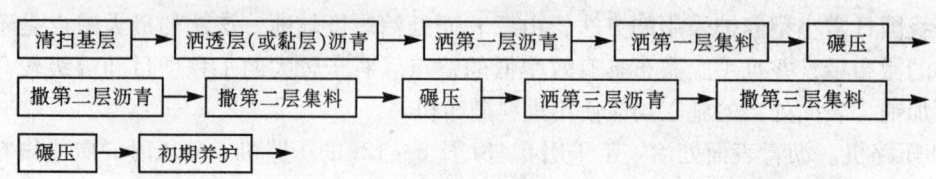

图 6-3　三层式沥青表面处治施工程序

双层式沥青表面处治的施工程序与三层式相同，仅需相应地减少一次洒布沥青、铺撒矿料与碾压工序。单层式表面处治也与三层式类似，仅需减少两次洒布沥青、铺撒集料与碾压工序。

以上各工序详述如下。

（a）下承层准备。在表面处治层施工前，应将路面基层清扫干净，使基层的矿料大部分外露，并保持干燥。对有坑槽、不平整的路段，应先修补和平整，若基层整体强度不足，则应先予补强。

(b) 浇洒沥青。在透层沥青充分渗透，或在已做透层或封层并已开放交通的基础表面清扫后，应按要求的数量浇洒第一次沥青。洒布沥青应符合下列要求。

ⅰ. 沥青的浇洒温度应根据施工气温及沥青标号来选择。石油沥青的洒布温度宜为130～170℃；煤沥青的洒布温度宜为80～120℃；乳化沥青可以在常温下洒布，当气温偏低，破乳及成型慢时，可将乳液加温后洒布，但乳液温度不能超过60℃。

ⅱ. 沥青要洒布均匀，不应有空白或积聚现象，以免日后产生松散或拥包和推挤等病害。采用汽车洒布沥青时，应根据单位面积沥青用量选用洒布机排挡和油泵机档。洒布汽车行驶的速度要均匀。若采用手摇洒布机洒布沥青，应根据施工气温和风向调节喷头离地面的高度和移动的速度，以保证沥青洒布得均匀，并应按洒布面积来控制单位沥青用量。当发现浇洒沥青后有空白、缺边时，应及时进行人工补洒，当有沥青聚集时应刮除。

ⅲ. 浇洒沥青的长度应与集料洒布机的能力相配合，应避免沥青浇洒后等待较长时间才撒布集料。

ⅳ. 前后两段喷洒的接茬应搭接良好。在每段接茬处，可用铁板或建筑纸等横铺在本段起洒点前及终点后，其长度宜为1～1.5m。当需要分幅浇洒时，纵向搭接宽度宜为10～15cm。浇洒第二、第三层沥青的搭接缝应错开。

ⅴ. 除了阳离子乳化沥青外，不得在潮湿的集料、基层或旧路面上浇洒沥青。

ⅵ. 对道路人工构造物及各种管井盖座、侧平石、路缘石等外露部分以及人行道道面等，洒油时应加遮盖，以防止污染。

(c) 撒布集料。第一层集料在浇洒主层沥青后立即进行撒布，按规定用量一次撒足，不宜在主层沥青全段洒布完成后进行。洒布集料可采用集料洒布机或人工洒布。洒布集料应符合下列要求。

ⅰ. 当使用乳化沥青时，集料洒布应在乳液破乳之前完成。

ⅱ. 洒布集料后应及时扫匀，厚度应一致，集料不应重叠，也不应露沥青。当局部有缺料时，应及时进行人工找补。矿料不应有重叠，局部过多时，应将多余集料扫除。

ⅲ. 前幅路面浇洒沥青后，应在两幅搭接处暂留10～15cm的宽度不撒石料，待后幅浇洒沥青后一起洒布集料。

(d) 碾压。碾压应符合下列要求。

ⅰ. 撒布一段集料后，应立即用6～8t钢筒双轮压路机碾压。碾压时每次轮迹应重叠30cm，并应从路边逐渐移至路中心，然后再从另一边开始移向路中心，以此作为一遍，宜碾压3～4遍。碾压速度开始不宜超过2km/h，以后可适当提高。

ⅱ. 第二、第三层的施工方法和要求应与第一层相同，但可以采用8t以上的压路机碾压。当使用乳化沥青时，第二层撒布规格为S_{12}（5～10mm）的碎石做嵌缝料后尚应增加一层封层料，其规格为S_{14}（3～5mm），用量为3.5～5.5m³/1000m²。

除乳化沥青表面处治应待破乳、水分蒸发并基本成型后方可通车外，沥青表面处治在碾压结束后即可开放交通，并通过开放交通补充压实，成型稳定。在通车初期应设专人指挥交通或设置障碍物控制行车，限制行车速度不超过20km/h，严禁畜力车及铁轮车行驶，使路面全部宽度均匀压实。

(e) 初期养护。沥青表面处治施工后应进行初期养护。当发现有泛油时，应在泛油处补撒嵌缝料，嵌缝料应与最后一层石料规格相同，并应扫匀。当有过多的浮动集料时，应扫出路面，并不得搓动已经黏着在位的集料。如有其他破坏现象，也应及时进行修补。

③ 施工要求。沥青表面处治宜选择在一年中干燥和较炎热的季节施工,并在日最高温度低于15℃时期到来以前半个月及雨季前结束。

6.2.3 沥青贯入式路面施工

沥青贯入式路面是在初步碾压的矿料(碎石或破碎砾石)上,分层洒布沥青、撒布嵌缝料,或再在上部铺筑热拌沥青混合料层,经压实而成的沥青路面,其厚度一般为4~8cm(乳化沥青贯入式路面厚度应不大于5cm)。适用于三级及三级以下道路的面层,也可作为沥青混凝土路面的联结层。

沥青贯入式路面在我国的使用已经越来越少。它的优点是,当缺乏沥青拌和机及摊铺机等设备时,可以施工沥青路面。而且,沥青贯入式路面可以充分利用粗集料之间的嵌挤,所以它的抗车辙能力较强。但是,与热拌沥青混合料相比,它的渗水性较大,而且沥青用量也大,尤其是施工质量管理较困难,所以国外一般作为简易路面看待。我国国土面积大,各地的经济条件相差较大,尤其是在经济相对不够发达的西部地区,简易公路、乡村道路,使用沥青贯入式或者乳化沥青贯入式路面仍然是可行的。

(1) 材料规格和用量

① 集料。沥青贯入式路面的集料应选择有棱角、嵌挤性好的坚硬石料,其规格和用量可根据贯入层厚度按表6-15或表6-16选用。当使用破碎砾石时,其破碎面应符合表6-16的

表6-15 沥青贯入式面层材料规格和用量

(用量单位:集料,$m^3/1000m^2$;沥青及沥青乳液,kg/m^2)

沥青品种	石 油 沥 青					
厚度/cm	4		5		6	
规格和用量	规格	用量	规格	用量	规格	用量
封层料	S_{14}	3~5	S_{14}	3~5	$S_{13}(S_{14})$	4~6
第三遍沥青		1.0~1.2		1.0~1.2		1.0~1.2
第二遍嵌缝料	S_{12}	6~7	$S_{11}(S_{10})$	10~12	$S_{11}(S_{10})$	10~12
第二遍沥青		1.6~1.8		1.8~2.0		2.0~2.2
第一遍嵌缝料	$S_{10}(S_9)$	12~14	S_8	12~14	$S_8(S_6)$	16~18
第一遍沥青		1.8~2.1		1.6~1.8		2.8~3.0
主层石料	S_5	45~50	S_4	55~60	$S_3(S_4)$	66~76
沥青总用量		4.4~5.1		5.2~5.8		5.8~6.4
沥青品种	石 油 沥 青				乳 化 沥 青			
厚度/cm	7		8		4		5	
规格和用量	规格	用量	规格	用量	规格	用量	规格	用量
封层料	$S_{13}(S_{14})$	4~6	$S_{13}(S_{14})$	4~6	$S_{13}(S_{14})$	4~6	S_{14}	4~6
第五遍沥青								0.8~1.0
第四遍嵌缝料							S_{14}	5~6
第四遍沥青					S_{14}	0.8~1.0		1.2~1.4
第三遍嵌缝料	$S_{10}(S_{11})$					5~6	S_{12}	7~9
第三遍沥青		1.0~1.2	$S_{10}(S_{11})$	1.0~1.2	S_{12}	1.4~1.6		1.5~1.7
第二遍嵌缝料	$S_6(S_8)$	11~13		11~13		7~8	S_{10}	9~11
第二遍沥青		2.4~2.6	$S_6(S_8)$	2.6~2.8	S_9	1.6~1.8		1.6~1.8
第一遍嵌缝料	S_2	18~20		20~22		12~14	S_8	10~12
第一遍沥青		3.3~3.5	$S_1(S_2)$	4.4~4.2	S_5	2.2~2.4		2.6~2.8
主层石料		80~90		95~100		40~45	S_4	50~55
沥青总用量		6.7~3.3		7.6~8.2		6.0~6.8		7.4~8.5

注:①煤沥青贯入式的沥青用量可较石油沥青用量增加15%~20%。
②表中乳化沥青是指乳液的用量,并适用于乳液浓度约为60%的情况,如果浓度不同,用量应予换算。
③在高寒地区及干旱风沙大的地区,可超出高限,再增加5%~10%。

表 6-16　　　　　　　　　上拌下贯式路面的材料规格和用量

（用量单位：集料，$m^3/1000m^2$；沥青及沥青乳液，kg/m^2）

沥青品种	石油沥青					
厚度/cm	4		5		6	
规格和用量	规格	用量	规格	用量	规格	用量
第二遍嵌缝料	S_{12}	5~6	$S_{12}(S_{11})$	7~9	$S_{12}(S_{11})$	7~9
第二遍沥青		1.4~1.6		1.6~1.8		1.6~1.8
第一遍嵌缝料	$S_{10}(S_9)$	12~14	S_8	16~18	$S_8(S_7)$	16~18
第一遍沥青		2.0~2.3		2.6~2.8		3.2~3.4
主层石料	S_5	45~50	S_4	55~60	$S_3(S_2)$	66~76
沥青总用量		3.4~3.9		4.2~4.6		4.8~5.2

沥青品种	石油沥青		乳化沥青			
厚度/cm	7		5		6	
规格和用量	规格	用量	规格	用量	规格	用量
第四遍嵌缝料					S_{14}	4~6
第四遍沥青						1.3~1.5
第三遍嵌缝料			S_{14}	4~6	S_{12}	8~10
第三遍沥青				1.4~1.6		1.4~1.6
第二遍嵌缝料	$S_{10}(S_{11})$	8~10	S_{12}	9~10	S_9	8~12
第二遍沥青		1.7~1.9		1.8~2.0		1.5~1.7
第一遍嵌缝料	$S_6(S_8)$	18~20	S_8	15~17	S_6	24~26
第一遍沥青		4.0~4.2		2.5~2.7		2.4~2.6
主层石料	$S_2(S_3)$	80~90	S_4	50~55	S_3	50~55
沥青总用量		5.7~6.1		5.9~6.2		6.7~7.2

注：①煤沥青贯入式的沥青用量可较石油沥青用量增加15%~20%。
②表中乳化沥青是指乳液的用量，并适用于乳液浓度约为60%的情况。
③在高寒地区及干旱风沙大的地区，可超出高限，再增加5%~10%。
④表面加铺拌和层部分的材料规格及沥青（或乳化沥青）用量按热拌沥青混合料（或乳化沥青碎石混合料路面）的有关规定执行。

要求。沥青贯入层主层集料中大于粒径范围中值的数量不得少于50%。表面不加铺拌和层的贯入式路面，在施工结束后每$1000m^2$宜另备$2~3m^3$与最后一层嵌缝料规格相同的细集料等供初期养护使用。

沥青贯入层的主层集料最大粒径宜与贯入层的厚度相当。当采用乳化沥青时，主层集料最大粒径可采用厚度的0.8~0.85倍，数量宜按压实系数的1.25~1.30计算。

② 沥青材料。沥青贯入式路面的结合料可采用道路石油沥青、煤沥青或乳化沥青，其用量应按表6-15及表6-16选定，但分次用量宜根据施工气温及沥青标号等在规定范围内选用。在寒冷地带或施工季节气温较低、沥青针入度较小时，沥青用量宜用高限；反之宜用低限。在低温潮湿气候下用乳化沥青贯入时，应按乳液总用量不变的原则进行调整，上层较正常情况下适当增加，下层较正常情况下适当减少；高寒地区及干旱风沙大的地区宜根据需要酌情调整，增加用量。

(2) 施工机械

沥青贯入式路面的主层集料可采用碎石摊铺机或人工摊铺，嵌缝料宜采用集料撒布机撒布。

沥青洒布车要保持稳定的速度和喷洒量，并应在整个宽度内均匀喷洒。

沥青贯入式路面施工宜采用6~8t及10~12t压路机进行碾压，其主层集料宜用钢筒式压路机碾压。

(3) 施工程序

① 施工准备。沥青贯入式路面施工前，基层应清扫干净。当需要安装路缘石时，应在路缘石安装完成以后施工。乳化沥青贯入式路面必须浇洒透层或黏层沥青。当沥青贯入式路面厚度小于或等于5cm时，也应浇洒透层或黏层沥青。

② 施工方法。沥青贯入式面层的施工程序见图6-4。

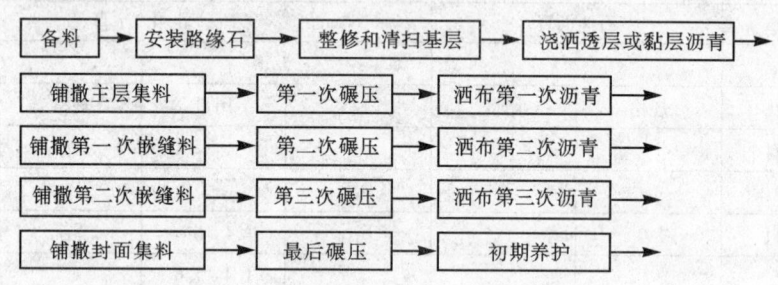

图6-4 沥青贯入式面层的施工顺序

对上面施工方法详细叙述如下。

(a) 撒布主层集料。撒布时应避免颗粒大小不均，松铺厚度压实系数约为1.25~1.30，经试铺实测确定。边撒布边检查路拱及平整度。撒布后严禁车辆在铺好的集料层上通行。

(b) 碾压。主层集料撒布后，应采用6~8t钢筒式压路机进行初压，碾压速度宜为2km/h。碾压自路边缘逐渐压向路中心，每次轮迹应重叠约30cm，接着应从另一侧以同样方法压至路中心，此为碾压一遍。然后检查路拱和纵向坡度，当不符合要求时应调整，找平后再压，直至集料无显著推移为止。然后再用10~12t压路机（厚度大的贯入式路面可用12~15t压路机）进行碾压，每次轮迹应重叠轮宽的1/2以上，并应碾压4~6遍，直至主层集料嵌挤稳定，无显著轮迹为止。

(c) 浇洒第一层沥青。主层集料碾压完毕后，应立即浇洒第一层沥青。其要求与表面处治方法相同。当采用乳化沥青贯入时，应防止乳液下漏过多。当主层集料碾压稳定后，应先撒布一部分嵌缝料，再浇洒主层沥青。乳化沥青在常温下洒布，当气温偏低需要加快破乳速度时，可将乳液加温后洒布，但乳液温度不能超过60℃。

(d) 铺撒第一层嵌缝料。第一层沥青浇洒完毕后，应立即撒布第一层嵌缝料。嵌缝料撒布应均匀，并在铺撒后立即扫匀，不足处应找补。当使用乳化沥青时，石料撒布应在乳液破乳之前完成。

(e) 第二次碾压。嵌缝料扫匀后应立即用8~12t钢筒式压路机进行碾压，轮迹应重叠轮宽的1/2左右，宜碾压4~6遍，直至稳定为止。碾压时应随压随扫，并应使嵌缝料均匀嵌入。当气温较高使碾压过程中发生较大推移现象时，应立即停止碾压，待气温稍低时再继续碾压。

(f) 当浇洒第二层沥青、撒布第二层嵌缝料并完成碾压后，再浇洒第三层沥青，并撒布封层料,施工要求应与撒布嵌缝料相同。最后碾压宜采用6~8t压路机碾压2~4遍,然后开放交通。

(g) 沥青贯入式路面开放交通后的交通管制、初期养护等,其规定与表面处治的要求相同。

当沥青贯入式路面表面不采用撒布封层料而加铺沥青混合料拌和层时,应紧跟贯入层施工,上下应成为一个整体。贯入部分采用乳化沥青时,应待其破乳、水分蒸发且成型期内通行施工车辆时,贯入层部分的第二遍嵌缝料用量应增加$2 \sim 3 m^3/1000 m^2$。在摊铺拌和层沥青混合料前,应清除贯入层表面的杂物、尘土以及浮动石料,再补充碾压一遍,并应浇洒黏层沥青。

乳化沥青贯入式路面的施工顺序如下。

(a) 当厚度为4cm时,施工顺序同上,再增加第三遍嵌缝料、碾压和第四遍沥青,然后撒封层料、碾压和初期养护。

(b) 当厚度为5cm时,施工顺序同上,再增加第四遍嵌缝料、碾压和第五遍沥青,然后撒封层料、碾压和初期养护。

表层加铺拌和层时贯入式路面(厚度小于5cm)施工顺序见图6-5。

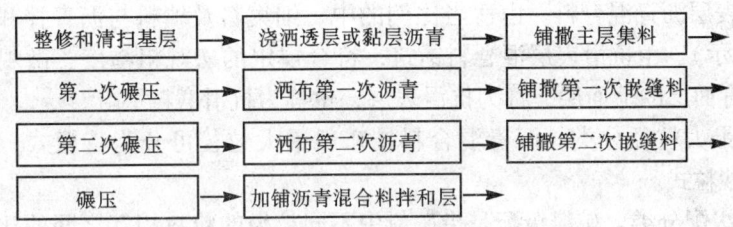

图6-5 表层加铺拌和层贯入式路面施工顺序

③ 施工要求。沥青贯入式路面施工要求与沥青表面处治基本相同。宜选择在一年中干燥和较炎热的季节施工,并在日最高温度低于15℃时期到来以前半个月及雨季前结束,使贯入式结构层通过开放交通碾压成型。

6.2.4 热拌沥青混合料路面施工

(1) 沥青混合料的分类、基本要求及组成设计

热拌沥青混合料(HMA)适用于各种等级公路的沥青路面,是由矿料与沥青在热态下拌和而成的混合料的总称。热拌沥青混合料可按混合料的性质、强度构成及矿料级配、最大粒径等进行分类,见表6-17。

① 按混合料的性质分类。沥青混合料按混合料的性质分为沥青混凝土混合料、沥青碎石混合料及抗滑表层沥青混合料。

(a) 沥青混凝土混合料。由适当比例的粗集料、细集料及填料组成的符合规定级配的矿料,与沥青拌和而制成的符合技术标准的沥青混合料(以AC表示),简称为沥青混凝土。用沥青混疑土混合料铺筑面层(下面层或过渡层也可用沥青碎石混合料铺筑)的路面,称为沥青混凝土路面。

(b) 沥青碎石混合料。由适当比例的粗集料、细集料及少量填料(或不加填料)与沥青拌和而成的沥青混合料(以AM表示),也称半开级配沥青混合料。用沥青碎石混合料铺筑面层的路面,称为沥青碎石路面。

表6-17　　　　　　　　　　　　热拌沥青混合料种类

混合料类型	密级配			开级配		半开级配	公称最大粒径/mm	最大粒径/mm
	连续级配		间断级配	间断级配		沥青碎石		
	沥青混凝土	沥青稳定碎石	沥青马蹄脂碎石	排水式沥青磨耗层	排水式沥青碎石基层			
特粗式	—	ATB-40	—	—	ATPB-40	—	37.5	53.0
粗粒式	—	ATB-30	—	—	ATPB-30	—	31.5	37.5
	AC-25	ATB-25	—	—	ATPB-25	—	26.5	31.5
中粒式	AC-20	—	SMA-20	—	—	AM-20	19.0	26.5
	AC-16	—	SMA-16	OGFC-16	—	AM-16	16.0	19.0
细粒式	AC-13	—	SMA-13	OGFC-13	—	AM-13	13.2	16.0
	AC-10	—	SMA-10	OGFC-10	—	AM-10	9.5	13.2
砂粒式	AC-5	—	—	—	—	AM-5	4.75	9.5
设计空隙率/%	3~5	3~6	3~4	>18	>18	6~12	—	—

注：设计空隙率可按配合比设计要求适当调整。

(c) 抗滑表层沥青混合料。由适当比例的中、细集料及填料与沥青拌和而成的沥青混合料(用 AK 表示)。由抗滑表层混合料铺筑，符合规定的宏观粗糙度、微观粗糙度及摩擦系数要求的沥青面层的上面层，称为抗滑表层，也称为抗滑磨耗层。

② 按矿料最大粒径分类。沥青混合料按矿料最大粒径可分为特粗式、粗粒式、中粒式、细粒式及砂粒式。

③ 按矿料级配分类。矿料级配是指矿料中不同粒径的粒料相互之间的比例关系，常以不同粒径粒料的质量比来表示。根据矿料级配的不同，沥青混合料可分为连续级配和间断级配沥青混合料两类。

(a) 连续级配沥青混合料。由大到小逐级按一定的质量比例组成的矿料与沥青拌和而成的沥青混合料，又分为密级配和开级配两种类型。

ⅰ．密级配沥青混合料。各种粒径的颗粒级配连续、相互嵌挤密实的矿料与沥青拌和而成，压实后剩余空隙率小于10%的沥青混合料。剩余空隙率为3%~6%的为Ⅰ型密实式沥青混凝混合料，剩余空隙率为4%~10%的为Ⅱ型半密实式沥青混凝土混合料。

ⅱ．开级配沥青混合料。由适当比例的粗集料、细集料与沥青拌和而成，压实后剩余空隙率大于10%的沥青混合料。剩余空隙率为10%~15%的为半开式沥青混合料，剩余空隙率大于15%的为开式沥青混合料。

(b) 间断级配沥青混合料。矿料级配组成中缺少一个或若干个档次而形成的间断级配的沥青混合料。由于间断级配矿质混合料不仅有足够数量的粗粒料可以形成空间骨架，而且又有必要数量的细料填充于骨架间的空隙，使混合料有较高的密实度而形成为一种骨架密实结构，故内摩阻力和黏结力都较高，使沥青混合料既能满足稳定性的要求，同时又具有良好的耐久性。

④ 按强度构成分类。沥青混合料按其强度构成，可分为嵌挤型和级配型两大类。

(a) 嵌挤型。它是按嵌挤原则构成的沥青混合料，其强度以矿料之间的嵌挤力和内摩阻力为主，沥青的黏结作用为辅。这类混合料是以颗粒较粗、尺寸均匀的矿料构成骨架，沥青结合料填充空隙，并把矿料黏结成一个整体。这类沥青混合料的结构强度受自然因素的影响较小，沥青碎石就属此类。

（b）级配型。它是按密实级配原则构成的沥青混合料，其结构强度以沥青与矿料之间的黏结力为主，矿料的嵌挤力和内摩阻力为辅。这类沥青混合料的结构强度受温度的影响较大，沥青混凝土就属此类。按级配原则构成的沥青混合料，其结构通常可分为悬浮密实结构、骨架空隙结构和骨架密实结构三种方式。

（2）沥青混合料适合的路面结构

沥青路面各层使用沥青混合料类型是个非常重要的问题。应根据不同地区道路等级及所处层位的功能性要求，选择适当的结构组合，参考表6-18，并应符合下列原则。

① 要综合考虑满足耐久性、抗车辙、抗裂、抗水损害能力、抗滑性能等多方面要求，根据施工机械、工程造价等实际情况选择沥青混合料的种类。

② 沥青混凝土混合料面层宜采用双层或三层式结构，其中必须有至少一层Ⅰ型密级配沥青混凝土混合料。如各层均采用沥青碎石混合料时，沥青面层必须做下封层。

③ 多雨潮湿地区的高速公路、一级公路的上面层宜采用抗滑表层混合料，其他等级公路及少雨干燥地区的高速公路、一级公路可采用Ⅰ型沥青混凝土混合料做表层。

④ 沥青面层的集料最大粒经应从上至下逐渐增大，中粒式及细粒式用于上层，粗粒式只能用于中、下层，砂粒式仅适用于非机动车道。

⑤ 上面层沥青混合料的集料最大粒径不应超过层厚的二分之一，中、下面层及联结层的集料最大粒径不应超过层厚的三分之二。

⑥ 高速公路的硬路肩沥青面层应采用Ⅰ型沥青混凝土混合料做表层。

表6-18　　　　　　　　　沥青路面各层适用的沥青混合料类型

结构层次	高速公路、一级公路		其他等级公路	
	三层式沥青混凝土路面	两层式沥青混凝土路面	沥青混凝土路面	沥青碎石路面
上面层	AC-13 AC-16 AC-20	AC-13 AC-16	AC-13 AC-16	AM-13
中面层	AC-20 AC-25			
下面层	AC-25 AC-30	AC-20 AC-25 AC-30	AC-20 AC-25 AC-30 AM-25 AM-30	AM-25 AM-30

（3）沥青混合料的配合比设计

沥青混合料必须在对同类公路配合比设计和使用情况调查研究的基础上，充分借鉴成功经验，选用符合要求的材料，进行配合比设计。

沥青混凝土面层须具有足够的力学强度、良好的温度稳定性、耐久性、耐磨性以及抗滑性能，混合料应具有良好的施工和易性，这是沥青混合料组成设计的总目标。沥青混合料的强度按嵌挤原理或密实原理形成，沥青与矿料的性质及二者以何种比例混合，对沥青混合料的强度、稳定性等路用性能有决定性的影响。因此，要铺筑高质量的沥青路面，除使用质量符合要求的沥青和矿料外，必须进行混合料配合比设计，确定沥青混合料的最佳组成。设计内容包括选择合格的原材料以及确定矿料级配和沥青用量。

沥青混合料的矿料级配应符合工程设计规定的级配范围。密级配沥青混合料宜根据公路等级、气候及交通条件按表6-19选择采用粗型(C型)或细型(F型)混合料,并在表6-20范围内确定工程设计级配范围,通常情况下工程设计级配范围不宜超过表6-20的要求。其他类型的混合料宜直接以表6-21至表6-25作为工程设计级配范围。

表6-19　　　　　粗型和细型密级配沥青混凝土的关键性筛孔通过率

混合料类型	公称最大粒径/mm	用以分类的关键性筛孔/mm	粗型密级配		细型密级配	
			名称	关键性筛孔通过率/%	名称	关键性筛孔通过率/%
AC-25	26.5	4.75	AC-25C	<40	AC-25F	>40
AC-20	19	4.75	AC-20C	<45	AC-20F	>45
AC-16	16	2.36	AC-16C	<38	AC-16F	>38
AC-13	13.2	2.36	AC-13C	<40	AC-13F	>40
AC-10	9.5	2.36	AC-10C	<45	AC-10F	>45

表6-20　　　　　密级配沥青混凝土混合料矿料级配范围

级配类型		通过下列筛孔(mm)的质量百分率/%											
		31.5	26.5	19	16	13.2	9.5	4.75	2.36	1.18	0.6	0.3	0.15	0.075
粗粒式	AC-25	100	90~100	75~90	65~83	57~76	45~65	24~52	16~42	12~33	8~24	5~17	4~13	3~7
中粒式	AC-20		100	90~100	78~92	62~80	50~72	26~56	16~44	12~33	8~24	5~17	4~13	3~7
	AC-16			100	90~100	76~92	60~80	34~62	20~48	13~36	9~26	7~18	5~14	4~8
细粒式	AC-13				100	90~100	68~85	38~68	24~50	15~38	10~28	7~20	5~15	4~8
	AC-10					100	90~100	45~75	30~58	20~44	13~32	9~23	6~16	4~8
砂粒式	AC-5						100	90~100	55~75	35~55	20~40	12~28	7~18	5~10

表6-21　　　　　沥青玛蹄脂碎石混合料矿料级配范围

级配类型		通过下列筛孔(mm)的质量百分率/%										
		26.5	19	16	13.2	9.5	4.75	2.36	1.18	0.6	0.3	0.15	0.075
中粒式	SMA-20	100	90~100	72~92	62~82	40~55	18~30	13~22	12~20	10~16	9~14	8~13	8~12
	SMA-16		100	90~100	65~85	45~65	20~32	15~24	14~22	12~18	10~15	9~14	8~12
细粒式	SMA-13			100	90~100	50~75	20~34	15~26	14~24	12~20	10~16	9~15	8~12
	SMA-10				100	90~100	28~60	20~32	14~26	12~22	10~19	9~16	8~13

表6-22　　　　　开级配排水式磨耗层混合料矿料级配范围

级配类型		通过下列筛孔(mm)的质量百分率/%										
		19	16	13.2	9.5	4.75	2.36	1.18	0.6	0.3	0.15	0.075
中粒式	OGFC-16	100	90~100	70~90	45~70	12~30	10~22	6~18	4~15	3~12	3~8	2~6
	OGFC-13		100	90~100	60~80	12~30	10~22	6~18	4~15	3~12	3~8	2~6
细粒式	OGFC-10			100	90~100	12~30	10~22	6~18	4~15	3~12	3~8	2~6

表6-23　　　　　密级配沥青碎石混合料矿料级配范围

级配类型		通过下列筛孔(mm)的质量百分率/%												
		53	37.5	31.5	26.5	19	16	13.2	9.5	4.75	2.36	1.18	0.6	0.3	0.15	0.075
特粗式	ATB-40	100	90~100	75~92	65~85	49~71	43~63	37~57	30~50	20~40	15~32	10~25	8~18	5~14	3~10	2~6
	ATB-30		100	90~100	70~90	53~72	44~66	39~60	31~51	20~40	15~32	10~25	8~18	5~14	3~10	2~6
粗粒式	ATB-25			100	90~100	60~80	48~68	42~62	32~52	20~40	15~32	10~25	8~18	5~14	3~10	2~6

表 6-24　　　　　　　　　半开级配沥青碎石混合料矿料级配范围

级配类型		通过下列筛孔(mm)的质量百分率/%										
		26.5	19	16	13.2	9.5	4.75	2.36	1.18	0.6	0.3	0.15	0.075
中粒式	AM-20	100	90~100	60~85	50~75	40~65	15~40	5~22	2~16	1~12	0~10	0~8	0~5
	AM-16		100	90~100	60~85	45~68	18~40	6~25	3~18	1~14	0~10	0~8	0~5
细粒式	AM-13			100	90~100	50~80	20~45	8~28	4~20	2~16	0~10	0~8	0~6
	AM-10				100	90~100	35~65	10~35	5~22	2~16	0~12	0~9	0~6

表 6-25　　　　　　　　　开级配沥青碎石混合料矿料级配范围

级配类型		通过下列筛孔(mm)的质量百分率/%											
		53	37.5	31.5	26.5	19	16	13.2	9.5	4.75	2.36	1.18	0.6	0.3	0.15	0.075
中粒式	ATPB-40	100	70~100	65~90	55~85	43~75	32~70	20~65	12~50	0~3	0~3	0~3	0~3	0~3	0~3	0~3
	ATPB-30		100	80~100	70~95	53~85	36~80	26~75	14~60	0~3	0~3	0~3	0~3	0~3	0~3	0~3
细粒式	ATPB-25			100	80~100	60~100	45~90	30~82	16~70	0~3	0~3	0~3	0~3	0~3	0~3	0~3

对于高速公路和一级公路的公称最大粒径小于或等于19cm的密级配沥青混合料(AC)，以及 SMA、OGFC 混合料，需在配合比设计的基础上按下列步骤进行各种使用性能检验。不符合要求的沥青混合料，必须更换材料或重新进行配合比设计。二级公路参照执行。

① 必须在规定的试验条件下进行车辙试验，并符合表 6-26 的要求。

表 6-26　　　　　　　　　沥青混合料车辙试验动稳定度技术要求

气候条件与技术指标		相应于下列气候分区所要求的动稳定度/(次/mm)			试验方法
七月平均最高气温/℃及气候分区		>30	20~30	<20	
		夏炎热区	夏热区	夏凉区	
		1-1　1-2　1-3　1-4	2-1　2-2　2-3　2-4	3-2	
普通沥青混合料，不小于		800	1000	600	800	600	T0719
改性沥青混合料，不小于		2400	2800	2000	2400	1800	
SMA混合料	非改性，不小于	1500			
	改性，不小于	3000			
OGFC 混合料		1500(一般交通路段)、3000(重交通路段)			

注：① 如果其他月份的平均最高气温高于 7 月时，可使用改月平均最高气温。
② 在特殊情况下，如钢桥面铺装、重载车特别多或纵坡较大的长距离上坡路段、厂矿专用道路，可酌情提高动稳定度的要求。
③ 对因气候寒冷确需使用针入度很大的沥青(如大于100)，动稳定度难以达到要求，或因采用石灰岩等不很坚硬的石料，改性沥青混合料的动稳定度难以达到要求等特殊情况，可酌情降低要求。
④ 为满足炎热地区及重载车要求，在配合比设计时采取减少最佳沥青用量的技术措施时，可适当提高试验温度或增加试验荷载进行试验，同时增加试件的碾压成型密度和施工压实度要求。
⑤ 车辙试验不得采用二次加热的混合料，试验必须检验其密度是否符合试验规程的要求。
⑥ 如需对公称最大粒径等于和大于 26.5mm 的混合料进行车辙试验，可适当增加试件的厚度，但不宜作为评定合格与否的依据。

② 必须在规定的试验条件下进行浸水马歇尔试验和冻融劈裂试验检验沥青混合料的水稳定性，并同时符合表 6-27 中的两个要求。达不到要求时必须按要求采取抗剥落措施，调整最佳沥青用量后再次试验。

③ 对密级配沥青混合料在温度 -10℃、加载速率 50mm/min 的条件下进行弯曲试验，测定破坏强度、破坏应变、破坏进度模量，并根据应力-应变曲线的形状，综合评价沥青混合料的低温抗裂性能。沥青混合料的破坏应变宜不小于表 6-28 的要求。

④ 利用轮碾机成型的车辙试验试件，脱模架起进行渗水试验，并符合表 6-29 的要求。

⑤ 对使用钢渣作为集料的沥青混合料，应按现行试验规程（T0363）进行活性和膨胀性试验，钢渣沥青混凝土的膨胀量不得超过 1.5%。

⑥ 对改性沥青混合料的性能检验，应针对改性目的进行。以提高高温抗车辙性能为主要目的时，低温性能可按普通沥青混合料的要求执行；以提高低温抗裂性能为主要目的时，高温稳定性可按普通沥青混合料的要求执行。

表 6-27　　　　　　　　　　　沥青混合料水稳定性检验技术要求

气候条件与技术指标	相应于下列气候分区的技术要求/%				试验方法
年降雨量（mm）及气候分区	>1000	500~1000	250~500	<250	
	潮湿区	湿润区	半干区	干旱区	
浸水马歇尔试验残留稳定度/%，不小于					
普通沥青混合料	80		75		T0790
改性沥青混合料	85		80		
SMA 混合料　普通沥青	75				
改性沥青	80				
冻融劈裂试验的残留强度比/%，不小于					
普通沥青混合料	75		70		T0729
改性沥青混合料	80		75		
SMA 混合料　普通沥青	75				
改性沥青	80				

表 6-28　　　　　　　　沥青混合料低温弯曲试验破坏应变技术要求

气候条件与技术指标	相应于下列气候分区所要求的破坏应变								试验方法
年极端最低气温（℃）及气候分区	<-37.0		21.5~-37.0			9.0~21.5		>-9.0	
	冬严寒区		冬寒区			冬冷区		冬温区	
	1-1	2-1	1-2	2-2	3-2	1-3	2-3	-1-4　2-4	
普通沥青混合料，不小于	2600		2300			2000			T0728
改性沥青混合料，不小于	3000		2800			2500			

表 6-29　　　　　　　　　沥青混合料试件渗水系数技术要求

级配类型	渗水系数要求/(mL/min)	试验方法
密级配沥青混凝土，不大于	120	
SMA 混合料，不大于	80	T0730
OGFC 混合料，不小于	实测	

高速公路、一级公路沥青混合料的配合比设计应在调查以往同类材料的配合比设计经验和使用效果的基础上，通常按以下步骤进行。

① 目标配合比设计阶段。目标配合比设计阶段的任务是用工程实际使用的材料优选矿料级配、确定矿料最大粒径和最佳沥青用量，供拌和机确定各冷料仓的供料比例、进料速度及试拌用。

(a) 确定最大粒径。矿料最大粒径(D)对沥青混合料的路用性能影响很大。工程实践和研究表明,当结构层厚度(h)与矿料最大粒径(D)的比值减小时,沥青混合料的高温稳定性提高,车辙减少,但抗疲劳能力降低;当 h/D 增加时,矿料的细集料含量多,沥青用量增大,沥青混合料的抗疲劳特性提高,但抗车辙能力降低。通常 $h/D>2$ 时,此时沥青混合料的施工和易性、压实性较好,易于达到规定的密实度和平整度,从而保证沥青混合料的路用性能符合要求。

(b) 确定矿料级配。根据所在层位、气候环境、材料来源、施工条件等确定沥青混合料类型后,在保证混合料密实度和稳定度的前提下,根据级配理论和实际需要确定矿料级配范围。各种沥青混合料的矿料级配范围见表 6-30。确定矿料的级配曲线时,可采用表中所列级配范围的中值得到。

在实际施工过程中,所用矿料的级配往往不符合拟订的级配曲线,需要两种或两种以上的矿料掺配才能获得既定要求的矿质混合料,此过程即为矿料配合比计算。计算前需要对符合技术质量要求的各种矿料进行筛分,并测定各种矿料的相对密度,根据各种矿料的级配确定达到既定级配要求的各种矿料的配合比。

(c) 确定最佳沥青用量。沥青混合料的最佳沥青用量通过马歇尔试验确定。该方法是首先从表 6-31 中所列的沥青用量范围或已有经验初步估计沥青用量。以估计值为中值,以 0.5% 间隔上下变化沥青用量制备马歇尔试件不少于 5 组。然后在规定的试验温度及试验时间内用马歇尔试验仪测定其稳定度、流值、密度,并计算其空隙率和饱和度以及矿料间隙率。根据实验和计算所得的结果分别绘制沥青用量同密度、稳定度、流值、空隙率、饱和度的关系曲线,见图 6-6,并按下列步骤确定最佳沥青用量。

首先从图中求取相应于密度最大值的沥青用量为 a_1,相应于稳定度最大的沥青用量为 a_2 及相应于规定空隙率范围的中值(或要求的目标空隙率)的沥青用量 a_3,求取三者的平均值作为最佳沥青用量的初始值 OAC_1:

$$OAC_1 = (a_1 + a_2 + a_2)/3$$

然后求出各项指标均符合沥青混合料技术标准的沥青用量范围 $OAC_{min} \sim OAC_{max}$,其中值为

$$OAC_2 = (OAC_{min} + OAC_{max})/2$$

按最佳沥青用量初始值 OAC_1 在图 6-6 中求取相应的各项指标值,检验其是否符合表 6-31 的技术标准,同时检验沥青混合料的矿料间隙率(VMA)是否符合要求,如均能符合时,由 OAC_1 及 OAC_2 综合决定最佳沥青用量 OAC。如不能符合,应调整级配,重新进行配合比设计,直至各项指标均能符合要求为止。

按上述方法决定最佳沥青用量 OAC 时,还应根据实践经验和公路等级及气候条件作适当调整,对较热地区的高等级公路,预计有可能产生较大车辙的情况时,可以在中限值 OAC_2 与下限 OAC_{min} 范围内决定,但一般不宜小于中限值 OAC_2 的 0.5%。

对寒冷地区公路,最佳沥青用量可以在中限值 OAC_2 与上限值 OAC_{max} 范围内决定,但一般不宜大于中限值 OAC_2 的 0.3%。

(d) 水稳性与抗车辙能力的检验。按最佳沥青用量 OAC 制作马歇尔试件进行浸水马歇尔试验或真空饱水马歇尔试验,检验其残留稳定度是否合格。如不符合,应重新进行配合比设计。

表6-30 沥青混合料矿料级配及沥青用量范围（方孔筛）

	级配类型	通过下列筛孔（方孔筛,mm）的质量百分率(%)															沥青用量(%)
		53.5	37.5	31.5	26.5	19.0	16.0	13.2	9.5	4.75	2.36	1.18	0.6	0.3	0.15	0.75	
沥青混凝土	粗粒式 AC-30 I	100	90~100		79~92	66~82	59~77	52~72	43~63	32~52	25~42	18~32	13~25	8~18	5~13	3~7	4.0~6.0
	AC-30 II		100	90~100	65~85	52~70	45~65	38~58	30~50	18~38	12~28	8~20	4~14	3~11	2~7	1~5	3.0~5.0
	AC-25 I			100	95~100	75~90	62~80	53~73	43~63	32~52	25~42	18~32	13~25	8~18	5~13	3~7	4.0~6.0
	AC-25 II			100	90~100	65~85	52~70	41~52	32~52	20~40	13~30	9~23	6~16	4~12	3~8	2~5	3.0~5.0
	中粒式 AC-20 I				100	95~100	75~90	62~80	52~72	38~58	28~47	20~34	15~27	10~20	6~14	4~8	4.0~6.0
	AC-20 II				100	90~100	65~85	52~70	40~60	26~45	16~33	11~25	7~18	4~13	3~9	2~5	3.5~6.5
	AC-16 I					100	95~100	75~90	58~78	42~63	32~50	22~37	16~28	11~21	7~15	4~8	4.0~6.0
	AC-16 II					100	90~100	65~85	50~70	30~50	.18~35	12~26	7~19	4~14	3~9	2~5	3.5~6.5
	细粒式 AC-13 I						100	95~100	70~88	48~68	36~53	24~41	18~30	12~22	8~16	4~8	4.5~6.5
	AC-13 II						100	90~100	60~80	34~52	22~38	14~28	8~20	5~14	3~10	2~6	4.0~6.0
	AC-10 I							100	95~100	55~75	3858	24~43	17~33	10~24	6~16	4~9	5.0~7.0
	AC-10 II							100	90~100	40~80	24~42	15~30	9~22	5~15	4~10	2~6	4.5~7.5
	砂砾式 AC-5 I								100	95~100	55~75	35~55	20~40	12~28	7~18	5~10	6.0~8.0
沥青碎石	特粗式 AM-40	100	90~100	50~80	40~65	30~54	25~50	20~45	13~38	5~25	2~15	0~10	0~8	0~6	0~5	0~4	2.5~4.0
	粗粒式 AM-40		100	90~100	50~80	38~65	32~57	25~50	17~42	8~30	2~20	0~15	0~10	0~3	0~8	0~4	2.5~4.0
	中粒式 AM-25			100	90~100	50~80	43~73	38~65	25~55	10~32	2~20	0~15	0~10	0~8	0~6	0~5	3.0~4.5
	AM-20				100	90~100	60~85	50~75	40~65	15~40	5~22	2~16	1~12	0~10	0~8	0~5	3.0~4.5
	细粒式 AM-16					100	90~100	60~85	45~68	13~42	6~25	3~18	1~14	0~10	0~8	0~5	3.0~4.5
	AM-13						100	90~100	50~80	20~45	8~28	4~20	2~6	0~10	0~8	0~6	3.0~4.5
	AM-10							100	85~100	35~65	10~35	2~22	2~16	0~12	0~9	0~6	3.0~4.5

第6章 沥青路面面层施工

表6-31　　　　　　　　　　沥青混合料马歇尔试验技术标准

试验项目	沥青混合料类型	高速和一级公路	其他公路	行人道路
击实次数/次	沥青混凝土	两面各75	两面各50	两面各35
	沥青碎石、抗滑表层	两面各50	两面各50	两面各35
稳定度/kN	Ⅰ型沥青混凝土	>7.5	>5	>3.0
	Ⅱ型沥青混凝土、抗滑表层	>5	>4.0	—
流值/(0.1mm)	Ⅰ型沥青混凝土	20~40	20~45	20~50
	Ⅱ型沥青混凝土、抗滑表层	20~40	20~45	—
空隙率/%	Ⅰ型沥青混凝土	3~6	3~6	2~5
	Ⅱ型沥青混凝土、抗滑表层	4~10	4~10	—
	沥青碎石	>10	>10	
沥青饱和度/%	Ⅰ型沥青混凝土	70~85	70~85	75~90
	Ⅱ型沥青混凝土、抗滑表层	60~75	60~75	—
	沥青碎石	40~60	40~60	
残留稳定度/%	Ⅰ型沥青混凝土	>75	>75	>75
	Ⅱ型沥青混凝土、抗滑表层	>70	>70	—

注：①粗粒式沥青混凝土稳定度可降低1kN；
②Ⅰ型细粒式及砂粒式沥青混凝土的空隙率为2%~6%；
③沥青混凝土混合料的矿料间隙率(VMA)应符合表6-32要求：

表6-32　　　　　　　　　　沥青混凝土混合料的矿料间隙率

集料最大粒径(方孔筛 mm)	37.5	31.5	26.5	19.0	16.0	13.2	9.5	4.75
VMA 不小于/%	12	12.5	13	14	14.5	15	16	18

注：当沥青碎石混合料试件在60℃水溶液中浸泡即发生松散时，可不进行马歇尔试验，但应测定密度、空隙率、沥青饱和度等。

当最佳沥青用量 OAC 与两个初始值 OAC_1、OAC_2 相差较大时，宜将 OAC 与 OAC_1 或 OAC_2 同时制作试件，进行残留稳定度试验。如不符合，应重新进行配合比设计。

按最佳沥青用量 OAC 制作车辙试验试件，在60℃条件下用车辙试验检验动稳定度是否符合技术要求，如不符合，应对矿料级配或沥青用量进行调整，重新进行配合比设计。

当最佳沥青用量 OAC 与两个初始值 OAC_1、OAC_2 相差甚大时，宜将 OAC 与 OAC_1 或 OAC_2 同时制作试件，进行车辙试验。

② 生产配合比的设计阶段。对间歇式拌和机，应按规定方法取样测试各热料仓的材料级配，确定各热料仓的配合比，供拌和机控制室使用。同时选择适宜的筛孔尺寸和安装角度，尽量使各热料仓的供料大体平衡。并取目标配合比设计阶段确定的最佳沥青用量 OAC、$OAC \pm 0.3\%$ 等3个沥青用量进行马歇尔试验和试件，根据室内试验及从拌和机取样试验综合确定生产配合比的最佳沥青用量，由此确定的最佳沥青用量与目标配合比设计结果的差值不宜大于±0.2%。用连续式拌和机拌和时，目标配合比设计就是生产配合比设计。

③ 生产配合比验证阶段。生产配合比的验证阶段是拌和机按生产配合比及最佳沥青用量±0.3%进行试拌、铺筑试验路段，并取样进行马歇尔试验，同时从路上钻取芯样观察空隙率的大小，来确定生产用的标准配合比。标准配合比的矿料合成级配中，至少应包括0.075mm、2.36mm、4.75mm及公称最大粒径筛孔的通过率接近优选的工程设计级配范围

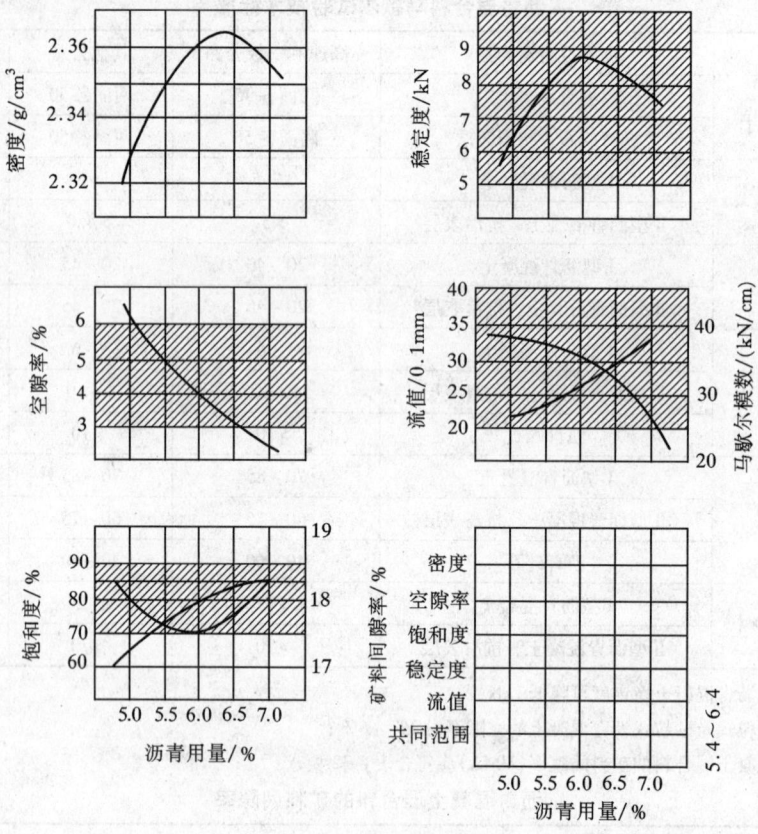

图6-6 沥青用量与密度、稳定度、流值和空隙率的关系曲线

的中值,并避免在0.3~0.6mm处出现"驼峰"。对确定的标准配合比,应该再次进行车辙试验和水稳定性检验。

(4)热拌沥青混合料路面施工

热拌沥青混合料路面采用厂拌法施工,集料和沥青均在拌和机内进行加热与拌和,并在加热状态下摊铺碾压成型。其工艺过程主要有沥青混合料的拌和、沥青混合料的运输以及沥青混合料的摊铺与碾压。

① 拌和。在工厂拌制混合料所用的固定式拌和设备有间歇式(见图6-7)和连续式(见图6-8)两种。前者系在每盘拌和时计量混合料各种材料的重量,而后者则在计量各种材料之后连续不断地送进拌和器中拌和。对间歇式拌和设备,应确定每盘热料仓的配合比;对连续式拌和设备,应确定各种矿料送料口的大小以及沥青和矿料的进料速度。

为了保证沥青混合料的质量更稳定,沥青用量更准确,高速公路和一级公路的沥青混凝土宜采用间歇式拌和机拌和。

用固定式拌和机拌制沥青混合料的工艺流程见图6-9。

在拌制沥青混合料之前,应根据确定的配合比进行试拌。试拌时对所用的各种矿料及沥青应严格计量。通过试拌和抽样检验确定每盘热拌的配合比及其总重量(对间歇式拌和机)或各种矿料进料口开启的大小及沥青和矿料进料的速度(对连续式拌和机)、适宜的沥青用量、拌和时间、矿料和沥青加热温度以及沥青混合料出厂的温度。对试拌的沥青混合料进行试验之后,即可选定施工的配合比。

第6章 沥青路面面层施工

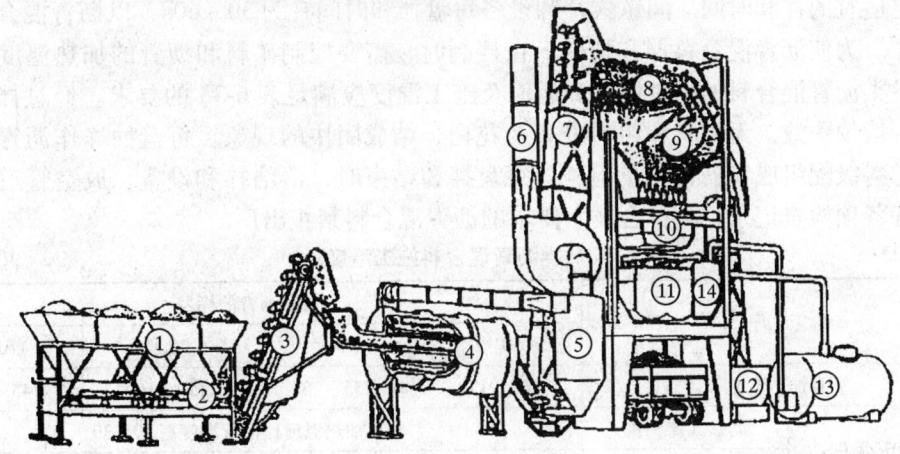

图 6-7 间歇式拌和机

1—冷集料存料斗；2—冷料供应阀门；3—冷料输送机；4—干燥加热转筒；5—集尘器；
6—排气管；7—热料提升机；8—筛分装置；9—热料集料斗；10—称料斗；
11—拌和桶或叶片拌和机；12—矿质填料贮存仓；13—热沥青贮存罐；14—沥青称料斗

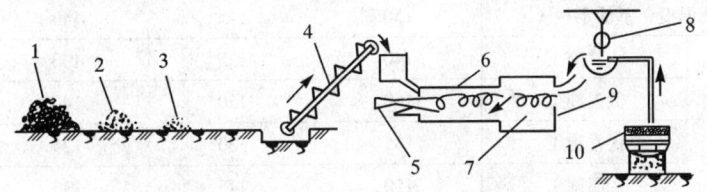

图 6-8 连续式拌和机

1—粗粒矿料；2—细粒矿料；3—砂；4—冷拌提升机；5—燃料喷雾器；
6—干燥器；7—拌和器；8—沥青秤；9—活门；10—沥青罐

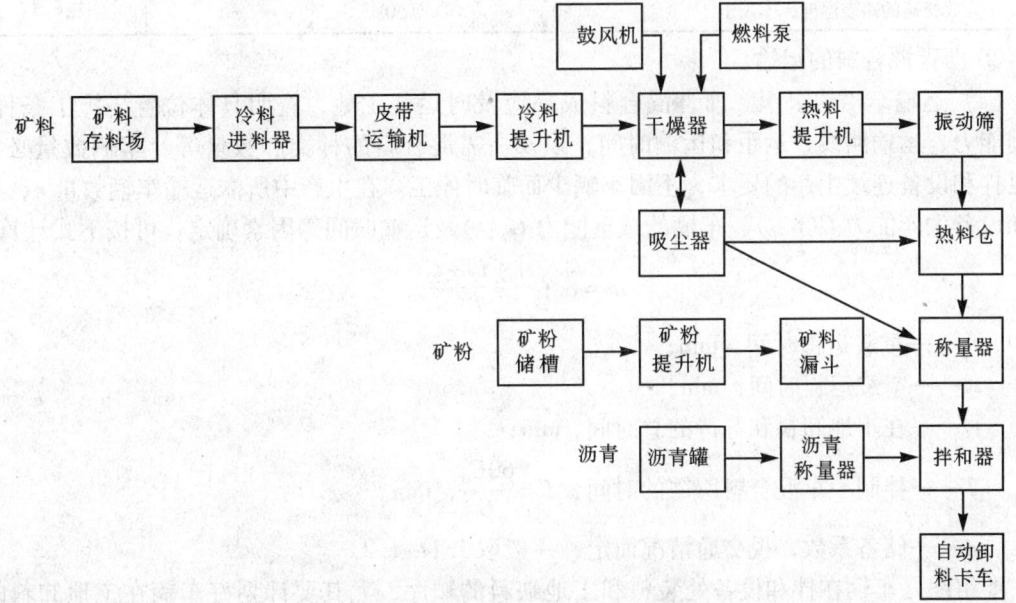

图 6-9 拌制沥青混合料的工艺流程

确定适宜的拌和时间。间歇式拌和设备每盘拌和时间宜为 30~60s,以沥青混合料拌和均匀为准。为使沥青混合料拌和均匀,在拌制时,需要控制矿料和沥青的加热温度与拌和温度。各类沥青混合料的拌制温度和运输及施工温度应满足表 6-33 的要求。经过拌和后的混合料应均匀一致,无细料和粗料分离及花白、结成团块的现象。每盘抽样作沥青混合料性能、矿料级配组成和沥青用量检验。每盘拌和结束时,清洁拌和设备,放空管道中的沥青,做好各项检查记录,不符合技术要求的沥青混合料禁止出厂。

表 6-33 热拌沥青混合料施工温度 单位:℃

施工工序		石油沥青的标号			
		50 号	70 号	90 号	110 号
沥青加热温度		160~170	155~165	150~160	145~155
矿料加热温度	间歇式拌和机	集料加热温度比沥青温度高 10~30			
	连续式拌和机	矿料加热温度比沥青温度高 5~10			
沥青混合料出料温度		150~170	145~165	140~160	135~155
混合料贮料仓贮存温度		贮料过程中温度降低不超过 10			
混合料废弃温度,高于		200	195	190	185
运输到现场温度,不低于		150	145	140	135
混合料摊铺温度,不低于	正常施工	140	135	130	125
	低温施工	160	150	140	135
开始碾压的混合料内部温度,不低于	正常施工	135	130	125	120
	低温施工	150	145	135	130
碾压终了的表面温度,不低于	钢轮压路机	80	70	65	60
	轮胎压路机	85	80	75	70
	振动压路机	75	70	60	55
开放交通的路表温度,不高于		50	50	50	45

② 沥青混合料的运输。

(a) 运输车辆的组织。沥青混合料成品应及时运往工地,查明具体位置、施工条件、摊铺能力、运输路线、运距和运输时间,以及所需混合料的种类和数量等。车辆数量必须满足拌和设备连续生产的要求,不因车辆少而临时停工。在生产中所需运输车辆数量 n,视拌和设备生产能力 $G(t/h)$、车辆的载重能力 $G_0(t)$ 及运输时间等因素确定,可按下式计算:

$$n = \alpha \cdot \frac{t_1 + t_2 + t_3}{T}$$

式中,t_1——重载运程时间,min;

t_2——空载运程时间,min;

t_3——在工地卸料和等待的总时间,min;

T——拌制一车混合料所需的时间,$T = \frac{60G_0}{G}$,min。

α——储备系数,视交通情况而定,一般取 1.1~1.2。

要组织好车辆在拌和设备处装料和工地缺料的顺序,尤其要计划好车辆在工地卸料时的停置地点。装料时必须按其载重量装足,安全检查后再启运。

为了精确地控制材料,载料车出厂时应进行称量,常用磅秤或使用拌和厂的自动称量系统。

(b) 沥青混合料的运输。沥青混合料宜采用吨位较大的自卸汽车运输,但不得超载运输,急刹车、急弯调头也不行,这样会使透层、封层造成损伤。施工过程中摊铺机前方应有运料车等候,对高速公路、一级公路,应待等候的运料车多余5辆后开始摊铺。

运料车每次使用前后车厢必须清扫干净,并在车箱底板及周壁涂一薄层防止沥青黏结的隔离剂或防腐剂,但不得有余液积聚在车厢底部。从拌和机向运料车上放料时,应每放一斗混合料挪动一下车位,以减小集料离析现象。运输车辆应用苫布覆盖保温、防雨、防污染,夏季运输时间短于0.5h时可不覆盖。混合料运料车的运输能力应比拌和机拌和或摊铺机摊铺能力略有富余。施工过程中,摊铺机前方应有运料车在等待卸料。运料车在摊铺机前10~30m处停住,不得撞击摊铺机,卸料时运料车挂空挡,靠摊铺机推动前进,以利于摊铺平整。运到摊铺现场的沥青混合料应符合规定的摊铺温度要求,已结成团块、遭雨淋湿的混合料不得使用。

③ 沥青混合料的摊铺。沥青混合料摊铺在下承层上是热拌沥青混合料路面施工的关键工序之一,内容包括摊铺前的准备工作、摊铺机各种参数的选择与调整、摊铺作业等工作。

(a) 摊铺前的准备工作。摊铺前的准备工作包括下承层准备、施工测量及摊铺机检查等。摊铺沥青混合料前应按要求在下承层上浇洒透层、黏层或铺筑下封层。热拌沥青混合料面层下的基层应具有设计规定的强度和适宜的刚度,有良好的水温稳定性,干缩和温缩变形应较小,表面平整、密实,高程及路拱横坡符合设计要求且与沥青面层结合良好。沥青面层施工前应对其下承层作必要的检测,若下承层受到损坏或出现软弹、松散或表面浮尘时,应进行维修。

摊铺沥青混合料前应提前进行标高及平面控制等施工测量工作。标高测量的目的是确定下承层表面高程与设计高程相差的确切数值,以便挂线时纠正为设计值以保证施工层的厚度;为便于控制摊铺宽度和方向,应进行平面测量。

在每工作日的开工准备阶段,应对摊铺机的刮板输送器、闸门、螺旋布料器、振动梁、熨平板、厚度调节器等工作装置和调节机构进行检查,在确认各种装置及机构处于正常工作状态后才能开始施工,若存在缺陷和故障时应及时排除。

(b) 调整、确定摊铺机的参数。

ⅰ. 熨平板宽度的调整。全路幅一次摊铺时,能够节约人工和机械,而且铺筑成型的路面表面均匀一致、平整度好、没有纵向施工缝;缺点是容易造成离析和压实度不足。分路幅多次摊铺,纵向接缝施工难度大,接缝处大料较多,密实度差,并且平整度也难以掌握。当采用分路幅多次摊铺时,尽量采用多台摊铺机梯队作业的方式。

当路幅较宽,摊铺机的最大摊铺宽度不能一次摊铺时,最好能两台摊铺机同时摊铺。两台摊铺机前后错开10~20m,两幅放在一起碾压成型。要避免最后剩一条只能用人工去摊铺的方法,也就是要剩一条不小于摊铺机标准宽度的宽度。同时还要注意:上下层的纵向接缝应错开30cm以上;纵向接缝处应有一定的重叠量(一般为2.5~5cm)人工进行修整;接宽熨平板时必须双侧对称地相应接长螺旋摊铺器和振捣梁,并检查接后熨平板底板的拱度和整体刚度。

熨平板的侧边与路缘石之间应留有10~15cm的间距,以避免摊铺机摊铺行进中方向的偏摆碰撞路缘石。所留空间由人工紧跟摊铺机及时予以补严,并适当拍锤。

ⅱ. 熨平板拱度的调整。熨平板的宽度调整后,进行拱度调整。目的是将在水准尺上读出的拱度绝对数或横坡的百分数调整到与拱度设计值一致。调整好后要进行试铺校验，必要时再次进行调整。

对于高等级公路采用半幅全宽一次摊铺路面时，这时的路拱为直线型路拱。由于路幅较宽，熨平板的自重较大，要对熨平板底边严格掌握，并在摊铺过程中经常进行校核。校核的方法可跟踪摊铺机，在未碾压前，用测绳放在两测的基准线上，垂直于路中线拉紧测绳，量测测绳与已摊铺的沥青混合料顶面之间的距离。各量测点距离如果相同，则表明路拱为直线无误；否则，路拱很可能出现了偏差，就要进行调整。

ⅲ. 摊铺厚度的确定和熨平板工作迎角的调整。摊铺厚度是一项必须严格掌握的指标，它对工程质量和经济效益影响极大。摊铺工作开始前，应事先准备好2~3块坚固的长方形垫木。垫木宽5~10cm，长与熨平板纵向尺寸相同或稍长，厚度为计算的松铺厚度，也就是初定的摊铺厚度。垫木的厚度按设计厚度乘松铺系数来计算，松铺系数与混合料类型、振动梁及熨平板振夯的频率和振幅有关，一般可通过试铺试验段或通过经验来获得。

将摊铺机停置在摊铺起点的平整处后，抬起熨平板，把2~3块垫木分别放在熨平板的下面。如果熨平板加宽，垫木则放在加宽部分的近侧边处。垫木放好后，启动后液压缸，放下熨平板，让提升油缸处于浮动状态。然后转动左右两支厚度调节螺杆，使它们处于微量间隙的中立位置。此时，熨平板以其自身重量落在垫木上。上面由垫木所确定的厚度，还要通过熨平板工作迎角α的调整和自动找平装置的运用来得到精确的厚度。图6-10为熨平板的受力示意图。

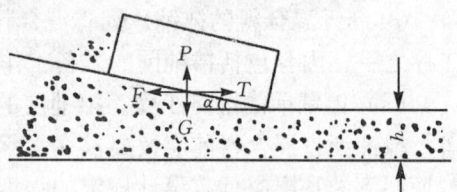

图6-10 熨平板受力示意图

F—牵引力的水平分力；T—摊铺阻力的水平分力；P—混合料作用于熨平板底上的"浮力"；G—熨平板的自身重量；α—摊铺机熨平板工作迎角

从图中可以看出，当α=常数时，单位时间内进入熨平板底部的沥青混合料的数量不变，从而使摊铺厚度h保持不变；如果α值发生变化，熨平板的受力也会发生变化，从而导致摊铺厚度的变化。所以，摊铺的厚度是由熨平板的迎角所决定的，在每次摊铺作业前，就要调整α角的初始值。

(c) 摊铺作业。摊铺机的各种参数确定后，即可进行沥青混合料路面的摊铺作业。摊铺作业的第一步是对熨平板加热，以免摊铺层被熨平板上黏附的粒料拉裂而形成沟槽和裂纹，同时对摊铺层起到熨烫的作用，使其表面平整无痕。加热温度应适当，过高的加热温度将导致烫平板变形和加速磨耗，还会使混合料表面泛出沥青胶浆或形成拉沟。

摊铺高速公路和一级公路沥青路面时，所采用的摊铺机应装有自动或半自动调整摊铺厚度及自动找平的装置，有容量足够的受料斗和足够的功率推动运料车，有可加热的振动熨平板，摊铺宽度可调节。通常采用两台以上摊铺机成梯队进行联合作业。

摊铺机必须缓慢、均匀、连续不间断地进行摊铺，摊铺过程中不得随便变换速度或中途停顿。摊铺机螺旋布料器应不停顿地转动，两侧应保证有不低于布料器高度2/3的混合料，并保证在摊铺的宽度范围内不出现离析。

摊铺机自动找平时，中、下面层宜采用一侧钢丝绳引导的方式控制高程，上面层宜采用摊铺前后保持相同高差的雪撬式摊铺厚度控制方式。经摊铺机初步压实的摊铺层平整度、横坡等应符合设计要求。沥青混合料的松铺系数根据混合料类型、施工机械等通过试压或根据以往经验确定。摊铺过程中，若出现横断面不符合设计要求、构造物接头部位缺料、摊铺带边缘局部缺料、表面明显不平整、局部混合料明显离析及摊铺机有明显拖痕时，可用人工局部找补或更换混合料。

控制沥青混合料的摊铺温度是确保摊铺质量的关键之一。摊铺时应根据沥青品种、标号稠度、气温、摊铺厚度等选用。高速公路和一级公路的施工气温低于10℃，其他等级公路施工气温低于5℃时，不宜摊铺热拌沥青混合料。

④沥青混合料的压实。碾压是热拌沥青混合料路面施工的最后一道工序。压实的目的是提高沥青混合料的密实度，从而提高沥青路面的强度、高温抗车辙能力及抗疲劳特性等路用性能，是形成高质量沥青混凝土路面的又一关键工序。碾压工作包括碾压机械的选型与组合，碾压温度、碾压速度的控制，碾压遍数、碾压方式及压实质量检查等。

(a)碾压机械的选型与组合。沥青路面压实机械分静载光轮压路机、轮胎压路机和振动压路机等类型。用于沥青路面碾压的压实机械，应根据工程量的大小、摊铺设备的摊铺效率、混合料特性、摊铺厚度、摊铺层位、现场施工条件等选择合适的压路机。对于3~7cm的沥青路面，可以参照表6-34进行选择。

表6-34 碾压机械选型参考表

碾压流程	上面层	中、下面层
初压	8~10t 双钢轮	8~10t 双钢轮
	或 6~8t 双钢轮	或 6~8t 双钢轮
	或静压自重 7~10t 双钢轮铰接转向振动压路机	或静压自重 7~10t 双钢轮铰接转向振动压路机
复压	7~10t 双钢轮铰接转向振动压路机和9~16t 轮胎压路机	7~10t 双光轮铰接转向振动压路机和9~16t 轮胎压路机
		或 8~18t 轮胎光轮振动压路机和9~16t 轮胎压路机
终压	8~10t 双钢轮	2Y8~10t 双钢轮
	或 6~8t 双钢轮	或 2Y6~8t 双钢轮
	或静压自重 7~10t 双钢轮铰接转向振动压路机	或 7~10t 双钢轮铰接转向压路机

实际上，在条件允许时，施工中常常应考虑选择多用途的压路机械，以便于一个作业面的配合，减少设备的调迁，更便于维修保养和管理。对摊铺厚度3.5~7cm的沥青路面，所选择的压路机机型应以质量7~10t的双钢轮铰接转向振动压路机和9t轮胎压路机为最好。这样既能用于上面层又能用于中、下面层，既能用于初压又能用于复压和终压。

在压实机械的选型确定后，即可相应地配备合适的压实机械数量。按压路机应尽可能跟随摊铺机的要求，通过试铺、试压确定压路机的数量。压实机械的配备数量受下面几个因素影响。

ⅰ.拌和生产量或摊铺机速度。摊铺后的沥青混合料降至最低允许碾压温度所经过的时间叫有效压实时间。在有效压实时间内摊铺机所摊铺的长度作为一个碾压作业段。那么，碾压作业段长度就取决于有效的压实时间和摊铺机的作业速度。而压路机的配备要保证有效压实时间内将作业段压实成型。表6-35是摊铺机的作业速度为2.0m/min时相应的碾压作业段长度。

ⅱ.压路机的类型。压路机自身的质量、击振能力、碾压宽度等，也影响着压路机的配备数量。

表6-35　　　摊铺机作业速度为2.0m/min时的碾压作业段长度

气温/℃	有效压实时间/min	碾压作业段长度/m	备注
5~10	17~25	30~50	①厚度5cm中粒式沥青混凝土；②微风。
10~15	25~34	50~70	
15~20	34~38	70~80	
20~30	38~51	80~100	
>30	>51	100~120	

ⅲ. 压路机的碾压速度。压路机同样碾压一遍，碾压速度慢比快要得到更高的压实度。某路段试验结果见表6-36。

表6-36　　　　　压路机速度对压实度的影响比较表

A段	桩号	点号	初压/%	复压/%			终压/%	备注
			静压2遍	振动2遍	振动2遍	胶轮2遍	静压2遍	
A段每小时5km	K2+060	1	89	95	96	96	略	①中粒式沥青混凝土，厚5cm；②1996年9月14日，晴，气温32℃，东南风2~3级；③为便于比较，压实度平均值保留到小数点后一位
	+065	2	88	93	96	97		
	+070	3	89	94	97	97		
	+075	4	90	94	95	96		
	+080	5	87	93	95	96		
	+085	6	91	94	96	99		
	+090	7	91	95	98	98		
	+095	8	91	94	96	97		
	+100	9	90	92	95	96		
	平均		89.3	93.8	96	96.9		
B段每小时3km	K2+140	1	90	94	97	97	略	
	+145	2	89	94	98	98		
	+150	3	89	95	98	98		
	+155	4	88	93	95	96		
	+160	5	89	95	98	98		
	+165	6	91	95	95	96		
	+170	7	87	94	96	98		
	+175	8	90	95	97	98		
	+180	9	91	96	98	98		
	平均		88.9	94.3	96.8	97.4		

上表中的结果通过图6-11反映出：同样复压两遍，以3km/h的碾压速度得到压实度与5km/h的比较，平均压实度提高0.5%；同样复压四遍，二者比较，平均压实度提高0.8%。

ⅳ. 碾压遍数。在工程开始时，难以确定准确的碾压遍数。在压路机类型、压实速度、振频振幅、混合料的有效压实时间确定后，就可通过试验段来确定碾压遍数。表6-37为某高速公路沥青混凝土通过试验段确定的碾压遍数。

ⅴ. 压实机械的配备数量及组合。碾压机械的生产率$P_压$可由下式计算：

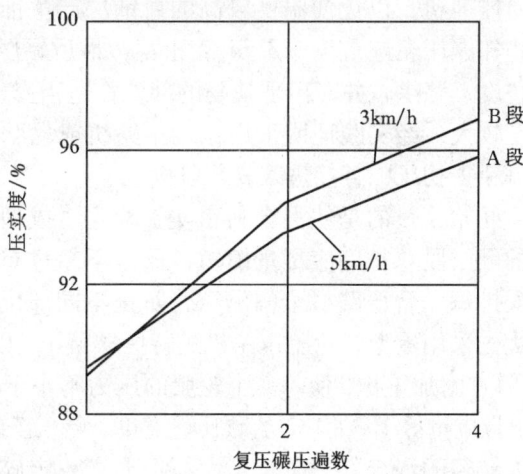

图 6-11 压实度、压路机速度和碾压遍数的关系

$$P_{压} = \frac{50bv_{压}}{3n}K_B$$

式中，b——碾压宽度，m；
$v_{压}$——碾压速度，km/h；
n——碾压遍数；
K_B——有效时间利用系数；
$P_{压}$——碾压机械的生产率，m²/min。

碾压机械的选型、碾压速度、碾压遍数确定后，即可计算所选各种类型压路机的生产率，使其与摊铺机的生产率相匹配，即可计算出各种类型压路机的配备数量。

$$N = \frac{P_{摊}}{P_{压}} = \frac{3Bv_{摊}}{50bv_{压}K_B}n$$

式中，$v_{摊}$——摊铺机的作业速度，m/min；
$P_{摊}$——摊铺机械的生产率，m²/min；
其他符号意义同上式。

为了达到最佳压实效果，通常采用静载光轮压路机与轮胎压路机或静载光轮压路机与振动压路机组合的方式进行碾压。

表 6-37 某高速公路沥青混凝土路面碾压遍数

碾压流程	压路机型号	碾压遍数
初压	CC21 型双轮振动压路机	静压两遍
复压	CC21 型双轮振动压路机	振动两遍
	YL9/16 轮胎压路机	两遍
终压	2Y8/10 双钢轮压路机	两遍

（b）碾压作业。沥青混合料路面的压实分初压、复压、终压三个阶段进行。

初压的目的是整平、稳定混合料，为复压创造条件。初压是压实沥青混合料的基础，一般采用轻型钢轮压路机或关闭振动装置的振动压路机碾压两遍，其线压力不宜小于 35N/cm。应在沥青混合料摊铺后温度较高时进行初压，压实温度应根据沥青稠度、压路机类型、气温、摊铺层厚度、混合料类型经试铺、试压确定，并符合规定的碾压温度要求。

碾压时必须将驱动轮朝向摊铺机，以免使温度较高的摊铺层产生推移和裂缝。压路机应从路面两侧向中间碾压，相邻碾压轮迹重叠 1/3～1/2 轮宽，最后碾压中心部分，压完全幅为一遍。初压后应检查平整度、路拱，并对出现缺陷的部位作适当修整。

对摊铺后初始压实度较大，经实践证明采用振动压路机或轮胎压路机直接碾压无严重推移而有良好效果时，可免去初压，直接进入复压阶段。

复压应紧跟在初压后开始，目的是使混合料密实、稳定、成型，是使混合料密实度达到要求的关键。压路机的碾压段总长度应尽量缩短，通常不超过 60～80m。采用不同型号的压路机组合碾压时宜安排每一台压路机全幅碾压，防止不同部位的压实度不均匀。密级配沥青混凝土的复压宜优先采用重型的轮胎压路机进行搓揉碾压，以增加密水性，其总质量不宜小于 25t，吨位不足时宜附加重物，使每一个轮胎的压力不小于 15kN，并且各个轮胎的气压大体相同，相邻碾压带应重叠 1/3～1/2 的碾压轮宽度，碾压至要求的压实度为止。

对粗集料为主的较大粒径的混合料，尤其是大粒径沥青稳定碎石基层，宜优先采用振动压路机复压。厚度小于 30mm 的薄沥青层不宜采用振动压路机碾压。振动压路机的振动频率宜为 35～50Hz，振幅宜为 0.3～0.8mm。层厚较大时选用高频率大振幅，以产生较大的激振力，厚度较薄时采用高频率低振幅，以防止集料破碎。相邻碾压带重叠宽度为 100～200mm。振动压路机折返时应先停止振动。当采用三轮钢轮压路机时，总质量不宜小于 12t，相邻碾压带宜重叠后轮的 1/2 宽度，并不应小于 200mm。对路面边缘、加宽及港湾式停车带等大型压路机难于碾压的部位，宜采用小型振动压路机或振动夯板作补充碾压。

终压的目的是消除碾压轮产生的轮迹，最后形成平整的路面，终压应紧接在复压后用 6～8t 的振动压路机（关闭振动装置）进行，碾压不少于两遍，直至无轮迹为止，终压温度应符合要求。

压实后的沥青路面在冷却前，任何机械不得在其上停放或行驶，并防止矿料、油料等杂物的污染。沥青路面冷却后方可开放交通。

（5）沥青路面的接缝处理

接缝包括纵向接缝和横向接缝两种。接缝处理不好容易产生接缝处平整度不好，以及由于接缝处压实度不够和结合强度不足而产生裂纹、甚至松散。接缝平整度不好几乎在已经建成的每条高速公路上都可见到，在用宽幅摊铺机全幅摊铺面层的情况下，虽避免了纵向接缝，横向接缝是不可避免的，至少每天有一条工作缝。

① 横缝处理。横向接缝通常指工作缝，但也包括同一天内摊铺中断较长时间后，再开始摊铺的接缝。横向接缝处的施工，首先是在每日工作结束前对接缝的处理。最后一车料尽可能摊铺出一个垂直于路中线的整齐断面，然后将摊铺机驶离断面 3～5m，接着立即挖槽、横向埋入钢板，以减少碾压时的推移量，钢板的高度与压实厚度相同，宽度为 5～8cm。

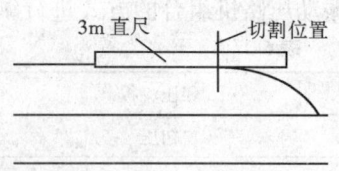

图 6-12 横向接缝后切割示意图

为了使接缝位置得当，可以在已铺层顺路中心方向，2～3 个位置先后放 3m 直尺并找出表面纵坡或已铺层厚度开始发生变化的断面（已铺层表面与 3m 直尺底面开始脱离接触处，见图 6-12），然后用锯缝机沿此断面切割成垂直面，并将切缝一侧不符合要求的尾部铲除。这项工作通常在铺筑层碾压结束后的当天完成。第二天开始摊铺前，清扫接缝处，对断面切口涂刷沥青，将摊铺机倒退到接缝处，使熨平板前缘位于切口约 5cm 的位置。在下面放入 2~3 块垫木，垫木厚度为铺层压实厚度乘上松铺系数减去压实厚度，然后即对熨平板进行预热。

当摊铺机离开接缝处时，过多的混合料会推动熨平板，导致熨平板升高并在新铺层留下鼓包，因此在每次铺筑开始时，螺旋仓中混合料不可过多，只要覆盖螺旋器的轴即可。

高速公路和一级公路的表面层横向接缝应采用垂直的平接缝，以下各层可采用自然碾压的斜接缝，沥青层较厚时也可作阶梯形接缝，见图 6-13。其他等级公路各层均可采用斜接缝。

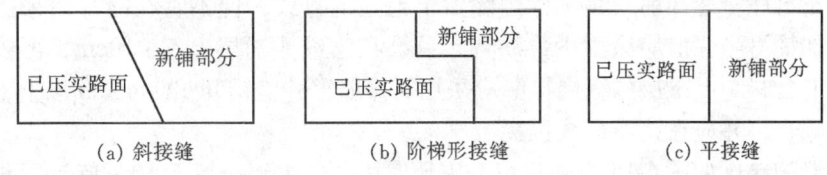

图 6-13 横向接缝的几种型式

斜接缝的搭接长度与层厚有关，宜为 0.4~0.8m。搭接处应洒少量沥青，混合料中的粗集料颗粒应予以剔除，并补上细料，搭接平整，充分压实。阶段形接缝的台阶经铣刨而成，并洒黏层沥青，搭接长度不宜小于 3m。

平接缝宜趁尚未冷透时用凿岩机或人工垂直刨除端部层厚不足的部分，使工作缝成直角连接。当采用切割机制作平接缝时，宜在铺设当天混合料冷却但还没有结硬时进行。刨除或切割不能损伤下层路面。切割时留下的泥水必须冲洗干净，待干燥后涂刷黏层油。铺筑新混合料接头应使接茬软化，压路机先进行横向碾压，再纵向碾压成为一体，充分压实，连接平顺。

横向接缝的碾压是碾压工作中的重要环节。碾压时，应先用双钢轮压路机进行横向（即垂直于路面中心线）碾压，见图 6-14。需要时，摊铺层的外侧应放置供压路机能行驶的垫木，碾压时压路机应主要位于已压实的混合料上，伸入新铺混合料层的宽度不超过 20cm，接着每碾压一遍向新铺混合料移动 20cm，直到压路机全部在新铺层上碾压为止，然后进行正常的纵向碾压。需要特别注意的是横向接缝处的碾压也要掌握温度的影响，高温或低温时的过度碾压都会使新铺层出现裂纹。

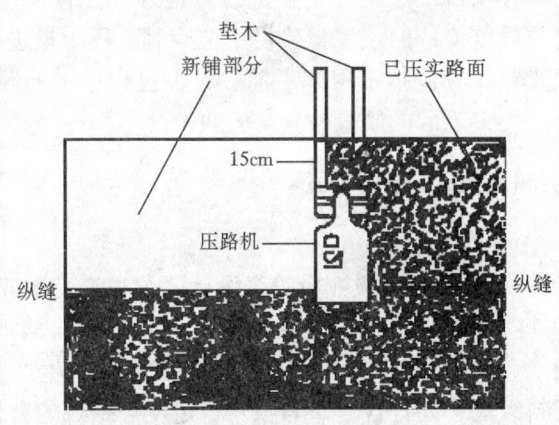

图 6-14 横向接缝与碾压

② 纵缝处理。对于高等级公路的沥青面层应避免纵向冷接缝。一般采用两台摊铺机一前一后梯队同步作业，这时应注意下面几点：

(a) 两台摊铺机的前后距离宜为 5~10m，使沥青混合料在高温状态下相接；

(b) 两台摊铺机的结构参数和运行参数应调整成相等；

(c) 接缝两侧摊铺层的横坡和厚度均应一致，搭接重叠应在 6~10cm 之间；

(d) 将已铺部分留下 10~20cm 宽暂不碾压，作为后续部分的基准面，然后作跨缝碾压以消除缝迹。

(e) 上下层纵向接缝不能重合，应错开 15cm 以上。

当半幅施工或因特殊原因而产生纵向冷接缝时，宜加设挡板或加设切刀切齐，也可以在混合料还没有完全冷却前用镐刨除边缘留下毛茬的方式，但不宜在冷却后采用切割机作纵向切缝。加铺另半幅前应涂洒少量沥青，重叠在已经摊铺层上 5~10cm，再铲走铺在前半幅上面的混合料。上下层的纵向接缝应采用平接缝，并应错开 30~40cm 以上，表面层的纵向接缝应顺直，并应在路面标线位置上。

纵向接缝的碾压如图 6-15 方式进行。碾压时由边向中碾压留下 10~15cm，再跨缝挤紧压实。或者先在已经压实路面上行走碾压新铺层 15cm 左右，然后再压实新铺部分。

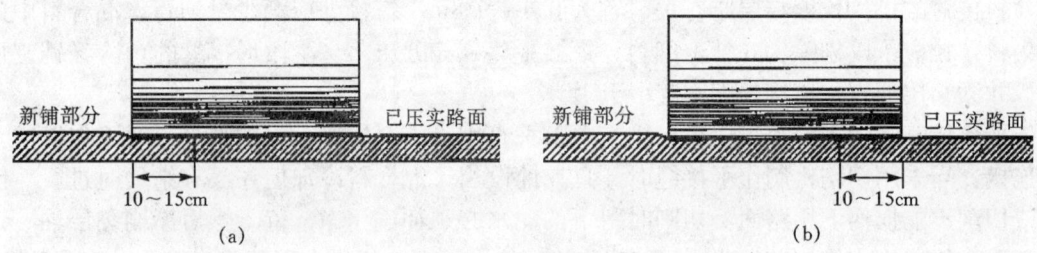

图 6-15 纵向接缝的碾压

6.3 沥青路面施工质量检查与验收

沥青路面施工检测与验收工作是公路工程施工技术管理中的一个重要组成部分，同时也是公路工程施工质量控制和竣工验收评定工作中不可缺少的一个主要环节。通过试验检测，用定量的方法科学地评定各种材料和构件的质量，能合理地控制并科学地评定工程质量。

对实行监理制度的工程项目，除施工企业进行自检外，工程监理还应按有关规定进行质量检查与认定，政府质量监督部门及工程建设单位应对工程质量进行监督。

施工质量管理与检查验收应包括工程施工前、施工过程中的质量管理与质量控制，各施工工序间的检查以及工程交工后的质量检查与验收。

6.3.1 沥青混凝土面层和沥青碎(砾)石面层

(1) 基本要求

① 沥青混合料的矿料质量及矿料级配应符合设计要求和施工规范的规定。

② 严格控制各种矿料和沥青用量以及各种材料和沥青混合料的加热温度，沥青材料及混合料的各项指标应符合设计和施工规范要求。沥青混合料的生产，每日应做抽提试验、马歇尔稳定度试验。矿料级配、沥青含量、马歇尔稳定度等结果的合格率应不小于 90%。

③ 拌和后的沥青混合料应均匀一致，无花白、粗细料分离和结团成块的现象。

④ 基层必须碾压密实，表面干燥、清洁、无浮土，其平整度和路拱度应符合要求。

⑤ 摊铺时应严格控制摊铺厚度和平整度，避免离析，注意控制摊铺和碾压温度，碾压

到要求的密实度。

（2）实测项目

实测项目见表6-38。

表6-38　　　沥青混凝土面层和沥青碎（砾）石面层实测项目

项次	检查项目		规定值或允许偏差		检查方法和频率	权值
			高速公路、一级公路	其他公路		
1△	压实度/%		试验室标准密度的96%（*98%）；最大理论密度的92%（*94%）；试验端密度的98%（*99%）		按规范要求检查，每200m侧1处	3
2	平整度	σ/mm	1.2	2.5	平整度仪：全线每车道连续按每100m计算IRI或σ	2
		IRI/(m/km)	2.0	4.2		2
		最大间隙h/mm	—	5	3m直尺：每200m测2处×10尺	2
3	弯沉值/(0.01mm)		符合设计要求		按规范要求检查	2
4	渗水系数		SMA路面200mL/min；其他沥青混凝土路面300mL/min	—	渗水试验仪：每200m测1处	2
5	抗滑	摩擦系数	符合设计要求	—	摆式仪：每200m测1处；横向力系数测定车：全线连续，按规范要求评定	2
		构造深度			铺砂法：每200m测1处	
6△	厚度/mm	代表值	总厚度：设计值的-5%；上面层：设计值的-10%	-8%H	按规范要求检查，双车道每200m测1处	3
		合格值	总厚度：设计值的-10%；上面层：设计值的-20%	-15%H		
7	中线平面偏差/mm		20		经纬仪：每200m测4点	1
8	纵断高程/mm		±15	±20	水准仪：每200m测4断面	1
9	宽度/mm	有侧石	±20	±30	尺量：每200m测4断面	1
		无侧石	不小于设计			
10	横坡/%		±0.3	±0.5	水准仪：每200m测4处	1

注：①表内压实度可选用其中的1个或2个标准评定，选用两个标准时，以合格率低的作为评定结果。带*号是指SMA路面，其他为普通沥青混凝土路面。

②表列厚度仅规定负允许偏差。其他公路的厚度代表值和合格值允许偏差按总厚度计，当总厚度不大于60mm时允许偏差分别为-5mm和-10mm；总厚度大于60mm时，允许偏差分别为-8%和-15%的总厚度，H为总厚度（mm）。

6.3.2 沥青贯入式面层（或上拌下贯式面层）

（1）基本要求

① 沥青材料的各项指标应符合设计要求和施工规范；

② 各种材料的规格和用量应符合设计要求和施工规范,上拌沥青混凝土混合料每日应做抽提试验和马歇尔稳定度试验;

③ 碎石层必须平整坚实,嵌挤稳定,沥青贯入应深透,浇洒应均匀,不得污染其他构筑物;

④ 嵌缝料必须趁热撒铺,扫料均匀,不应有重叠现象;

⑤ 上层采用拌和料时,混合料应均匀一致,无花白和粗细分离现象,摊铺平整,接茬平顺,及时碾压密实;

⑥ 沥青贯入式面层施工前,应先做好路面结构层与路肩的排水。

(2) 实测项目

实测项目见表6-39。

表6-39　　　　　沥青贯入式面层(或上拌下贯式面层)实测项目

项次	检查项目		规定值或允许偏差	检查方法和频率	权值
1	平整度	σ/mm	3.5	平整度仪:全线每车道连续按每100m计算 IRI 或 σ	3
		IRI/(m/km)	5.8		
		最大间隙 h/mm	8	3m直尺:每200m测2处×10尺	
2	弯沉值/(0.01mm)		符合设计要求	按规范规定检查	2
3△	厚度/mm	代表值	-8%H 或 -5mm	按规范规定检查,每200m每车道1点	3
		合格值	-15%H -10mm		
4	沥青用量/(kg/m³)		±0.5%	每工作日每层洒布查1次	3
5	中线平面偏差/mm		30	经纬仪:每200m测4点	1
6	纵断高程/mm		±20	水准仪:每200m测4断面	2
7	宽度/mm	有侧石	±30	尺量:每200m测4处	2
		无侧石	不小于设计		
8	横坡度/%		±0.5	水准仪:每200m测4断面	2

注:①当设计厚度不小于60mm时,按厚度百分率控制;当设计厚度小于60mm时,按厚度不足的毫米数控制。H为厚度(mm)。

②沥青总用量按《公路路基路面现场测试规程》中T0892的方法,每工作日每层洒布沥青检查1次,并计算同一路段的单位面积的总沥青用量。

(3) 外观鉴定

① 表面应平整密实,不应有松散、裂缝、油包、油丁、波浪、泛油等现象,有上面缺陷的面积之和不超过受检面积的0.2%。

② 表面无明显碾压轮迹。

③ 面层与路缘石及其他构筑物应密贴接顺,无积水现象。

6.3.3 沥青表面处治面层

(1) 基本要求

① 在新建或旧路的表层进行表面处治时,应将表面的泥砂及一切杂物清除干净,底层必须坚实、稳定、平整,保持干燥后才可施工;

② 沥青材料的各项指标和石料的质量、规格、用量应符合设计要求和施工规范的规定;

③ 沥青浇洒应均匀,无露白,不得污染其他构筑物;

④ 嵌缝料必须趁热撒铺，扫布均匀，不得有重叠现象，压实平整。

（2）实测项目

实测项目见表6-40。

表6-40　　　　　　　　　　沥青路面表面处治面层实测项目

项次	检查项目		规定值或允许偏差	检查方法和频率	权值
1	平整度	σ/mm	4.5	平整度仪：全线每车道连续按每100m计算 IRI 或 σ	2
		IRI/(m/km)	7.5		
		最大间隙 h/mm	10	3m直尺：每200m测2处×10尺	
2	弯沉值/(0.01mm)		符合设计要求	按规范要求检查	2
3	厚度/mm	代表值	—	按规范要求检查，每200m每车道1点	3
		合格值	—		
4	沥青用量/(kg/m²)		±0.5%	每工作日每层洒布查1次	2
5	中线平面偏差/mm		30	经纬仪：每200m测4点	1
6	纵断高程/mm		±20	水准仪：每200m测4断面	1
7	宽度/mm	有侧石	±30	尺量：每200m测4处	2
		无侧石	不小于设计		
8	横坡/%		±0.5	水准仪：每200m测4断面	1

（3）外观鉴定

① 表面平整密实，不应有松散、油包、油丁、波浪、泛油、封面料明显散失等现象，有上述缺陷的面积之和不超过受检面积的0.2%。

② 无明显碾压轮迹。

③ 面层与路缘石及其他构筑物应密贴接顺，不得有积水现象。

6.4 沥青玛蹄脂碎石路面施工

沥青玛蹄脂碎石（SMA）是一种由沥青、纤维稳定剂、矿粉及少量的细集料组成的沥青玛蹄脂填充间断级配的粗集料骨架间隙组成一体的沥青混合料。它与我国现行规范规定的沥青混合料，如密级配沥青混凝土（AC，包括Ⅰ型、Ⅱ型）、沥青碎石混合料（AM）、抗滑表层混合料（AK），以及国外的一种大空隙排水性沥青混合料（OGFC）相比，具有不同的优点和缺点，见表6-41。

SMA充分考虑了现在普遍使用的AC和AM、AK等级配的缺点，又力求利用它们的优点，力图达到完美的组合。例如，SMA具有AC的空隙率小、水稳定性及耐久性好，AM的集料嵌挤作用好、高温抗车辙能力强，AK的抗滑性能好等各种特点，同时又克服了AC的高温稳定性能不足，AM及AK的不耐抗裂、抗老化、抗水损害性能差的缺点，因而是一种比较理想的混合料结构。

我国的SMA路面发展较晚，大部分与改性沥青同时使用。在机场道面、钢桥面铺装、高速公路和大城市干线道路上得到了应用。从实践效果看，多数达到了预期效果，表面粗糙，高温稳定性好，水稳定性和耐久性强，避免了早期损坏。在防止开裂方面，虽然许多地区的低温裂缝得到了抑制，即使在东北严寒地区也使开裂的温度降低、时间延缓、裂缝减少，但开裂仍不能完全避免。另外有一些工程，由于材料和加铺不合理、碾压不足，尤其是沥青用量偏多，发生了泛油等现象，效果也受到了影响。

表 6-41　　　　　　　　　不同沥青混合料结构类型的比较

特点和性能	AC16-Ⅰ型	AC16-Ⅱ型	AK-16A	AM-16	OGFC	SMA-16
结构类型	悬浮密实结构	悬浮半空隙结构	悬浮或嵌挤半空隙结构	嵌挤空隙结构	嵌挤空隙结构	嵌挤密实结构
空隙率/%	3~6	4~8(10)	3~8	>10	>15	3~4(4.5)
沥青用量	中等	较少	中等	很少	很少	较多
4~75mm 通过率/%	42~63	30~50	30~50	18~42	30~50	20~30
0.075mm 通过率/%	中等(4~8)	较少(2~5)	较多(4~9)	很少(0~5)	很少(2~5)	很多(8~12)
抗车辙变形	差	差	较好	好	很好	很好
疲劳耐久性	好	较好	好	很差	差	很好
抗裂性能	好	较好	好	很差	差	很好
水稳定性	好	较差	较差	很差	很差	很好
渗水情况	小	较大	较大	很大	很大	很小
抗老化性能	很好	较好	较好	很差	很差	很好
抗磨损	很好	较好	较好	很差	很差	很好
抗滑性能	差	较好	较好		很好	好
路面噪声、反光、溅水、水雾	差	较差	较好		很好	好
施工难易程度	易	易	较难(敏感性大，易离析)	简单	难	难(温度高、敏感性强)
成本	中	较低	较高	很低	较高	高

6.4.1　对材料的要求

（1）粗集料

用于 SMA 的粗集料应采用质地坚硬、表面粗糙、形状接近立方体、有良好的嵌挤能力的破碎集料，其质量应符合表 6-42 的技术要求。

表 6-42　　　　　　　　　表面层用粗集料质量技术要求

指　　标	单　　位		技术要求
石料压碎值	不大于	%	25
洛杉矶磨耗损失	不大于	%	28
视密度	不小于	t/m³	2.60
吸水率	不大于	%	2.0
与沥青的黏附性	不小于	级	4
坚固性	不大于	%	12
针片状颗粒含量	不大于	%	15
水洗法小于 0.075mm 颗粒含量	不大于	%	1
软石含量	不大于	%	1
石料磨光值	不小于	BPN	42
具有一定数量破碎面颗粒的含量 具有一个破碎面的颗粒 具有 2 个或 2 个以上破碎面的颗粒	不小于	%	100 90

(2) 细集料

细集料宜采用专用的细料破碎机(制砂机)生产的机制砂。当采用普通石屑代替时,宜采用与沥青黏附性好的石灰岩石屑,且不得含有泥土、杂物。与天然砂混用时,天然砂的用量不宜超过机制砂或石屑的用量。细集料的质量,应符合表6-43的技术要求。天然砂中水洗法小于0.075mm颗粒含量不得大于5%。

当采用砂作为细集料使用时,必须测定其粗糙度指标,以表示砂粒的棱角性和表示构造状况。

表6-43　　　　　　　　　　SMA面层用细集料质量技术要求

指　标		单　位	技术要求	试　验　方　法
视密度,	不小于	t/m³	2.50	T0329
坚固性,	不大于	%	12	T0140
砂当量,	不小于	%	55	T0334
塑性指数		%	无	T0118或T0119(土工试验)
粗糙度		S	实测	T0345

(3) 填料

填料必须采用由石灰石等碱性岩石磨细的矿粉。矿粉必须保持干燥,能从石粉仓自由流出,其质量应符合表6-44的技术要求。为改善沥青结合料与集料的黏附性,使用消石灰粉和水泥时,其用量不宜超过矿料总质量的2%。粉煤灰不得作为SMA的填料使用。

SMA使用除尘装置回收的粉尘时,回收粉用量不得大于矿粉总量的25%,混用回收粉后的0.075mm通过部分的塑性指数不得大于4。

表6-44　　　　　　　　　　SMA面层用填料质量技术要求

指　标		单　位	技术要求
视密度,	不小于	t/m³	2.50
含水量,	不大于	%	1
粒度范围	<0.6mm		100
	<0.15mm	%	90~100
	<0.075mm		75~100
外观		%	无团粒,不结块
亲水系数,	不大于		1
塑性指数,	不大于	%	4

(4) 沥青结合料

用于SMA的沥青结合料必须具有较高的黏度,与集料有良好的黏附性,以保证有足够的高温稳定性和低温韧性。对高速公路等承受繁重交通的重大工程,夏季特别炎热或冬季特别寒冷的地区,宜采用改性沥青。当不使用改性沥青结合料时,沥青的质量必须符合"重交通道路沥青技术要求",并采用比当地常用沥青标号稍硬1级或2级的沥青。当使用改性沥青时,用于改性沥青的基质沥青,必须符合"重交通道路沥青技术要求"。基质沥青的标号应通过试验确定,通常采用与普通沥青标号相当或针入度稍大的等级,沥青改性以后的针入度等级,在南方和中部地区一般为40~60,北方地区宜为40~80,东北寒冷地区宜为60~100。

用于SMA的聚合物改性沥青的质量应符合《公路改性沥青施工技术规范》(JTJ036)规定的技术要求(表6-45)。以提高沥青混合料的抗车辙能力作为主要目的时,宜要求改性沥青的软化点温度高于年最高路面温度。

表 6-45　　　　　　　　　　　聚合物改性沥青技术要求

指　　标	SBS 类（Ⅰ类）				SBR 类（Ⅱ类）			EVA、PE 类（Ⅲ类）			
	I-A	I-B	I-C	I-D	Ⅱ-A	Ⅱ-B	Ⅱ-C	Ⅲ-A	Ⅲ-B	Ⅲ-C	Ⅲ-D
针入度（25℃，100g，5s）/0.1mm，不小于	100	80	60	40	100	80	60	80	60	40	30
针入度指数 PI，不小于	−1.0	−0.6	−0.2	+0.2	−0.1	−0.8	−0.6	−1.0	−0.8	−0.6	−0.4
延度（5℃，5cm/min）/cm，不小于	50	40	30	20	60	50	40				
软化点 $T_{R\&B}$/℃，不小于	50	55	60	65	45	48	50	48	52	56	60
运动黏度（135℃）/Pa·s，不大于	3										
闪点/℃，不小于	230				230			230			
溶解度/%，不小于	99				99			—			
离析，软化点差/℃，不大于	2.5				2.5			无改性剂明显析出、凝聚			
弹性恢复（25℃）/%，不小于	65	70	75	80							
黏韧性/N·m，不小于	—				5						
韧性/N·m，不小于					2.5						
质量变化/%，不大于	1.0										
针入度比（25℃）/%，不大于	60	65	70	75	50	55	60	如	55	58	60
延度（5t）/cm，不小于	30	25	20	15	30	20	10				

（5）纤维稳定剂

用于 SMA 的纤维稳定剂包括木质素纤维、矿物纤维、聚合物化学纤维等，以改善沥青混合料性能，吸附沥青，减少析漏。木质素纤维的质量，应符合表 6-46 的技术要求，其长度也不宜大于 6mm。

表 6-46　　　　　　　　　　　木质素纤维质量技术要求

试验项目	指　　标	试验方法
纤维长度	<6mm	水溶液用显微镜观测
灰分含量	18%±5%，无挥发物	高温 590~650℃燃烧后，测定残留物
PH 值	7.5±1.0	水溶液用 PH 试纸或 PH 计测定
吸油率	不小于纤维质量的 5 倍	用煤油浸泡后，放在筛上，经振敲后称量
含水率	<5%（以质量计）	15℃烘箱烘 2h 后，冷却称量

纤维应能承受 250℃的环境不变质，并且对环境不造成公害，不危害身体健康。可采用松散的絮状纤维或预先与沥青混合制成的颗粒状纤维。施工过程中应保证纤维不受潮结块，并确认纤维能在沥青混合料拌和过程中均匀地分散开。纤维应存放在室内或有棚盖的地方，在运输及使用过程中应防止受潮、结团，已经受潮、结团不能在拌和时充分分散的纤维，不得使用。纤维稳定剂的掺加比例，以沥青混合料总量的质量百分率计算，用量根据沥青混合料的种类由试验确定。通常情况下用于 SMA 路面的木质素纤维不宜少于 0.3%，矿物纤维不宜少于 0.4%，必要时可适当增加。掺加纤维的质量允许误差为±5%。

6.4.2　配合比设计

SMA 混合料的配合比设计，应遵循现行规范关于热拌沥青混合料配合比设计的目标配合比、生产配合比及试拌试铺验证的 3 个阶段，确定矿料级配及最佳沥青用量。SMA 配合比设计采用马歇尔试件体积设计方法，混合料的体积组成结构见图 6-16。

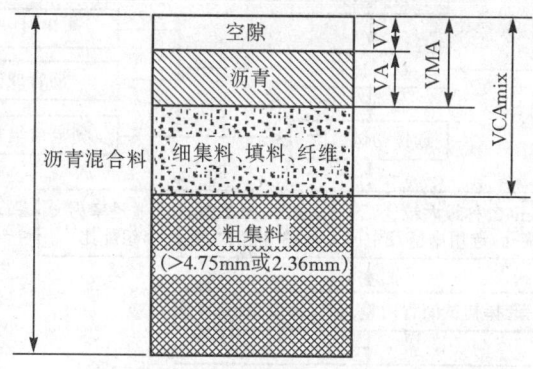

图 6-16　SMA 混合料的各种体积指标

配合比设计应遵循下列原则。

①SMA 必须具有互相嵌挤紧密的粗集料骨架。对 SMA-16 和 SMA-13，粗集料骨架是 4.75mm 以上的粗集料，SMA-10 的粗集料骨架是 2.36mm 以上的粗集料。马歇尔试件的 VCA_{mix} 必须小于捣实状态下的粗集料骨架间隙率的 VCA_{DRC}。

② 填充在 SMA 的粗集料骨架间隙中的沥青结合料，应符合最小沥青用量的要求，马歇尔试件的空隙率必须在要求的范围内。

SMA 的配合比设计，应符合表 6-47 的技术要求。

表 6-47　SMA 马歇尔试验配合比设计技术要求

试验项目		单位	技术要求	
			当不使用改性沥青时	当使用改性沥青时
马歇尔试件击实次数			两面击实 50 次	
空隙率 VV		%	3~4	
矿料间隙率 VMAO 不小于		%	17.0	
粗集料骨架间隙率 VCAm 不大于			VCA_{DRC}	
沥青饱和度 VFA		%	75~85	
最小油石比，合成集料毛体积相对密度	2.9 不小于	%	5.5	5.6
	2.8 不小于	%	5.7	5.8
	2.7 不小于	%	5.9	6.0
	2.6 不小于	%	6.1	6.2
稳定度	不小于	kN	5.5	6.0
流值		mm	2~5	—

（1）标配合比

SMA 混合料目标配合比设计，应按图 6-17 流程图的步骤进行。

（2）生产配合比和试拌试铺

SMA 混合料应根据目标配合比设计的结果，按《公路沥青路面施工技术规范》规定的方法进行生产配合比设计和试拌试铺检验。

生产配合比应以二次筛分后的热料仓材料级配为基础进行，其中小于 0.75mm 的细粉含量也应采用水洗法测定，配合比设计步骤与目标配合比设计方法相同，矿料级配与沥青用量应力求与目标配合比设计相近，以减少试验工作量。经生产配合比设计确定的油石比

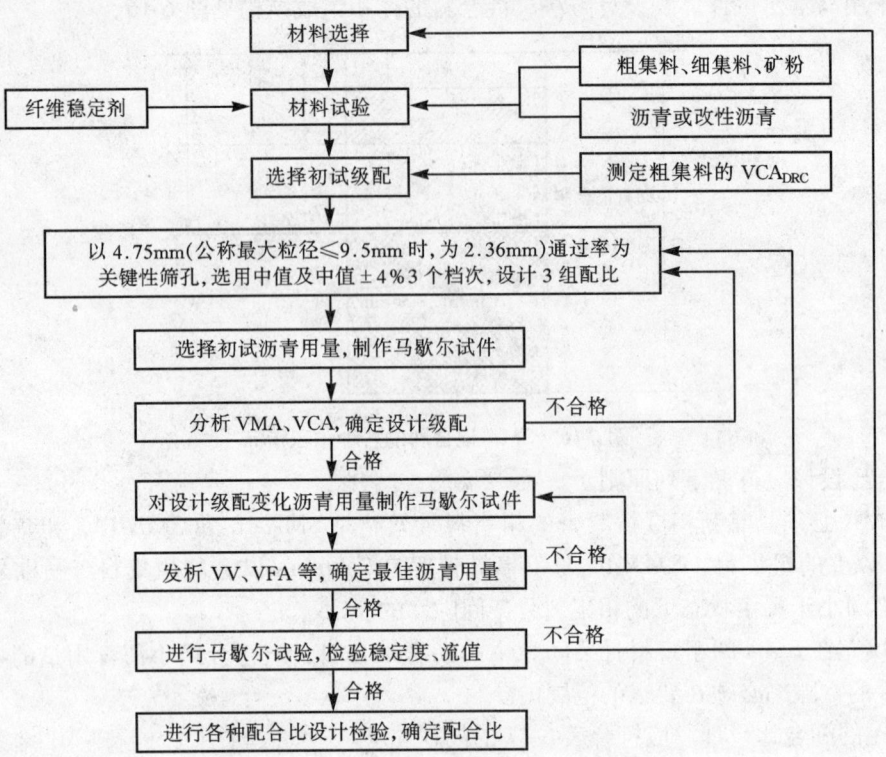

图 6-17 SMA 目标配合比设计流程图

必须经过配合比设计检验及试验段铺筑认定。试拌试铺必须由建设单位、施工单位、监理等有关各方共同实施,由此确定的标准配合比必须得到。见表 6-48。

表 6-48　　　我国部分地区 SMA 的级配范围(交通部公路所设计)　　　　　　　　%

筛孔/mm	首都机场高速公路 SMA-16 级配范围	设计级配 g	八达岭高速公路京昌段 SMA-16 级配范围	设计级配 g	首都机场东跑道 SMA-16 级配范围	设计级配 g	北京市东西长安街 SMA-10 级配范围	设计级配 g	湖北省黄黄高速公路 SMA-16 级配范围	设计级配 g	山东京沪高速路化临段 SMA-16 级配范围	设计级配 g	首都机场西跑道 SMA-16 级配范围	设计级配 g
19.0	100	100	100	100	100	100			100	100	100	100	100	100
16.0	95~100	99.3	95~100	98.1	95~100	98.5			90~00	97.0	90~100	92.0	90~100	98.9
13.2	82~95	85.2	72~92	81.5	72~92	88.9	100	100	65~85	81.0	6~85	77.4	65~85	82.4
9.5	63~78	56.4	54~72	66.7	54~72	61.5	90~100	95.0	45~65	51.5	45~65	56.6	45~65	57.5
4.75	25~35	25.5	25~40	38.3	25~40	33.7	35~55	45.0	20~30	25.2	20~30	25.1	20~32	28.1
2.36	20~26	21.4	17~31	23.0	17~31	23.9	20~40	30.0	15~24	21.6	15~24	16.7	15~24	18.7
1.18	15~21	15.9	14~26	18.6	14~26	20.3	15~30	22.5	14~22	17.4	14~22	15.4	14~22	16.6
0.6	12~18	12.3	10~22	12.8	10~24	19.5	12~16	19.0	12~18	15.4	12~18	14.8	12~18	14.7
0.3	11~16	10.4	8~17	10.3	8~17	14.0	11~X	16.5	10~16	13.0	10~巧	13.4	10~15	12.6
0.15	10~15	9.6	7~15	8.8	8~15	11.5	9~18	13.5	7~14	11.4	7~14	13.1	9~14	11.5
0.075	8~12	8.4	7~11	7.1	8~11	10.2	8~12	10.0	7~12	9.6	7~12	9.9	8~12	10.2
油石比	6.0%		6.0%		6.2%		6.2%		5.6%(非改性) 5.8%(改性)		5.8%		6.0%	

续表 6-48

筛孔/mm	黑龙江机场高速公路 SMA-16 1999 年			2000		江苏省淮江高速公路淮阴段 SAM-16			江苏省淮江高速公路扬州段 SMA-16			安徽合安高速公路 SMA-16	
	级配范围	设计级配 g	设计级配 &	设计级配	设计级配 g	级配范围	设计级配 g	设计级配	级配范围	设计级配 g	设计级配	级配范围	设计级配
19.0	100	100	95.9	99.3	99.3	100	100	100	100	100	100	100	100
16.0	90~100	97.4	89.4	92.5	92.6	90~100	91.7	91.7	90~100	91.9	91.9	90~100	94.2
13.2	65~85	79.6	77.8	82.8	82.9	65~85	78.5	78.5	65~85	73.7	73.7	65~85	72.2
9.5	45~65	49.3	52.4	51.1	51.4	45~65	53.3	53.3	45~65	55.9	55.9	45~65	58.5
4.75	20~32	25.6	34.2	25.4	25.9	20~32	29.1	29.1	20~32	26.2	26.2	20~32	26.1
2.36	15~24	19.2	17.8	19.5	20.2	15~24	23.3	23.4	15~24	19.7	19.7	15~24	21.7
1.18	14~22	16.3	16.0	16.3	17.3	14~22	18.6	18.4	14~22	15.7	15.9	14~X	17.7
0.6	12~18	14.9	14.7	15.6	16.6	12~18	15.8	15.7	12~18	13.7	13.8	12~18	16.9
0.3	10~15	11.9	11.8	10.3	11.3	10~15	14.0	14.2	10~15	12.7	12.8	10~15	13.6
0.15	9~14	11.1	11.0	9.8	10.5	9~14	12.9	13.4	9~14	12.1	12.3	9~14	12.4
0.075	8~12	9.4	9.4	9.8	10.5	8~12	9.8	10.5	8~12	10.0	10.3	8~12	10.5
油石比		6.4		6.3			6.0			5.8			6.1

监理工程师批准。批准后的标准配合比在生产过程中不得随意变更,如有疑义需要对标准配合比作调整时,必须重新得到监理及建设单位的批准。

6.4.3 施工工艺

(1) 施工温度

SMA 路面适宜在较高的温度条件下施工,当气温或下卧层表面温度低于10℃时不能铺筑。施工温度应根据沥青标号、黏度、改性剂的品种及剂量、气候条件及铺筑层的厚度确定。通常对非改性沥青混合料应通过沥青结合料在135℃及175℃条件下测定的黏度-温度曲线按表 6-49 的规定确定。非改性沥青结合料缺乏黏温曲线数据或采用改性沥青结合料时,可按表 6-50 规定的范围选择。但是经过试验段或施工实践证明表中规定温度不符合实际情况时,容许作适当调整。较稠的沥青、改性剂剂量高、厚度较薄时,选用高值,反之选低值。气温或下卧层温度较低时,施工温度应适当提高。

表 6-49 适宜于沥青混合料拌和及压实的沥青等黏温度

黏 度	适宜于拌和的沥青结合料黏度	适宜于压实的沥青结合料黏度
表观黏度	$(0.17 + 0.02)$ Pa·s	(0.28 ± 0.03) Pa·s
运动黏度	(170 ± 20) mm²/s	(280 ± 30) mm²/s
赛波特黏度	(85 ± 10) s	(140 ± 15) s

沥青结合料(含改性沥青)的加热温度或改性沥青的加工温度不得超过175℃。沥青混合料的温度应采用具有金属探测针的插入式数显温度计测量,不得采用玻璃温度计测量。在运料车上测量时,宜在车厢侧板下方打一个小孔,插入不少于15cm 量取。碾压温度可借助于金属改锥在路面上打洞后迅速插入温度计测量得到(必要时应移动位置)。

(2) 拌和

生产 SMA 应采用间隙式沥青拌和机拌和,且必须配备有材料配比和施工温度的自动检测和记录设备,逐盘打印各传感器的数据,每个台班作出统计,计算矿料级配、油石比、施

表 6-50　SMA 路面的正常施工温度范围　　单位：℃

工序	不使用改性沥青	使用改性沥青			测量部位
		SBS 类	SBR 胶乳类	EVA、PE 类	
沥青加热温度	150~160	160~165			沥青加热罐
改性沥青现场制作温度	—	165~170	—	165~170	改性沥青车
改性沥青加工最高温度	—	175		175	改性沥青车或储油罐
集料加热温度	180~190	190~200	200~210	185~195	热料提升斗
SMA 混合料出厂温度	155~170	170~185	160~180	165~180	运料车
混合料最高温度(废弃温度)	190	195			运料车
混合料贮存温度	拌和出料后降低不超过 10				贮存罐及运料车
摊铺温度	不低于 150	不低于 160			摊铺机

工温度、铺装层厚度的平均值、标准差和变异系数，进行总量检验，并作为施工质量检测的依据。用于 SMA 的改性沥青可以采用成品改性沥青或在现场制作改性沥青。当使用成品改性沥青时，应经常检验改性沥青的离析情况，各项指标应符合规范规定的技术要求。当为现场制作时，加工工艺应根据改性剂的品种和基质沥青确定。改性剂必须存放在室内，不能受潮或老化变色。拌和厂的电力条件应满足现场制作改性沥青的生产需要。基质沥青的导热油加热炉应具有足够的功率。改性沥青生产后最好进入贮存罐，经过不少于半小时的继续搅拌发育后使用，贮存和运输过程中不得发生离析。

拌和机应配备专用的纤维稳定剂投料装置，直接将纤维自动加入拌和机的拌和锅或称量斗中。根据纤维的品种和形状的不同，可以采取不同的添加方式。添加纤维应该和拌和机的拌和周期同步进行。松散的絮状纤维应该采用风送设备自动打散上料，并在矿料投入后干拌及喷入沥青的同时一次性喷入拌和机内。颗粒纤维最好在集料投入后立即加入，经 5~8s 的干拌，再投入矿粉，总的干拌时间应比普通沥青混合料增加 5~10s。

喷入沥青后的湿拌时间，应根据拌和情况适当增加，通常不得少于 5s，保证纤维能充分均匀地分散在混合料中。由于增加拌和时间、投放矿粉时间加长、废弃回收粉尘等原因而降低拌和机的生产率，应在计算拌和能力时充分考虑到，以保证不影响摊铺速度和造成停顿。

各种原材料都必须堆放在硬质地面上。在多雨潮湿地区，细集料(含石屑)应堆放在有棚盖的干燥条件下，当细集料潮湿使冷料仓供料困难时，应采取相应的措施。矿粉必须存放在室内，保持干燥，不结块，能自由流动。拌和时，矿粉投入能力应符合配合比设计数量的需要，原有矿粉仓不敷使用时，最好增加投入矿粉的设备，或将矿粉投料口扩大，以减少矿粉投入时间。

拌和过程中，回收粉尘的用量不得超过矿粉总用量的 25%。对逸出及废弃的粉尘，应添加矿粉补足，使 0.075mm 通过率达到配合比设计要求。

拌和的 SMA 混合料应立即使用，需在储料仓中存放时，以不发生沥青析漏为度，且不得储存至第二天使用。

(3) 运输

运输 SMA 最好采用大吨位运料车。运料车在开始运输前，应在车厢及底板上涂刷一层油水混合物,使混合料不与车厢黏结。任何情况下,运料车在运输过程中都应加盖苫布,以防表面混合料降温结成硬壳。运料车在运输途中,不得随意停歇。卸料必须倒净,如发现有剩余的残留物,应及时清除。

(4) 摊铺

在铺筑 SMA 之前,应对下层表面作以下处理。

① 用硬扫帚或电动工具清扫路面,有泥土等不洁物沾污时,应一边清扫一边用高压水冲洗干净,并待进入路面中水分蒸发后铺筑。

② 若旧路面表面不平整,应铣刨或用热拌沥青混合料铺筑整平层,恢复横断面。

③ 必须喷洒符合要求的黏层油,用量宜为 $0.3 \sim 0.4 L/m^2$。

SMA 可采用常规的沥青混合料摊铺方法进行摊铺,一台摊铺机的摊铺宽度一般不得超过 6m,特殊时最大不得超过 8m。高速公路的沥青面层应采用两台以上相同型号的摊铺机成梯队形式摊铺,相邻两台摊铺机应具有相同的压实能力,摊铺间距不超过 20m,以保证纵向接缝为热接缝。改性沥青 SMA 混合料最好使用履带式摊铺机铺筑。

摊铺机开始铺筑前熨平板预热至 100℃ 以上,铺筑过程中开动熨平板的振动或捶击等夯实装置。摊铺速度调整到与供料速度平衡,必须缓慢、均匀、连续不间断地摊铺。摊铺过程中不得随意变换速度或中途停顿。由于改性沥青或 SMA 的生产影响拌和机的生产率,因此摊铺机的摊铺速度应放慢,通常不超过 $3 \sim 4 m/min$,容许放慢到 $1 \sim 2 m/min$。当供料不足时,宜采用运料车集中等候,集中摊铺的方式尽量减少摊铺机的停顿次数。此时摊铺机每次均应将剩余的混合料铺完,做好临时接头。如果等料时间过长,混合料温度降低,表面结成硬壳,影响继续摊铺时,必须将硬壳去除。改性沥青 SMA 混合料的摊铺温度应比普通沥青混合料的摊铺温度高 $10 \sim 20℃$,混合料温度在卸料到摊铺机上时测量。当气温低于 15℃ 时,不得摊铺改性沥青 SMA 混合料。

(5) 压实

SMA 施工必须有足够数量的压路机,压路机的最少数量根据与铺筑速度匹配的原则,由压路机的碾压宽度、碾压速度、要求的碾压遍数计算配置。铺筑双车道高速公路沥青路面时,用于初压、复压和终压的各种压路机数量不得少于 $4 \sim 5$ 台。混合料摊铺后,必须紧跟着在尽可能高的温度状态下开始碾压,不得等候。除必要的加水等短暂歇息外,压路机在各阶段的碾压过程中应连续不间断地进行。同时也不得在低温度状态下反复碾压 SMA,以防止磨掉石料棱角或压碎石料,破坏集料嵌挤。碾压温度应符合表 6-48 的要求。

SMA 路面的初压最好采用刚性碾静压。每次碾压直至摊铺机跟前,初压区的长度通过计算确定,以便与摊铺机的速度匹配,一般不宜大于 20m。高速公路最好采用两台压路机同时进行,初压遍数一般为一遍,以保证尽快进入复压。摊铺机的铺筑宽度越宽,摊铺机自身的碾压效果越差,初压的要求也越高。

SMA 路面的复压应紧跟在初压后进行。经过试验证明直接使用振动压路机初碾不造成推拥的,也可直接用振动压路机初压。如发现初压有明显推拥,应检查混合料的矿料级配及油石比是否合适。压路机的吨位以不压碎集料,又能达到压实度为度。复压最好采用重型的振动压路机进行,碾压遍数不少于 $3 \sim 4$ 遍;也可用刚性碾静压,复压遍数不少于 6 遍。

终压采用刚性碾紧跟在复压后进行,以消除轮迹,终压遍数通常为 1 遍。若复压后已无明显轮迹或终压看不出明显效果,可不再终压。允许采用振动压路机同时进行初压、复压、终压。

通常情况下，SMA 不宜采用轮胎压路机碾压，以防搓揉过度造成沥青玛蹄脂挤到表面而达不到压实效果。在极易造成车辙变形的路段等特殊情况下，由于减少沥青用量必须使用轮胎压路机碾压时，必须通过试验论证，确定压实工艺，但不得发生沥青玛蹄脂上浮或挤出等现象。

振动压路机碾压 SMA 应遵循"紧跟、慢压、高频、低幅"的原则。即压路机必须紧跟在摊铺机后面碾压，碾压速度要慢，要均匀，并采取高频率、低振幅的方式碾压，碾压段长度大体相同，每次碾压到摊铺机跟前后折返碾压。SMA 的碾压速度不得超过 5km/h。在压实度达到 98% 以上或者现场取样的空隙率不大于 6% 后，中止碾压。如果碾压过程中发现有沥青玛蹄脂部分上浮或石料压碎、棱角明显磨损等过碾压的现象时，碾压应立即停止，并分析原因。

为了防止混合料黏附在轮子上，应适当洒水使轮子保持湿润，水中可掺加少量的清洗剂。但应严格控制水量以不黏轮为度，且喷水必须是雾状的，不得采用自流洒水的压路机。压路机碾压过程中不得在当天铺筑的路面上长时间停留或过夜。

（6）接缝

SMA 混合料的铺筑应避免产生纵向冷接缝。横向施工缝应该采用平接缝。平接缝切缝在混合料尚未完全冷却结硬前进行，切缝后必须用水冲洗干净，待干燥后涂刷黏层油，才可以铺筑新混合料。应特别注意横向接缝处的平整度，刨除端部或切缝的位置应通过 3m 直尺测量确定。

（7）开放交通

SMA 路面施工结束后，在路表温度下降到 50℃ 以下，允许开放交通。如果急需开放交通时，应洒水冷却。当发现某些改性沥青 SMA 沥青面层在开放交通后，有发软的迹象，或大吨位运料车转弯时出现掉粒、轮印等情况时，应加强早期交通的控制。

6.4.4 检查及验收

改性沥青质量的日常检查按表 6-51 规定的项目和频度进行，采用放大 100 倍以上的显微镜观察后制作照片留存备查。改性剂在基质沥青中应分散均匀，细度达到制作要求（通常为 $1 \sim 10\mu$）。

表 6-51　　　　　　施工过程中聚合物改性沥青质量的检测要求

项　目	聚合物改性剂类型			检测频度
	SBS 类	SBR 类	EVA、PE 类	
针入度	√	√	√	1~2 次/日
软化点	√	√	√	1~2 次/日
低温延度	√	√	—	必要时
弹性恢复	√	—	—	必要时
显微镜观察	√	—	√	必要时

SMA 路面的施工质量检验应符合表 6-52 的要求。

表 6-52　　SMA 路面施工质量检验要求

项　目	检查频度	质量要求或允许差	试验方法
外观	随时	无油斑、离析、轮迹等现象	目测
接缝	随时	紧密、平整、顺直、无跳车	目测、三米直尺
施工温度	1 次/车	符合表 6-50 要求	数显式温度计
矿料级配	每台拌和机 1~2 次/日	下列筛孔与设计标准配合比的容许差： 0.075mm ±2% 4.75mm ±4% ≥9.5mm ±5%	抽提筛分
油石比	同上	±0.3%	抽提筛分
马歇尔试验：稳定度、流值、密度、空隙率	同上	符合设计要求	拌和厂取样成型试验
车辙试验	必要时	不小于设计要求	拌和厂或现场取样成型送实验室试验
渗水试验	随时 4 次/日	基本上不渗水或渗水非常慢 SMA-13 及 SMA-10：不大于 200mL/min SMA-16 及 SMA-19：宜不大于 200mL/min 或实测记录	向路面倒水观察 用渗水仪测定
构造深度	不少于 5 处/日	0.8~1.3mm	铺砂法
压实度	每 2000m² 检查 1 处	不小于马歇尔密度的 98% 或不小于真空法实测的最大相对密度的 94%（单点检验）	钻孔法或核子仪
空隙率	必要时	不大于 6%	钻孔法
平整度	对每日铺筑的路段全线测定 1~2 次	不大于设计要求	整车式颠簸累积仪或 3m 连续式平整度仪

第7章 水泥混凝土路面施工

7.1 水泥混凝土路面的构造和特点

水泥混凝土路面,包括素混凝土、钢筋混凝土、连续配筋混凝土、预应力混凝土、装配式混凝土、钢纤维混凝土和混凝土小块铺砌等面层板和基(垫)层所组成的路面。目前采用最广泛的是就地浇筑的素混凝土路面,简称混凝土路面。本节将讲解有关水泥混凝土路面的构造与特点。

7.1.1 水泥混凝土路面的构造及其基本要求

(1) 路基

水泥混凝土的弹性模量为 $2.5\times10^4 \sim 4.0\times10^4 \text{MPa}$。所以,水泥混凝土面层板具有很高的刚度和扩散荷载的能力,通过面层板传到路基顶面的荷载压应力值很小,一般不超过 0.05MPa。因此,水泥混凝土路面并不要求强度大或承载力高的路基。然而,如果路基的稳定性不足,产生不均匀沉陷,则仍将给混凝土面层带来很不利的影响。由于路基不均匀支承,会使面板在受荷时底部产生过大的弯拉应力,导致混凝土路面破坏。路基支承不均匀的原因主要是由于填料的土质不均匀、湿度不均匀、膨胀土冻胀、湿软地基未达充分固结、排水设施不良、压实不足或不当,以及新老路基交接处、填挖交界处处理不当等多种原因造成的。为了保证路基支承的均匀性,遇有上述情况时,宜分别采取相应的处理措施。

① 选择填料。宜选用低膨胀性土(塑性指数在10以下)或对冰冻不敏感的土(砂砾等)做填料,将膨胀性高或对冰冻敏感的土放在路堤的下层,而在上层用好填料填筑,对不同来源和性质的填料进行适当地拌和等。

② 控制压实度和压实时的含水量。在气候润湿、中湿或过湿的地区压实塑性土,压实时的含水量宜略高于最佳含水量。这时的压实土,渗透性、浸水后的膨胀量和冻胀都可减小,从而可提供体积变化小而支承均匀的路基。

③ 加强路基排水设施。尽可能提高路基设计标高或加深边沟底部深度,以增加路面同地下水位之间的距离。设置路基排水设施,以拦截浅透水层流向路基的渗透水或降低地下水位。

④ 对路基上层土进行处理。路基上层土,特别是对于湿软土层,应采用低剂量石灰或水泥等结合料作稳定处理。

(2) 基层和垫层

水泥混凝土面层下设置基层和垫层,主要有如下几方面的作用。

① 防唧泥。混凝土面层如果直接放在路基上,会由于路基土塑性累计变形量大、细料含量多和抗冲刷能力低而极易产生唧泥现象。铺设基(垫)层后,可减轻以至消除唧泥的产生。

② 防冰冻。在季节性冰冻地区,用对冰冻不敏感的粒状多孔材料来铺筑基(垫)层,可

第7章 水泥混凝土路面施工

以减少路基的冰冻深度,从而减轻冰冻的危害作用。

③ 防水。在湿软土基上,铺筑开级配粒料基(垫)层,可以排除从路表面渗入面层板下的水分,以及隔断地下水毛细上升。

④ 减小路基顶面的压应力,并缓和路基不均匀变形对面层的影响。

⑤ 为面层施工(如立侧模、运送混凝土混合料等)提供方便。同时,还能提高路面结构的承载能力,延长路面的使用寿命。

(3) 水泥混凝土路面对基层和垫层结构方面的要求

① 刚度要求。随着交通繁重程度的增加,对水泥混凝土面层下基层和垫层的刚度要求应逐渐提高,以限制板的弯沉量,从而减少唧泥和错台等病害的产生。在公路水泥混凝土路面设计规范中,按交通等级分别提出了基层顶面当量回弹模量 E_t 的最低要求,见表7-1。因而,在选择基层和垫层类型和确定其厚度时,应考虑满足要求。而在原有公路上铺筑混凝土面层时,原有路面顶面的当量回弹模量 E_t 也需满足规定。如果不满足时,应在原有路面上设置补强层,使补强后的顶面当量回弹模量 E_t 满足要求,但所需的补强层厚度不得小于结构层最小厚度的规定,见表7-2。

表7-1　　　　基层顶面当量回弹模量 E_t 的最低要求

交通等级	特重型	重型	中等型	轻型
当量回弹模量 E_t/MPa	120	100	80	60

表7-2　　　　补强层最小结构层厚度

结构层名称	最小厚度/cm	结构层名称	最小厚度/cm
级配碎、砾石	8	石灰稳定工业废渣	10
填隙碎石	8	水泥稳定土	10
石灰稳定土	10		

② 防冻胀要求。在季节性冰冻地区,路面结构的总厚度(包括面层、基层和垫层)应占当地最大冰冻深度的一定比例,以防止或减轻路基不均匀冻胀对混凝土路面的不利影响。混凝土路面结构防冻最小厚度见表7-3。

表7-3　　　　混凝土路面结构防冻最小厚度　　　　单位:cm

路基干湿类型	路基土质	当地最大冰冻冻深/m			
		0.5~1.00	1.01~1.50	1.51~2.00	>2.00
中湿路基	低、中、高液限黏土	0.30~0.50	0.40~0.60	0.50~0.70	0.60~0.95
	粉土,粉质低、中液限黏土	0.40~0.60	0.50~0.70	0.60~0.85	0.70~1.10
潮湿路基	低、中、高液限黏土	0.40~0.60	0.50~0.70	0.60~0.90	0.75~1.20
	粉土,粉质低、中液限黏土	0.45~0.70	0.55~0.80	0.70~1.00	0.80~1.30

注:①冻深小或填方路段,或者基、垫层为隔温性能良好的材料,可采用低值;冻深大或挖方及地下水高的路段,或基、垫层为隔温性能稍差的材料,应采用高值。
②冻深小于0.50m的地区,一般不考虑防冻厚度。

③ 厚度。防止唧泥所需的基层或垫层厚度一般不得小于15cm,作为原有路面上的补强,最小结构厚度一般为8~10cm。此外,基层和垫层的厚度确定还要满足表7-1的要求。同时,在季节性冰冻地区,则要考虑满足抗冻层最小厚度的要求,并按此调节垫层的厚度。

④ 宽度。基层和垫层的宽度应大于面层宽度,以便有足够的位置供立侧模用,同时,

较宽的基层和垫层也有利于改善面层板边缘的受荷条件。通常垫层应比基层每侧至少宽出25cm或与路基同宽，基层应比混凝土面层每侧至少宽出30cm（采用小型机具时）或50cm（轨道式摊铺机施工时）或65cm（采用滑模式摊铺机施工）。

(4) 排水和路肩

① 面层-基（垫）层-路肩排水系统。为了迅速排除渗入路槽内的水分，可以采用开级配粒料做基层（或垫层），汇集通过面层接（裂）缝和外侧边缘渗下的水分，通过空隙和横坡横向排至基层（或垫层）的外侧，并由纵向集水管汇集后横向排出路基。开级配粒料，可以不用结合料处治，而用水泥或沥青结合料处治。为防止路基土的细粒渗入渗水基层（或垫层），堵塞空隙而使排水作用失效，在透水基层（或垫层）下应设置过滤层。

当采用密级配粒料修建不透水基层或垫层时，通过接缝或裂缝下渗的水，会沿面层和不透水基层或垫层的界面流向路肩。为了迅速排除这部分下渗的水，可在路肩下设置排水层，以排引出路基。水量大时，可增设纵向排水管。

② 路肩。路肩给路面结构提供侧向支承，供车辆紧急或临时停靠，在车行道进行修补时可作为临时车道使用，因而路肩应具有一定承受车辆荷载的能力。路肩的层次结构和材料选择，除了考虑承载能力外，还应结合路面排水系统的布置和要求，使渗入路面的水分能由排水通道迅速排离出路面结构，为铺筑出符合质量标准的水泥混凝土路面提供基本保证。

7.1.2 水泥混凝土路面的特点

所谓素混凝土路面，是指除接缝区和局部范围（边缘和角隅）外不配置钢筋的混凝土路面。

(1) 水泥混凝土路面的优点

① 强度高。混凝土路面具有较高的抗压强度和抗弯拉强度以及抗磨耗能力。

② 稳定性好。混凝土路面的水稳性、热稳性均较好，特别是它的强度能随着时间的延长而逐渐提高，不存在沥青路面的那种老化现象。

③ 耐久性好。由于混凝土路面的强度和稳定性好，所以它经久耐用，一般能使用20～40年，而且它能通行包括履带式车辆等在内的各种运输工具。

④ 养护费用少、经济效益高。与沥青混凝土路面相比，水泥混凝土路面的养护工作量和养护费用均较少。它的建筑投资虽较大，但使用年限长，故所分摊于每年的工程费用较少。因此，从长远角度来看，选用混凝土路面，其经济效益是比较显著的。

⑤ 有利于夜间行车。混凝土路面色泽鲜明，能见度好，对夜间行车有利。

(2) 水泥混凝土路面的缺点

① 对水泥和水的需要量大。这对水泥供应不足和缺水地区带来较大困难。

② 有接缝。一般混凝土路面要建造许多接缝，这些接缝不但增加了施工和养护的复杂性，而且容易引起行车跳动，影响行车的舒适性。同时，接缝又是路面的薄弱点，如处理不当，将导致路面板边和板角处破坏。

③ 开放交通较迟。一般混凝土路面完工后，要经过15～20d的湿治养生，才能开放交通，如需提早开放交通，则需采取特殊措施。

④ 修复困难。混凝土路面损坏后，开挖很困难，修补工程量大，费用高，且影响交通。由于混凝土路面的强度高，耐久性好，能适应重载、高速而繁密的汽车运输的要求，在我国一些城市道路、工矿道路、停车场和机场跑道上应用较多。由于它的水稳性及能见

度好,特别适用于修筑隧道内的路面。但是,修筑混凝土路面,要耗费大量的水泥和一定数量的钢材,因此,在我国公路路面上目前采用得还不是很多。随着我国公路运输事业的发展,行车时车载质量和速度的日益提高,特别是水泥工业的进一步发展,今后,混凝土路面在我国必然会得到越来越广泛的采用。

7.2 水泥混凝土路面的技术要求和配合比设计

水泥混凝土路面同其他材料的路面比较,有着较大的强度和刚度,稳定性、耐久性也较好。面层所用的材料主要有水泥、粗集料、细集料、水及外掺剂等。水泥混凝土配合比设计是根据设计弯拉强度、耐久性、耐磨性、工作性等要求和经济合理的原则,通过试验确定混凝土混合料各成分的配合比例。本节将讲解有关水泥混凝土路面的技术要求、对材料的要求以及配合比设计方面的内容。

7.2.1 路用混凝土的技术要求

(1) 强度

路面混凝土主要是以混凝土的抗弯拉强度(抗弯折度)为设计标准的。设计混凝土路面的厚度应以行车反复荷载产生的应力不超过混凝土路面设计使用年限末期的疲劳抗弯拉强度为依据。混凝土路面要求有两个强度指标。

① 抗弯拉强度。根据材料情况、施工条件等因素,通过试配确定。路面混凝土的抗弯拉强度,不得低于规定值,见表7-4。当混凝土路面浇筑后,如不需在28d 后开放交通时,可采用90d 龄期强度,其强度一般为28d 龄期强度的1.1倍。

表 7-4　　　　　　　　混凝土抗弯拉强度、抗压强度和弹性模量

交通等级	特重型	重型	中等型	轻型
设计弯拉强度 f_r/MPa	5.0	5.0	4.5	4.0
弯拉弹性模量 $E_r/10^3$ MPa	30	30	28	27

② 弯拉弹性模量。路面混凝土的弯拉弹性模量以试验实测为宜,如无条件,可按表7-4选用或者按试验回归关系式(7-1)确定:

$$E_r = 14.37 f_r^{0.46} \tag{7-1}$$

式中,E_r——弯拉弹性模量,MPa;
　　　f_r——设计弯拉强度,MPa。

(2) 和易性(工作性)

混凝土在拌和操作中要求混合料有较大的流动性,以易于拌和均匀,而且在运输和浇灌时不会发生砂石与水泥浆分离现象,在捣实时混凝土内部均匀密实,不致发生麻面蜂窝等。混凝土应具备的这些便于施工与保证工程质量的性质,称为混凝土混合料的和易性。目前还没有一种能全面表征混凝土和易性的测定方法,最常用的方法有坍落度试验、维勃稠度试验和捣实因素试验等。

影响和易性的因素主要有水泥浆的数量、水泥浆的稠度、砂率、水泥品种和集料性质、外加剂等。因此,在拌制混凝土时,必须根据使用材料、施工机械、施工气候等条件,在保证混凝土强度、耐久性和经济性的前提下,选择合理的配合比和适宜的坍落度,或掺加

各种外加剂（如减水剂、流化剂等），以提高混凝土的和易性。

（3）耐久性

由于路面混凝土直接受到行驶车辆的磨损，寒冷积雪地区又受到防滑链轮胎和带钉轮胎的冲击，同时长年经受风吹日晒、雨水冲刷以及冰雪冻融的侵蚀，因此，要求混凝土路面必须具有良好的耐久性。为了提高混凝土的耐久性，应注意以下几点要求：

① 混凝土组成材料的质量符合标准要求；
② 合理选择水泥品种（普通水泥）；
③ 适当控制水灰比及水泥用量；
④ 选用较好的砂石集料及改善集料级配；
⑤ 掺加外加剂，如引气剂、减水剂等。

（4）表面特性

混凝土路面应具有良好的表面功能（或表面特性），即要求路面具有足够的抗滑、耐磨及平整性。一般地，采用坚硬、耐磨、表面粗糙的集料，可提高路面的抗滑能力；选用优质材料（包括填缝料）进行合理组成设计，可提高路面的耐磨性；依靠控制混合料的均匀性、和易性，可提高表面的平整度。

7.2.2 对材料的要求

水泥混凝土路面是由混凝土面板与基层组成的路面结构，具有刚度大、强度高、稳定性好、使用寿命长等特点，适用于各级公路特别是高速公路和一级公路。水泥混凝土面板必须具有足够的抗折强度，良好的抗磨耗、抗滑、抗冻性能以及尽可能低的线膨胀系数和弹性模量。混凝土拌和物应具有良好的施工和易性，使混凝土路面能承受荷载应力和温度应力的综合疲劳作用，为行驶的汽车提供快速、舒适、安全的服务。能否达到这些性能要求与混凝土的原材料品质以及混合料组成有密切的关系，因此，混凝土路面施工时应选用质量符合要求的原材料，混合料组成应满足强度及施工的和易性要求，这是修筑高质量水泥混凝土路面的基本保证。

组成水泥混凝土路面的原材料包括水泥、粗集料（碎石）、细集料（砂）、水、外加剂、接缝材料以及局部使用的钢筋等。

（1）水泥

水泥是混凝土的胶结材料，混凝土的性能在很大程度上取决于水泥的质量。施工时应采用质量符合我国现行国家标准《道路硅酸盐水泥》规定技术要求的水泥。通常应选用强度高、干缩性小、抗磨性能及耐久性能好的水泥，施工时根据公路等级、工期要求、浇筑方法、路用性能要求、经济性等因素选用合适的水泥品种及标号。通常使用硅酸盐水泥或普通硅酸盐水泥，若采用其他品种的水泥，必须满足路用性能和经济性要求，见表7-5。

水泥的物理性能和化学成分应符合现行有关规范的规定。根据实用性要求和现阶段的研究结果，对路用水泥的主要技术品质的具体要求见表7-6。

调查和试验结果表明，国内大中型水泥厂生产的硅酸盐水泥、普通硅酸盐水泥和道路硅酸盐水泥的品质能达到或基本达到道路使用要求。

（2）粗集料

为获得密实、高强、耐久性好、耐磨耗的混凝土，粗集料必须使用质地坚硬、耐久、干净的碎石、碎卵石和卵石，并应符合表7-7的要求。

第7章 水泥混凝土路面施工

表7-5 水泥选用范围

交通等级	水泥抗折强度/MPa	水泥品种和标号	备注
特重型	≥7.5	硅酸盐水泥625、普通水泥625、道路水泥525	硅酸盐水泥525、普通水泥525、道路水泥425，实测抗折强度达到要求可以使用
重型	≥7.0	硅酸盐水泥525、普通水泥525、道路水泥425	硅酸盐水泥425、普通水泥425，实测抗折强度达到要求可以使用
中等、轻型	≥6.5	硅酸盐水泥425、普通水泥425、道路水泥425	所用水泥均应以抗折强度满足要求为准

表7-6 各级交通等级路面用水泥的化学成分和物理指标

水泥性能	特重、重交通道路	中、轻交通道路
铝酸三钙	不宜大于5.0%	不宜大于7.0%
铁铝酸四钙	不宜小于15.0%	不宜小于12.0%
游离氧化钙	不得大于1.0%	不得大于1.0%
氧化镁	不得大于5.0%	不得大于6.0%
三氧化硫	不得大于3.5%	不得大于4.0%
碱含量	$Na_2O+0.658K_2O$ 不大于0.6%	怀疑有碱活性集料时，不大于0.6%；无碱活性集料时，不大于1.0%
混合材料种类	不得掺窑灰、煤矸石、火山灰和黏土，有抗盐冻要求时不得掺粉灰、石粉	不得掺窑灰、煤矸石、火山灰和黏土，有抗盐冻要求时不得掺石粉、石粉
出磨时安定性	雷氏夹或蒸煮法检验必须合格	蒸煮法检验必须合格
标准稠度需水量	不宜大于28%	大于30%
烧失量	不得大于3.0%	不得大于5.0%
比表面积	宜在300~450m²/kg	宜在300~450m²/kg
细度(80μm)	筛余量不得大于10%	筛余量不得大于10%
初凝时间	不早于1.5h	不早于1.5h
终凝时间	不迟于10h	不迟于10h
28d 干缩率	不得大于0.09%	不得大于0.10%
耐磨性	不得大于3.6kg/m²	不得大于3.6kg/m²

表7-7 碎石、碎卵石和卵石技术要求

项目	技术要求 I级	II级	III级
碎石压碎指标/%	<10	<15	<20①
卵石压碎指标/%	<12	<14	<16
坚固性(按质量损失计)/%	<5	<8	<12
针片状颗粒含量(按质量计)/%	<5	<15	<20②
含泥量(按质量计)/%	<0.5	<1.0	<1.5
泥块含量(按质量计)/%	<0	<0.2	<0.5
有机物含量(比色法)	合格	合格	合格
硫化物及硫酸盐(按SO_3质量计)/%	<0.5	<1.0	<1.0
岩石抗压强度	火成岩不应小于100MPa，变质岩不应小于80MPa，水成岩不应小于60MPa		
表观密度	>2500kg/m³		
松散堆积密度	>1350kg/m³		
空隙率	<47%		
碱集料反应	经碱集料反应试验后，试件无裂缝、酥裂、胶体外溢等现象，在规定试验龄期的膨胀率应小于0.10%		

注：①III级碎石的压碎指标，用做路面时，应小于20%；用做下面层或基层时，可小于25%。
②III级粗集料的针片状颗粒含量，用做路面时，应小于20%；用做下面层或基层时，可小于25%。

粗集料的粒状以接近正方体为佳。长度大于平均粒径2.4倍的称针状颗粒，厚度小于平均粒径0.4倍的称片状颗粒。表面粗糙且多棱角的粗集料，同水泥浆的黏附性好，配制的混凝土有较好的强度，在相同水泥浆用量条件下，碎石配制的混凝土具有较好的和易性，见表7-7。

混凝土的粗集料不得使用不分级的统料，应按最大公称粒径的不同采用2~4个粒级的集料进行掺配，并应符合表7-8的要求。

表7-8　　　　　　　　　　　粗集料级配范围

类型	粒径级配	方筛孔尺寸/mm							
		2.36	4.75	9.50	16.0	19.0	26.5	31.5	37.5
		累计筛余(以质量计)/%							
合成级配	4.75~16	95~100	85~100	40~60	0~10				
	4.75~19	95~100	85~95	60~75	30~45	0~5	0		
	4.75~26.5	95~100	90~100	70~90	50~70	25~40	0~5	0	
	4.75~31.5	95~100	90~100	75~90	60~75	40~60	20~35	0~5	0
粒级	4.75~9.5	95~100	80~100	0~15	0				
	9.5~16		95~100	80~100	0~15	0			
	9.5~19		95~100	85~100	40~60	0~15	0		
	16~26.5			95~100	55~70	25~40	0~10	0	
	16~31.5			95~100	85~100	55~70	25~40	0~10	0

（3）细集料

细集料应采用质地坚硬、耐久、洁净的天然砂、机制砂或混合砂，并应符合表7-9的规定。高速公路、一级公路、二级公路以及有抗(盐)冻要求的三、四级公路，混凝土路面使用。

表7-9　　　　　　　　　　　细集料技术要求

项　目	技术要求		
	Ⅰ级	Ⅱ级	Ⅲ级
机制砂单粒级最大压碎指标/%	<20	<25	<30
氯化物(氯离子质量计)/%	<0.01	<0.02	<0.06
坚固性(按质量损失计)/%	<6	<8	<10
云母(按质量计)/%	<1.0	<2.0	<2.0
天然砂、机制砂含泥量(按质量计)/%	<1.0	<2.0	<3.0①
天然砂、机制砂泥块含量(按质量计)/%	0	<1.0	<2.0
机制砂MB值<1.4或合格石粉含量(按质量计)/%	<3.0	<5.0	<7.0
机制砂MB值≥1.4或不合格石粉含量(按质量计)/%	<1.0	<3.0	<5.0
有机物含量(比色法)	合格	合格	合格
硫化物及硫酸盐(按SO_3质量计)/%	<0.5	<0.5	<0.5
轻物质(按质量计)/%	<1.0	<1.0	<1.0
机制砂母岩抗压强度	火成岩不应小于100MPa，变质岩不应小于80MPa，水成岩不应小于60MPa		
表观密度	>2500kg/m³		
松散堆积密度	>1350kg/m³		
空隙率	<47%		
碱集料反应	经碱集料反应试验后，由砂配制的试件无裂缝、酥裂、胶体外溢等现象，在规定试验龄期的膨胀率应小于0.10%		

注：①天然Ⅲ级砂用做路面时，含泥量应小于3%；用做混凝土基层时，可小于5%。

的砂应不低于Ⅱ级；无抗(盐)冻要求的三、四级公路，混凝土路面、碾压混凝土及贫混凝土基层可使用Ⅲ级砂。特重、重交通混凝土路面宜使用河砂，砂的硅含量不应低于25%。

细集料的级配要求应符合表7-10的规定，路面和桥面用天然砂宜为中砂，也可使用细度模数在2.0~3.5之间的砂。同一配合比用砂的细度模数变化范围不应超过0.3，否则，应分别堆放，并调整配合比中砂率后使用。

表7-10　　　　　　　　　　　　细集料级配范围

砂分级	方筛孔尺寸/mm					
	0.15	0.30	0.60	1.18	2.36	4.75
	累计筛余(以质量计)/%					
粗砂	90~100	80~95	71~85	35~65	5~35	0~10
中砂	90~100	70~92	41~70	10~50	0~25	0~10
细砂	90~100	55~85	16~40	0~25	0~15	0~10

(4) 水

清洗集料、拌和混凝土及养生所用的水，不应含有影响混凝土质量的油、酸、碱、盐类等有害杂质。凡能供人畜饮用的水，一般都可使用。非饮用水经化验满足以下条件时可以使用：硫酸盐含量(按 SO_4^{2-} 计)小于 $0.0027mg/mm^3$；含盐量不得超过 $0.005mg/mm^3$；PH 值不得小于4；不得含有油污、泥和其他有害杂质。

(5) 外加剂

为改善水泥混凝土的技术性能，往往在混凝土拌制过程中加入适宜的外加剂。外加剂现已被列为混凝土混合料的必备成分，其用量一般不超过水泥用量的5%(特殊情况除外)。常用的外加剂有减水剂、调凝剂及引气剂三大类。

① 减水剂。减水剂是改善新拌混凝土流变性能的外加剂。由于使用时单位体积混凝土混合料中的用水量减少，故名减水剂。混凝土加入适量的减水剂，可在保持新拌混凝土工作性相同的情况下，显著地降低水灰比；或在水灰比不变的条件下，可大大改善新拌混凝土的工作性，从而提高混凝土的强度和改善混凝土的抗冻、抗磨、收缩等一系列物理-力学性能。目前常用的有木质素系减水剂(简称M剂)、茶系减水剂(NF、MF等)、水溶性树脂类减水剂(SM)等。

② 缓凝剂。缓凝剂是调节水泥凝结时间的外加剂。根据前述的缓凝剂原理，因其在水泥及其水化物表面上的吸附作用，或与水泥反应生成不溶层而达到缓凝的效果。调节水泥凝结时间的缓凝剂(天热时拌制混凝土)，如羟基羧酸盐类(酒石酸等)、多羟基碳水化合物类(糖蜜等)和无机化合物类(Na_3PO_4)等。

速凝剂是使水泥混凝土迅速凝结和硬化的外加剂，可用于冬季施工。速凝剂与水泥在加水拌和时立即反应，使水泥中的石膏失去缓凝作用，促成铝酸三钙迅速水化，并在溶液中析出其水化物，导致水泥迅速凝结。

③ 引气剂。引气剂能在混凝土中形成细小的、均匀分布的，并在硬化后仍能保持的空气微泡。引气剂为憎水性表面活性物质，由于它能降低水泥-水-空气的界面能，同时由于它的定向排列，形成单分子吸附膜，提高泡膜的强度，并使气泡排开水分而吸着于固相粒子表面，因而能使搅拌过程混进的空气形成微小(孔径0.01~2mm)而稳定的气泡，均匀分布于混凝土中。

目前常用的引气剂有松香热聚物、烷基磺酸钠和烷基苯碳酸钠等阴离子表面活性剂。

适宜的掺加量为泥用量的0.005%~0.01%，混凝土中含气量为3%~6%。对新拌混凝土，由于这些气泡的存在，可改善工作性，减少泌水和离析。对硬化后的混凝土，由于气泡彼此隔离，切断毛细孔通道，使水分不易渗入，又可缓冲其水分结冰膨胀的作用，因而可提高混凝土的抗冻性、抗渗性和抗蚀性。

(6) 接缝材料

接缝所用材料质量的好坏，对保证水泥混凝土路面的正常使用和质量是至关重要的。接缝处出现的主要问题如下。

① 接缝渗水。由于接缝材料不能与混凝土板很好黏结，特别是气温较低时，混凝土板收缩后缝隙增大，从而使路面表面水渗入混凝土板下的基层，造成地基承载力降低和唧泥，混凝土板出现断裂和错台。

② 填缝料外溢。气温较高时混凝土板膨胀，如填缝料本身压缩性能及热稳性差，就容易从缝中溢出，流淌到缝的两侧板的表面，影响路面的平整度和路容。

③ 杂物嵌入。如接缝材料性能差，则杂物极易嵌入缝中，使接缝失去胀缩作用，板产生拱胀及断裂。尤其是小粒径石子嵌入时，使接缝处板端压力集中，以致接缝（特别是胀缝）附近的混凝土板挤碎。

接缝材料按使用性能分为接缝板和填缝料两类。接缝板应选用能适应混凝土面板膨胀收缩、施工时不变形、耐久性良好的材料，如杉木板、纤维板、泡沫橡胶板、泡沫树脂板等。填缝料应选用与混凝土面板缝壁黏结力强、回弹性好、能适应混凝土面板收缩、不溶于水和不渗水、高温时不溢出、低温时不脆裂和耐久性好的材料，如沥青橡胶类、聚氯乙烯胶泥类、沥青玛蹄脂类等加热施工式填缝料和聚氨脂焦油类、氯丁橡胶类、乳化沥青橡胶类等常温施工式填缝料。见表7-11、表7-12和表7-13。

表7-11　　　　　　　　　　胀缝板的技术要求

试验项目	胀缝板种类		
	木材类	塑胶、橡胶泡沫类	纤维类
压缩应力/MPa	5.0~20.0	0.2~0.6	2.0~10.0
弹性复原率/%	≥55	≥90	≥65
挤出量/mm	<5.5	<5.0	<3.0
弯曲荷载/N	100~400	0~50	5~40

表7-12　　　　　　　　　　加热施工式填缝料的技术要求

试验项目	低弹性型	高弹性型	说明
针入度/0.01mm	<50	<90	① 低弹性填料适用于公路等级较低的混凝土路面的接缝和公路等级较高的混凝土路面缩缝 ② 高弹性填料适用于公路等级较高的混凝土路面的胀缝和高速公路较高的混凝土路面接缝
弹性复原率/%	≥30	≥60	
流动度/mm	<5	<2	
(-10℃)拉伸量/mm	≥10	≥15	

表7-13　　　　　　　　　　常温施工式填缝料的技术要求

试验项目	低弹性型	高弹性型	试验项目	低弹性型	高弹性型
与混凝土黏结强度/MPa	≥0.2	≥0.4	流动度/mm	0	0
失黏（固化）时间/h	6~24	3~16	(-10℃)拉伸量/mm	≥15	≥25
弹性复原率/%	≥75	≥90	黏结延伸率/%	≥200	≥400

7.2.3 配合比设计

路面混凝土配合比设计是根据设计弯拉强度、耐久性、耐磨性、工作性等要求和经济合理的原则,通过试验确定混凝土混合料各成分的配合比例。配合比设计的主要任务是选择好水灰比、用水量和砂率这3个参数。其一般步骤如下。

① 根据已有的配合比试验参数或以往的经验,得出初拟设计配合比。

② 按初拟设计配合比进行试拌,考查混合料的工作性,按符合要求的情况作必要的调整;然后进行强度和耐久性试验,按符合要求的情况再作必要的调整,得到设计配合比。

③ 根据混凝土的现场实际浇筑条件,如集料供应情况(级配、含水量等)、摊铺机具和气候条件等,进行适当调整,得出施工配合比。

配合比设计可采用经验公式法,其设计步骤如下。

① 确定混凝土的试配强度 f_c

$$f_c = \frac{f_r}{1 - 1.04c_v} + ts \tag{7-2}$$

式中,f_c——混凝土配置28d弯拉强度的均值,MPa;

f_r——混凝土设计弯拉强度的标准值,MPa;

s——弯拉强度试验样本的标准差,MPa;

t——保证率系数;

c_v——混凝土弯拉强度变异系数。

② 计算和确定水灰比 W/C

按混凝土的试配弯拉强度 f_c、水泥实测28d抗折强度 f_s 和粗集料类型,根据经验公式(7-3)和(7-4)计算水灰比 W/C。

碎石或碎卵石混凝土:

$$\frac{W}{C} = \frac{1.5684}{f_c + 1.0097 - 0.3595f_s} \tag{7-3}$$

卵石混凝土:

$$\frac{W}{C} = \frac{1.2618}{f_c + 1.5492 - 0.4709f_s} \tag{7-4}$$

式中,f_s——水泥实测28d抗折强度,MPa。

路面混凝土的最大水灰比 W/C 应符合如下规定:公路、城市道路和厂矿道路,不应大于0.50;机场道面和高速公路,不应大于0.46;冰冻地区冬季施工,不应大于0.45。如采用真空脱水工艺施工,水灰比可放大5%~10%,但脱水后的剩余水灰比须满足上述要求。

③ 计算单位用水量 ω:

在水灰比已定的条件下,确定用水量实质上也就是确定混凝土中的水泥浆用量,而后者取决于混凝土的工作性要求(以坍落度表征)和组成材料性质(集料表面性质和最大粒径),以及细集料的粗度和含量等。每立方米混凝土的用水量 ω_0(kg/m³)可按下述经验公式确定。

碎石混凝土:

$$\omega_0 = 104.97 + 0.309S_L + 11.27\frac{C}{W} + 0.61S_P \tag{7-5a}$$

卵石混凝土:

$$\omega_0 = 86.89 + 0.370S_L + 11.24\frac{C}{W} + 1.00S_P \tag{7-5b}$$

式中，ω_0——不掺加外加剂与掺合料混凝土的单位用水量，kg/m^3；

S_P——砂率，见表7-14，%；

S_L——坍落度，cm，或混凝土拌和物坍落度，mm。

表7-14 砂的细度模数与最优砂率的的关系

砂细度模数		2.2~2.5	2.5~2.8	2.8~3.1	3.1~3.4	3.4~3.7
砂率 S_P/%	碎石	30~34	32~36	34~38	36~40	38~42
	卵石	28~32	30~34	32~36	34~38	36~40

注：碎卵石可在碎石和卵石混凝土之间内插取值。

④ 计算单位水泥用量 C_0：

混凝土拌和物的单位水泥用量按式(7-6)计算，并取计算值与表7-15规定值两者中的大值。

表7-15 混凝土耐久性要求的最大水灰比和最小单位水泥用量

公路技术等级		高速公路、一级公路	二级公路	三、四级公路
最大水灰(胶)比		0.44	0.46	0.48
抗冰冻要求最大水灰(胶)比		0.42	0.44	0.46
抗盐冻要求最大水灰(胶)比		0.40	0.42	0.44
最小单位水泥用量 /(kg/m^3)	42.5级	300	300	290
	32.5级	310	310	305
抗冰(盐)冻时最小单位水泥 用量/(kg/m^3)	42.5级	320	320	315
	32.5级	330	330	325
掺粉煤灰时最小单位水泥 用量/(kg/m^3)	42.5级	260	260	255
	32.5级	280	270	265
抗冰(盐)冻掺粉煤灰时最小单位水泥 用量(42.5级水泥)/(kg/m^3)		280	270	265

$$C_0 = \left(\frac{C}{W}\right)\omega_0 \tag{7-6}$$

最小单位水泥用量应符合表7-15的规定，最大单位水泥用量不宜大于$400kg/m^3$。

⑤ 计算集料单位用量

在已知砂率，单位用水量和水泥用量的情况下，可以采用绝对体积法或假定表现密度法确定粗、细集料的单位用量。

① 绝对体积法。该法假定混凝土拌和物的体积等于各组成材料绝对体积和拌和物中所含空气体积之和。在砂率已知的条件下，粗、细集料的单位用量可由式(7-7)求得：

$$\left.\begin{array}{c}\dfrac{C_0}{\rho_C} + \dfrac{W_0}{\rho_W} + \dfrac{S_0}{\rho_S} + \dfrac{G_0}{\rho_G} + 10a = 1000 \\ \dfrac{S_0}{S_0 + G_0} \times 100 = S_P\end{array}\right\} \tag{7-7}$$

式中，ρ_C 和 ρ_W——水泥和水的密度，可取为 2.9~3.1g/cm^3 和 1.0g/cm^3；

ρ_S 和 ρ_G——细集料和粗集料的表观密度，g/cm^3；

a——混凝土的含气量百分率,在不使用引起型外加剂时,a可取为1%。

② 假定表观密度法。该法假定混凝土拌和物的表观密度为一固定值,混凝土拌和物各组成材料的单位用量之和即为表观密度。在砂率已知的条件下,粗、细集料的单位用量可由式(7-8)求得

$$\left. \begin{array}{l} S_0 = (\rho_{CP} - C_0 - W_0) \cdot S_P \\ G_0 = \rho_{CP} - C_0 - W_0 - S_0 \end{array} \right\} \quad (7\text{-}8)$$

式中,S_0 和 G_0——每立方米混凝土粗集料和细集料的用量,kg;

ρ_{CP}——每立方米混凝土拌和物的湿表观密度,其值可根据施工单位积累的试验资料确定,缺乏资料时,可在2400~2450范围内取值,g/cm³。

(6) 外加剂用量

通过试拌与试验确定,一般不超过水泥用量的5%。

(7) 配合比的调整

通过上述计算得到的配合比,是根据以往经验公式和参数确定的材料初步用量,它同材料的实际情况存在一定的差异。为此,必须通过试验进行配合比调整。

① 试拌调整。按上述初步定出的配合比,取样试拌,测定其工作性。如果测得的工作性低于设计要求,则可保持水灰比不变,适当增加水泥浆用量;如果测得的工作性超过设计要求,则可以减少水泥浆用量,或者保持砂率不变,增加砂石用量。当砂浆过多时,可酌量增加石子,砂浆少时,则可酌情增加砂浆。每次调整加入少量材料,重复试验(时间不得超过20min),直到符合要求为止。

② 强度校核。按符合工作要求的配合比,适当增减水泥用量,配制3组配合比的新拌混凝土梁式试件,并测定其实际密度。经养生到规定龄期后测定其强度。如果实测强度未能达到要求的配制强度时,可采取提高水泥标号、减小水灰比或改善集料级配等措施。

③ 试验室配合比计算。通过调整得到符合工作性和强度要求的配合比后,还应按混凝土的实测密度校正其计算密度。混凝土的计算密度为经试拌调整后每立方米混凝土各种材料单位用量之和。校正系数 k 为实测密度同计算密度之比值。各种材料用量均乘以校正系数 k,即为定出的试验室配合比。

④ 施工配合比换算。试验配合比是在集料处于标准含水状态(饱和面干状态)下计算出来的。施工现场的集料含水量经常变化,因而须根据拌制时集料的实际含水量对实验室的配合比进行调整。集料中的水分应在用水量中扣除,因水分所减少的集料数量则在集料用量中补足,由此保证施工配合比。

7.3 水泥混凝土路面施工

修筑水泥混凝土路面的各种原材料、配合比设计及施工前的准备工作完成后即可进行混凝土路面的施工。在高等级公路上修建水泥混凝土路面,路面技术标准要求高,工程数量大,要保证施工进度和工程质量,宜采用机械化施工。近年来,随着我国水泥混凝土路面的迅速发展,除了小型混凝土路面施工机具得到逐步配套和完善外,高等级公路主要依靠引进的混凝土摊铺机修建。施工方法主要有轨道摊铺机施工、滑模摊铺机施工、三辊轴机组及小型机具施工。本节将介绍水泥混凝土路面轨道摊铺机施工、滑模摊铺机施工的有关内容。

7.3.1 轨道式摊铺机施工

轨道式摊铺机施工，是机械化施工中最普通的一种方法，是由支撑在平底型轨道上的摊铺机将混凝土拌和物摊铺在基层上。摊铺机的轨道与模板是连在一起的，安装时同步进行。轨道式摊铺机施工混凝土路面包括施工准备、拌和与运输混凝土、摊铺与振捣、表面整修及养护等工作。

（1）机械选型和配套

混凝土路面施工前必须做好各种机械的选型和配套，以便施工时能正常进行。轨道式摊铺机的选型应根据路面车道数或设计宽度选择，最小摊铺宽度不得小于单车道3.75m。施工时，主要工序是混凝土的拌和与摊铺成型，因此，应把混凝土摊铺机作为第一主导机械，拌和机作为第二主导机械。选择的主导机械应能满足施工质量和工程进度要求，见表7-16。

表7-16　　　　　　　　　　轨道式摊铺机施工各工序可选用的机械

工　序	可考虑选用的机械
混凝土拌和	拌和机、装载机、称量设备
混凝土运输	自卸汽车、搅拌车
卸料	侧面卸料机、纵向卸料机
摊铺	刮板式匀料机、箱式摊铺机、螺旋式摊铺机
振捣	振捣机、内部振动式摊铺机
接缝施工	钢筋（传力杆、拉杆）插入机、切缝机
表面修整	修整机、纵向表面修整机、斜向表面修整机
修整粗糙面	拉毛机、压（刻）槽机

（2）施工准备

混凝土路面施工前的准备工作包括材料准备及质量检验、混合料配合比检验与调整、基层的检验与整修、施工放样及机械准备等。

根据混凝土路面施工进度计划，施工前应分批备好所需的各种材料，并在使用前进行核对、调整，各种材料应符合规定的质量要求，新出厂的水泥应至少存放一周后方可使用。路面在浇筑前必须对混凝土拌和物的工作性进行检验并作必要的调整。

混凝土路面施工前，应对混凝土路面板下的基层进行强度、密实度及几何尺寸等方面的质量检验，基层质量检查项目及其标准应符合基层施工规范要求。

施工放样是用轨模式摊铺机施工混凝土路面的重要准备工作。首先根据设计图纸恢复路中心线和混凝土路面边线，在中心线上每隔20m设一中桩，同时布设曲线主点桩及纵坡变坡点、路面板胀缝等施工控制点，并在路边设置相应的边桩，重要的中心桩要进行拴桩。每隔100m左右应设置一临时水准点，以便复核路面标高。由于混凝土路面一旦浇筑成功就很难拆除，因此测量放样必须经常复核，在浇捣过程中也要进行复核，做到勤测、勤核、勤纠偏，确保混凝土路面的平面位置和高程符合设计要求。

（3）拌和与运输

①拌和。采用轨道式摊铺机施工时，拌和设备应附有可自动准确计量的供料系统，无

此条件时,可采用集料箱加地泵的方法进行计量。各种组成材料的计量精度应不超过下列范围:

水和水泥 ±1%;粗细集料 ±3%;外加剂 ±2%

拌和过程中加入外加剂时,外加剂应单独计量。用国产强制式搅拌机拌和坍落度为1~5cm的混凝土拌和物,最佳拌和时间应控制为:立轴式强制拌和机为90~180s,双卧轴强制式拌和机为60~90s。最短拌和时间不低于低限,最长拌和时间不超过高限的3倍。

② 运输。通常采用自卸汽车运输混凝土拌和物,拌和物坍落度大于5cm时应采用搅拌车运输。从开始拌和到浇筑的时间应满足下列要求:

用自卸汽车运输时,不得超过1h;用搅拌车运输时,不得超过1.5h。

若运输时间超过上述时间限制或在夏季浇筑时,拌和过程中应加入适量的缓凝剂。运输时间过长,混凝土拌和物的水分蒸发和离析现象会增加,因此应尽量缩短混凝土拌和物的运输时间,并采取措施防止水分损失和混合料离析。

(4) 摊铺与振捣

① 轨道安装。轨道式摊铺机的整套机械在轨道上前后移动,并以轨道为基准控制路面的高程。摊铺机的轨道与模板同时进行安装,轨道固定在模板上,然后统一调整定位,形成的轨道既是路面边模又是摊铺机的行走轨道。模板应能承受机组的质量,横向要有足够的刚度,轨道数量应根据施工进度配备并能满足周转要求,连续施工时至少需配备三个全工作量的轨道。轨道安装时必须精确控制高程,做到轨道平直、接头平顺,否则将影响路面的外观质量和摊铺机的行驶性能,见表7-17和表7-18。

表7-17 轨道与模板质量标准表

纵向变形、顺直度	顶面高程	顶面平整度	相邻轨、板高差	相对模板间距误差	垂直度
≤5mm	≤3mm	≤2mm	≤1mm	≤3mm	≤2mm

表7-18 轨道及模板平整质量要求表

项目	纵向变形/mm	局部变形/mm	最大不平整度(3m直尺)	高度
轨道	≤5	≤3	顶面不大于1	按机械要求
模板	≤3	≤2	顶面不大于2	与路面厚度相同

② 摊铺。轨道式摊铺机有刮板式、箱式或螺旋式三种类型,摊铺时将卸在基层上或摊铺箱内的混凝土拌和物按摊铺厚度均匀地充满轨模范围内。

(a) 刮板式摊铺机作业。摊铺机本身能在轨道上自由地前后移动,在前面的导管上左右移动,并且由于刮板本身也旋转,所以可以将卸在基层上的混凝土堆向任意方向自由地摊铺。这种摊铺机比其他类型摊铺机的质量轻,容易操作,易于掌握,故使用较普遍,但其摊铺能力较小。

(b) 箱式摊铺机作业。混凝土通过卸料机(纵向或横向)卸在钢制的箱子内,箱子在机械前进行驶时横向移动,同时箱子的下端按松铺高度刮平混凝土。由于混凝土一次全部放在箱内,所以质量大,但能摊铺均匀而且很准确,其摊铺能力大,故障较少。

(c) 螺旋式摊铺机作业。由可以正反方向旋转的螺旋杆(直径约50cm)将混凝土摊开。螺旋后面有刮板,可以准确调整高度。这种摊铺机的摊铺能力大,其松铺系数一般在1.15

~1.30之间。图7-1为螺旋式摊铺机作业。

③ 振捣。混凝土的振捣，可采用振捣机或内部振动式振捣机进行。混凝土振捣机是跟在摊铺机后面对混凝土进行再一次整平和捣实的机械。其作用一方面是补充摊铺机初平的缺陷，更重要的是使松铺混凝土在全宽度范围内达到正确高度，它与振捣密实度和路面平整度直接相接，其后是一道全宽的弧面振捣梁，以表面平板式振动把振动力传至全厚度。内部振动式振捣机主要用并排安装的振捣棒插入混凝土中，由内部进行振实。振捣器一般安装在有转子的架子上，可在轨道上自行或用其他机械牵引。振捣棒有斜插入式和垂直插入式两种。图7-2为振捣作业。

（5）表面整修

振捣密实的混凝土表面应进行整平、精光、纹理制作等工序的作业，获得平整、粗糙的表面，混凝土路面具有良好的路用性能。

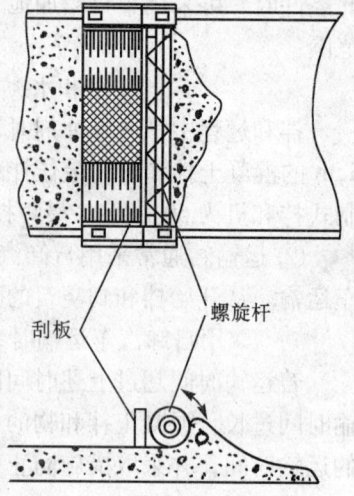

图 7-1 螺旋式摊铺机作业

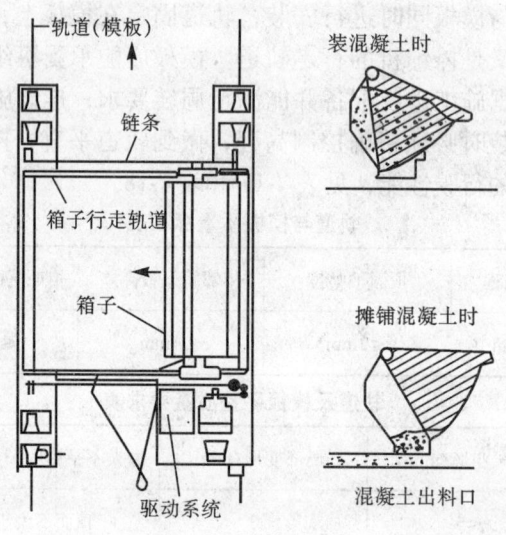

图 7-2 振捣作业

① 表面整平。表面整平采用的表面整修机有纵向移动或斜向移动两种。纵向表面整修机工作时，整平梁在混凝土表面纵向往返移动，通过机身的移动将混凝土表面整平。斜向表面整修机通过一对与机械行走轴线成10°左右的整平梁作相对运动来完成整平作业，其中一根整平梁为振动梁。机械整平的速度决定于混凝土的易整修性和机械特性。机械行走的轨道顶面应保持平顺，以便整修机械能顺畅通行。整平时应使整平机械前保持高度为10～15cm的拥料，并使拥料向较高的一侧移动，以保证路面板的平整，防止出现麻面及空洞等缺陷。

② 精光及纹理制作。精光是对混凝土路面进行最后的精平，使混凝土表面更加致密、平整、美观，此工序是提高混凝土路面外观质量的关键工序之一。混凝土路面整修机配置有完善的精光机械，只要在施工过程中加强质量检查和校核，便可保证精光质量。

在混凝土表面制作纹理，是提高路面抗滑性能的有效措施之一。制作纹理时，用纹理制作机在路面上拉毛、压槽或刻纹，纹理深度控制在1～2mm范围内，在不影响平整度的前提下提高混凝土路面的构造深度,可提高表面的抗滑性能。纹理应与路面前进方向垂直,相邻板的结理应相互沟通以利排水。纹理制作从混凝土表面原波纹水迹开始,过早或过晚均会影响纹理质量。

(6) 养护

混凝土表面修整完毕后,应进行养生,使混凝土板在开放交通前具备足够的强度和质量。养生期间,须防止混凝土的水分蒸发和风干,以免产生收缩裂缝;须采取措施减少温度变化,以免混凝土板产生过大的温度应力;须管制交通,以防止人畜和车辆等损坏混凝土板的表面。

混凝土板的养生,可根据施工工地情况及条件,选用湿治养生、喷洒成膜材料养生等方法。其养生时间按混凝土抗弯拉强度达到 3.5MPa 以上的要求试验确定。通常使用普通硅酸盐水泥时约为 14h。

① 湿治养生。湿治养生由三个时期组成,防护层润湿期、保证混凝土凝固的蓄能期和含水量逐渐降低不产生收缩应力的终结期。

润湿期宜用草袋(帘)等,在混凝土终凝后覆盖于板的表面,每天均匀洒水,保持潮湿状态,但注意洒水时不能有水流冲刷。蓄能期内,每天对含水材料润湿 2~3 次;在昼夜温差大的地区,混凝土板浇筑 3d 内应采取保温措施,防止混凝土板产生收缩裂缝。终结期内,必须保证混凝土逐渐失水,与周围环境温度保持平衡。

混凝土板在养生期间和填缝前,应禁止车辆通行,在达到设计强度的 4% 后,方可允许行人通行,养生期满后方可将覆盖物清除,板面不得留有痕迹。

② 喷洒成膜材料养生。喷洒成膜材料养生是将几种化工原料按一定比例配制成油状溶液,用喷洒机具喷(或刷)在混凝土表面,溶液中挥发物挥发后形成一层较坚韧的纸状薄膜,利用薄膜不透水的作用,将混凝土中的水化热和蒸发水大部分积蓄下来自行养护混凝土的方法。这种方法可节约用水,在干旱地区或施工用水困难地区较为适用。目前常用的成膜材料有过氯乙烯树脂和氯化乳液等。

(7) 接缝施工

混凝土路面在温度变化时会产生较大的温度变形,如混凝土板产生胀缩和翘曲等,为消除温度变形受到约束时产生的温度应力,避免混凝土路面出现不规则开裂,必须在混凝土路面的纵横方向上设置胀缝和缩缝。同时,在混凝土路面施工过程中由于各种原因造成路面施工中断会形成施工缝。接缝施工质量好坏将直接影响到混凝土路面的使用性能及养护维修工作量的大小,因此各类接缝的施工应做到位置准确,构造及质量符合设计及规范要求。

① 胀缝施工。胀缝应与混凝土路面中心线垂直,缝壁垂直于板面,宽度均匀一致,缝中不得有黏浆或坚硬杂物,相邻板的胀缝应设在同一横断面上。胀缝传力杆的准确定位是胀缝施工成败的关键,传力杆固定端可设在缝的一侧或交错布置。施工过程中固定传力杆位置的支架应准确、可靠地固定在基层上,使固定后的传力杆平行于板面和路中线,误差不大于 5mm。铺筑混凝土拌和物时,严禁造成传力杆位移,否则,将导致混凝土路面接缝区的破坏。在传力杆滑动端安装长度为 10cm 的套筒,套筒内底与传力杆的间隙为 1~1.5cm,空隙内用沥青麻絮填塞,滑动端涂二度沥青。

横向缩缝施工:混凝土面板的横向缩缝一般采用锯缝的办法形成。混凝土结硬后应适时锯缝,合适的锯缝时间应控制在混凝土已达到足够的强度,而收缩变形受到约束时产生的拉应力仍未将混凝土面板拉断的时间范围内。经验表明,锯缝时间以施工温度与施工后时间的乘积为200~300个温度小时或混凝土抗压强度为5~10MPa较为合适。缝的深度一般为板厚的1/4~1/30。

②纵缝施工。纵缝施工应符合设计规定的构造，保持顺直、美观。纵缝为平缝带拉杆时，应根据设计要求，预先在模板上制作拉杆置放孔，模板内侧涂刷隔离剂，拉杆采用螺纹钢筋制作。缝槽顶面采用锯缝机切割，深度为3~4cm，并用填缝料灌缝。不切割顶面缝槽时，应及时清除面板上的黏浆。假缝型纵缝的施工应预先用门型支架将拉杆固定在基层上或用拉杆置放机在施工时置入。假缝顶面的缝槽采用锯缝机切割，深6~7cm，使混凝土在收缩时能从切缝处规则开裂。

施工缝设置：施工中断形成的横向施工缝应尽可能设置在胀缝或缩缝处，多车道路面的施工缝应避免设在同一横断面上。施工缝设在缩缝处应增设一半锚固另一半涂刷沥青的传力杆，传力杆必须垂直于缝壁，平行于板面。

③接缝填封。混凝土养护期满即可填封接缝，填封时接缝必须清洁、干燥。填缝料应与缝壁黏附紧密，不渗水，灌注高度一般比板面低2mm左右。当使用加热施工型填缝料时，应加热到规定的温度并搅匀，采用灌缝机或灌缝枪灌缝，气温较低时应用喷灯加热缝壁，使填缝料与缝壁结合良好。保持缝内清洁，防止砂石等杂物掉入缝内。

7.3.2 滑模式摊铺机施工

滑模式摊铺机比轨道式摊铺机更高度集成化，整机性能好，操纵方便，生产效率高，但对原材料、混凝土拌和物的要求更严格，设备费用较高。

（1）施工准备

滑模式摊铺机施工水泥混凝土路面的准备工作包括以下内容。

①基层质量检查与验收：对基层的检验项目及质量验收标准与轨模式摊铺机施工相同。一般情况下滑模式摊铺机施工的长度不少于4km。基层应留有供摊铺机施工行走的位置，因此，基层应比混凝土面层宽出50~80cm。

②测量放样，悬挂基准绳：滑模式摊铺机的摊铺高度和厚度可实现自动控制。摊铺机一侧有导向传感器，另一侧有高程传感器。导向传感器接触导向绳，导向绳的位置沿路面的前进方向安装。高程传感器接触高程导向绳，导向绳的空间位置根据路线高程的相对位置来安装。测量时沿线应每200m增设一个水准点，并在控制测量精度、平差后使用。摊铺机摊铺的方向和高程准确与否取决于导向绳的准确程度，因此导向绳经准确定位后固定在打入基层的钢钎上。

③混凝土配合比与外加剂：滑模式摊铺机对混凝土拌和物的品质要求十分严格，集料的最大集料粒径应小于30~40cm，拌和物摊铺时的坍落度应控制在4~6cm。为了增加混凝土拌和物的施工和易性，以达到所需要的坍落度，常需要使用外加剂。所掺外加剂的品种、数量应先通过试验确定。

④根据路面设计宽度，调整滑动模板摊铺宽度，置放纵缝拉杆。

（2）工艺特点

滑模式摊铺机施工混凝土路面不需要轨模，摊铺机支承在4个液压缸上，两侧设置有随机移动的固定滑模，摊铺厚度通过摊铺机上下移动来调整。滑模式摊铺机一次通过即可完成摊铺、振捣、整平等多道工序。

①摊铺与捣实。滑模式摊铺机的摊铺过程是：首先由螺旋摊铺器把堆积在基层上的水

泥混凝土向左右横向铺开，刮平器进行初步刮平，然后振捣器进行捣实，刮平器进行振捣后整平，形成密实而平整的表面，再利用搓动式振捣板，对混凝土层进行振实和整平，最后用光面带光面。

② 整面与防滑处理。滑模式摊铺机的整面工作与轨道式基本相同，它由3个行程完成。

第一行程：把振捣梁、振捣板和整平梁放下到离混凝土面层顶面标高 1.5~3cm 的上方，启动振动器，整面机以一挡速度前进，而振捣梁和整平梁却以二或三挡的速度进行横向摆动，此时振动梁推动着较厚的混凝土料堆，而整平梁只刮着较薄的砂浆。当这行程至终点时，稍微提升这三个装置，再倒挡退回原处。

第二行程：整面机以二挡前进，在行进中均匀地将工作装置全部放下，而三者都作横向摆动，振捣梁同时振动，因此，只是在振捣梁的前面积聚着少量的混凝土。

第三行程：整面机仍以4个工作装置同时工作但行驶速度较慢。这一行程是在混凝土初凝后进行的，此时整平梁以 36 次/min 的速度横向摆动，而其幅度约为 180~250cm，同时又以较小的振幅作上下振动。光面带是橡胶编织物，主要用作表面整平抹光。为了提高水泥混凝土面层的抗滑能力，当混凝土层整面结束后，应采取防滑处理。

(3) 工艺过程

滑模式摊铺机的施工工艺过程与轨道式基本相同，但轨道式摊铺机与之配套施工的机械较复杂、程序多，特别是拆装固定式轨道，不仅费工，而且施工成本也大大增加，同时操作又比较复杂。而滑模式摊铺机则不同，由于整机性能好，操纵方便和采用电子导向，因此生产效率高。

下面以铺筑钢筋混凝土路面为例，介绍滑模式摊铺机的工艺过程。采用滑模式摊铺机铺筑钢筋混凝土路面进行双层施工时，整个施工过程由下列两个连续作业行程来完成。

第一作业行程：摊铺机牵引着装载钢筋网格的大平板车，从已整平的基层地段起点开始摊铺，此时可从正面或侧面供应混凝土，随后的钢筋网格大平板车按规定位置将钢筋网格自动卸下，并铺压在已摊平的混凝土层上，如此连续不断地向前铺筑。

第二作业行程：它是紧跟在第一行程之后，压入钢筋网格，混凝土面层进行摊铺、振实、整平、光面等作业程序。钢筋网格是用压入机压入混凝土的。压入机是摊铺机的一个附属装置，不用时可以卸下，使用时安装在摊铺机的前面，它由几个液压千斤顶组成。施工开始时，摊铺机推着压入机前行，并将第一行程已铺入的钢筋网格压入混凝土内。摊铺机则进行摊铺、振捣、整平、光面等工作，最后进行切缝，喷洒养护剂和防滑处理。

(4) 施工中应注意的问题

滑模摊铺机施工中，最常见的问题是坍边和麻面。

① 坍边问题：坍边的主要形式有边缘出现坍落，或边缘倒现，或松散原边等。由于坍边的存在，既影响路面质量，又增加了修边的工作量，所以坍边是不允许的。如果拌和质量高，坍边现象则可减少到零。

② 麻面问题：麻面主要是由于混凝土拌和物坍落值过低造成的，混合料拌和不均匀也是原因之一。因此，应严格控制混凝土拌和物的坍落度，使用计量准确且拌和效果好的拌和机，同时对混凝土的配合比作适当调整。

7.4 施工质量检查与验收

混凝土路面施工质量的控制、管理与检查应贯穿整个施工过程，应对每个施工环节严格控制把关，对出现的问题，立即进行纠正直至停工整顿。各级公路各种混凝土路面铺筑方式的施工应建立健全质量检测、管理和保证体系。应按铺筑进度做出质检仪器和人员数量动态计划。施工中应按计划落实质检仪器和人员，对施工各阶段的各项质量指标应做到及时检查、控制和评定，以达到所规定的质量标准，确保施工质量及其稳定性。施工全过程的质量动态检测、控制和管理内容应包括施工准备、铺筑试验段和施工过程中的各项技术指标的检验，出现施工技术问题的报告、论证和解决等。

7.4.1 铺筑试验路段

二级及其以上公路混凝土路面工程，使用滑模、轨道、碾压、三辊轴机组机械施工时，在正式摊铺混凝土路面前，必须铺筑试验路段。试验路段长度不应短于 200m，高速公路、一级公路宜在主线路面以外进行试铺。路面厚度、摊铺宽度、接缝设置、钢筋设置等均应与实际工程相同。

试验路段分为试拌和试铺两个阶段，通过试验路段应达到下述目的。

① 通过试拌检验搅拌楼性能及确定合理搅拌工艺，检验适宜摊铺的搅拌楼和参数：上料速度，拌和容量，搅拌均匀所需时间，新拌混凝土坍落度、振动年度系数、含气量、泌水性、VC 值和生产使用的混凝土配合比等。

② 通过试铺检验主要机械的性能和生产能力，检验辅助施工机械组配合理性，检验路面摊铺工艺和质量：模板架设固定方式或基准线设置方式，摊铺机械(具)的适宜工作参数，包括：松铺高度、摊铺速度、振捣时间与频率、滚压遍数、碾压遍数、压实度、中间和侧向拉杆置入情况等。检验整套施工工艺流程。

③ 按施工工艺要求检验施工组织形式和人员编制。

④ 建立混凝土原材料、拌合物、路面铺筑全套技术性能检验手段，熟悉检验方法。

⑤ 检验通讯联络和生产调度指挥系统。

试铺中，施工人员应认真做好记录，监理工程师或质监部门应监督检查试验段的施工质量，及时与施工单位商定并解决问题。试验段铺筑后，施工单位应提出试验路段总结报告，上报监理和业主批复，取得正式开工认可。

7.4.2 施工质量管理与检查

混凝土路面铺筑必须得到正式开工令后方可开工。施工单位应随时对施工质量进行自检。自检项目和频率：原材料应按表 7-19 规定进行；拌和物应按表 7-20 规定进行；混凝土路面应按表 7-21 规定进行。

表 7-19　　　　　　　　　　混凝土原材料的检测项目和频率

材料	检查项目	检查频度	
		高速公路、一级公路	其他公路
水泥	抗折强度、抗压强度,安定性	机铺 1500t 一批	机铺 1500t、小型机具 500t 一批
	凝结时间、标稠需水量、细度	机铺 2000t 一批	机铺 3000t、小型机具 500t 一批
	f-CaO、MgO、SO_3 含量,铝酸三钙、铁铝酸四钙、干缩率、耐磨性、碱度、混合材料种类及数量	每标段不少于 3 次,进场前必测	每标段不少于 3 次,进场前必测
	温度、水化热	冬、夏季施工随时检测	冬、夏季施工随时检测
粉煤灰	活性指数、细度、烧失量	机铺 1500t 一批	机铺 1500t、小型机具 500t 一批
	需水量比、SO_3 含量	每标段不少于 3 次,进场前必测	每标段不少于 3 次,进场前必测
粗集料	针片状、超径颗粒含量、级配、表观密度、堆积密度、空隙率	机铺 2500m³ 一批	机铺 5000m³、小型机具 1500m³ 一批
	含泥量、泥块含量	机铺 1000m³ 一批	机铺 2000m³、小型机具 1000m³ 一批
	坚固性、岩石抗压强度、压碎指标	每种粗集料每标段不少于 2 次	每种粗集料每标段不少于 2 次
	碱集料反应	怀疑有碱活性集料进场前测	怀疑有碱活性集料进场前测
	含水量	降雨或湿度变化随时测	降雨或湿度变化随时测
砂	细度模数、表观密度、堆积密度、空隙率、级配	机铺 2000m³ 一批	机铺 4000m³、小型机具 1500m³ 一批
	含泥量、泥块、石粉含量	机铺 1000m³ 一批	机铺 2000m³、小型机具 500m³ 一批
	坚固性	每种砂每标段不少于 3 次	每种砂每标段不少于 3 次
	云母含量轻物质与有机物含量	目测,有云母或杂质时测	目测,有云母或杂质时测
	含盐量(硫酸盐、氯盐)	必要时测,淡化海砂每标段 3 次	必要时测,淡化海砂每标段 2 次
	含水量	降雨或湿度变化随时测	降雨或湿度变化随时测
外加剂	减水剂减水率,液体外加剂含固量和相对密度,粉状外加剂的不溶物含量	机铺 5t 一批	机铺 5t、小型机具 3t 一批
	引起剂引起量、气泡细密程度和稳定性	机铺 2t 一批	机铺 3t 小型机具 1t 一批
钢纤维	抗拉强度、弯折性能、长度、长径比、形状	开工前或有变化时,每标段 3 次	开工前或有变化时,每标段 3 次
	杂质、质量及其偏差	机铺 50t 一批	机铺 50t、小型机具 30t 一批
养生剂	有效保水率、抗压强度比、耐磨性、耐热性、膜水溶性	开工前或有变化时,每标段 3 次	开工前或有变化时,每标段 3 次
	含固量、成膜时间	试验路段测,施工每 5t 测 1 次	试验路段测,施工每 5t 测 1 次
水	PH 值、含盐量、硫酸根及杂质含量	开工前和水源有变化时	开工前和水源有变化时

表 7-20　混凝土拌合物的质量检验项目和频率

检查项目	检查频度	
	高速公路、一级公路	其他公路
水灰比及稳定性	每5000m³抽检1次，有变化随时测	每5000m³抽检1次，有变化随时测
坍落度及其均匀性	每工班测3次，有变化随时测	每工班测3次，有变化随时测
坍落度损失率	开工、气温较高和有变化随时测	开工、气温较高和有变化随时测
振动黏度系数	试拌、原材料和配合比有变化随时测	试拌、原材料和配合比有变化随时测
钢纤维体积率	每工班测2次，有变化随时测	每工班测2次，有变化随时测
含气量	每工班测2次，有抗冻要求不少于3次	每工班测1次，有抗冻要求不少于3次
泌水率	必要时测	必要时测
视密度	每工班测1次	每工班测1次
温度、凝结时间、水化发热量	冬、夏季施工，气温最高、最低时，每工班至少测1~2次	冬、夏季施工，气温最高、最低时，每工班至少测1次
离析	随时观察	随时观察
VC值及稳定性、压实度、松铺系数	碾压混凝土做复合式路面底层时，检查频率与其他公路相同	每工班测3~5次，有变化随时测

表 7-21　混凝土路面的检验项目、方法和频率

项次	检查项目	检查方法和频率	
		高速公路、一级公路	其他公路
1	弯拉强度	每班留2~4组试件，日进度<500m取2组；≥500m取3组；≥1000m取4组，测 f_{cs}，f_{min}，C_v	每班留1~3组试件，日进度<500m取1组；≥500m取2组；≥1000m取3组，测 f_{cs}，f_{min}，C_v
	钻芯劈裂强度	每车道每3km钻取1个芯样，硬路肩为1个车道，测平均 f_{cs}，f_{min}，C_v 及板厚	每车道每3km钻取1个芯样，硬路肩为1个车道，测平均 f_{cs}，f_{min}，C_v 及板厚
2	板厚度	路面摊铺宽度内每100m左右各2处，连接摊铺每100m单边1处，参考芯样	路面摊铺宽度内每100m左右各1处，连接摊铺每100m单边1处，参考芯样
3	3m直尺平整度	每半幅车道100m 2处10尺	每半幅车道200m 2处10尺
	动态平整度	所有车道连续检测	所有车道连续检测
4	抗滑构造深度	铺砂法，每幅200m 2处	铺砂法，每幅200m 1处
5	相邻板高差	尺测：每200m纵横缝2条，每条3处	尺测：每200m纵横缝2条，每条2处
6	连接摊铺纵缝高差	尺测：每200m纵向工作缝，每条3处，每处间隔2m 3尺，共9尺	尺测：每200m纵向工作缝，每条2处，每处间隔2m 3尺，共6尺
7	接缝顺直度	20m拉线测：每200m 6条	20m拉线测：每200m 4条
8	中线平面偏位	经纬仪：每200m 6点	经纬仪：每200m 4点
9	路面宽度	尺测：每200m 6点	尺测：每200m 4点
10	纵断高程	水准仪：每200m 6点	水准仪：每200m 4点
11	横坡度	水准仪：每200m 6个断面	水准仪：每200m 4个断面
12	断板率	数断板面板块占总块数比例	数断板面板块占总块数比例
13	脱皮裂纹露石缺边掉角	量实际面积，并计算与总面积比	量实际面积，并计算与总面积比

第7章 水泥混凝土路面施工

续表 7-21

项次	检查项目	检查方法和频率	
		高速公路、一级公路	其他公路
14	路缘石顺直度和高度	20m拉线测：每200m 4处	20m拉线测：每200m 2处
15	灌缝饱满度	尺测：每200m 接缝测6处	尺测：每200m 接缝测4处
16	切缝深度	尺测：每200m 测6处	尺测：每200m 测4处
17	胀缝表面缺陷	每条观察填缝与啃边断角	每条观察填缝与啃边断角
18	胀缝板连浆	每条胀缝板安装时测	每条胀缝板安装时测
18	胀缝板倾斜	尺测：每块胀缝板每条两侧	尺测：每块胀缝板每条两侧
18	胀缝板弯曲和位移	尺测：每块胀缝板每条3处	尺测：每块胀缝板每条3处
19	传力杆偏斜	钢筋保护层仪：每车道4根	钢筋保护层仪：每车道3根

在混凝土路面铺筑过程中，路面各技术指标的质量检验评定标准应符合表7-22的规定。施工单位的质检结果也应按表7-22的规定，以1km为单位进行整理。对于滑模、轨道、碾压和三辊轴机组机械铺筑混凝土路面的关键工序宜拍摄照片或进行录像，作为现场记录保存。

表 7-22　　各级公路混凝土路面铺筑质量要求

项次	检查项目		允许值	
			高速公路、一级公路	其他公路
1	弯拉强度/MPa		100%符合规范规定	
2	板厚度/mm		代表值≥-5；极值≥-10，C_v值符合设计规定	
3	平整度	σ/mm	≤1.2	≤2.0
3		IRI/(m/km)	≤2.0	≤3.2
3		3m直尺最大间隙 Δh/mm	≤3（合格率应≥90%）	≤5（合格率应≥90%）
4	抗滑构造深度/mm	一般路段	0.70~1.10	0.50~0.90
4		特殊路段	0.80~1.20	0.60~1.00
5	相邻板高差/mm		≤2	≤3
6	连接摊铺纵缝高差/mm		平均值≤3；极值≤5	平均值≤5；极值≤7
7	接缝顺直度/mm		≤10	
8	中线平面偏位/mm		≤20	
9	路面宽度/mm		≤±20	
10	纵段高程/mm		±10	±15
11	横坡度/%		±0.15	±0.25
12	断板率/‰		≤2	≤4
13	脱皮印痕裂纹露石缺边掉角/‰		≤2	≤3
14	路缘石顺直度和高度/mm		≤20	≤20
15	灌缝饱满度/mm		≤2	≤3
16	切缝深度/mm		≥50	≥50
17	胀缝表面缺陷		不应有	不宜有
18	胀缝板连浆/mm		≤20	≤30
18	胀缝板倾斜/mm		≤20	≤25
18	胀缝板弯曲和位移/mm		≤10	≤15
19	传力杆偏斜/mm		≤10	≤13

7.4.3 竣工验收

混凝土路面完工后,应根据设计文件、交工资料和施工单位提出的交工验收报告,按国家建设工程竣工验收的办法组织验收。验收时应提交全线检测结果、施工总结报告及全部原始记录等齐全资料,申请交工验收。

① 路面混凝土弯拉强度应采用小梁标准试件和路面钻芯取样圆柱体劈裂强度折算的弯拉强度综合评定。当弯拉强度不足时,每公里每车道应取 3 个以上芯样。二级及以下路面混凝土弯拉强度可按公式(7-9)或公式(7-10)计算,满足则可通过;不满足时,应通过试验得到各自工程的统计公式,试验组数不宜小于 10 组。

石灰岩、花岗岩碎石混凝土:

$$f_c = 1.868 f_{sp}^{0.871} \tag{7-9}$$

式中,f_c——混凝土标准小梁弯拉强度,MPa;

f_{sp}——混凝土直径 150mm 圆柱体的劈裂强度,MPa。

玄武岩碎石混凝土:

$$f_c = 3.035 f_{sp}^{0.423} \tag{7-10}$$

高速公路、一级公路应通过实验得到各自工程的统计公式,试验组数不宜小于 15 组。

② 平整度不合格的部位应进行处理,并应刻槽恢复抗滑构造。

③ 板厚不足时,应判明区段,返工重铺。

参考文献

1 中华人民共和国行业标准［S］. 公路路基设计规范（JTGD 30—2004）. 北京：人民交通出版社，1995
2 中华人民共和国行业标准［S］. 公路路基施工技术规范（JTJD 33—95）. 北京：人民交通出版社，1995
3 中华人民共和国行业标准［S］. 公路路基路面现场测试规程（JTJ 059—95）. 北京：人民交通出版社，1995
4 中华人民共和国行业标准［S］. 公路工程质量检验评定标准（JTGF 80/1—2004）. 北京：人民交通出版社，2005
5 中华人民共和国行业标准［S］. 公路土工试验规程（JTJ 051—93）. 北京：人民交通出版社，1993
6 中华人民共和国行业标准［S］. 公路工程技术标准（JTGB 01—2003）. 北京：人民交通出版社，2004
7 中华人民共和国行业标准［S］. 公路工程施工安全技术规程（JTJ 076—95）. 北京：人民交通出版社，1995
8 中华人民共和国行业标准［S］. 公路排水设计规范（JTJ 01830—97）. 北京：人民交通出版社，1998
9 中华人民共和国行业标准［S］. 公路路面基层施工技术规程（JTJ 034—2000）. 北京：人民交通出版社，1995
10 中华人民共和国行业标准［S］. 公路沥青路面设计规范（JTJ 014—97）. 北京：人民交通出版社，1997
11 中华人民共和国行业标准［S］. 公路沥青路面施工技术规范（JTGF 40—2004）. 北京：人民交通出版社，2005
12 中华人民共和国行业标准［S］. 公路水泥混凝土路面设计规范（JTGD 40—2002）. 北京：人民交通出版社，2004
13 中华人民共和国行业标准［S］. 公路水泥混凝土路面施工技术规范（JTGF 3—2003）. 北京：人民交通出版社，2003
14 中华人民共和国行业标准［S］. 公路水泥混凝土路面滑模施工技术规范（JTJ/T037. 2-1-2000）. 北京：人民交通出版社，2000
15 夏连学，赵卫平. 路基路面工程［M］. 北京：人民交通出版社，2000
16 文德云. 公路施工安全技术［M］. 北京：人民交通出版社，2003
17 文德云. 公路施工技术［M］. 北京：人民交通出版社，2003
18 邓学钧. 路基路面工程［M］. 北京：人民交通出版社，2001
19 何兆益，杨锡武. 路基路面工程［M］. 重庆：重庆大学出版社，2001
20 徐培华，陈中达. 路基路面试验检测技术［M］. 北京：人民交通出版社，2000
21 胡长顺，黄辉华. 高等级公路路基路面施工技术［M］. 北京：人民交通出版社，1994